全国职业教育城市轨道交通专业规划教材

Chengshi Guidao Jiaotong Piaowu Guanli

城市轨道交通票务管理

于　涛　主编
李建国　主审

人民交通出版社

内 容 提 要

本书是全国职业教育城市轨道交通专业规划教材。主要内容包括:城市轨道交通票务系统概述、自动售检票系统、票卡媒介、自动售检票系统终端设备与操作、票务管理工作、票务管理程序、票务作业、特殊情况的票务处理和票款清分结算管理共9个单元。

本书是城市轨道交通类专业的核心教材,可供高职、中职学校教学选用,也可作为城市轨道交通行业岗位培训或自学用书,亦供城市轨道交通行业工程技术人员学习参考。

图书在版编目(CIP)数据

城市轨道交通票务管理 / 于涛主编. --北京 : 人民交通出版社, 2011.6

ISBN 978-7-114-09146-9

Ⅰ. ①城… Ⅱ. ①于… Ⅲ. ①城市铁路 – 旅客运输 – 售票 – 管理 Ⅳ. ①U239.5

中国版本图书馆 CIP 数据核字(2011)第096819号

全国职业教育城市轨道交通专业规划教材

书　　名: 城市轨道交通票务管理
著 作 者: 于　涛
责任编辑: 袁　方　郝瑞莘（读者反馈邮箱: yf@ccpress.com.cn）
出版发行: 人民交通出版社股份有限公司
地　　址:（100011）北京市朝阳区安定门外外馆斜街3号
网　　址: http://www.ccpress.com.cn
销售电话:（010）59757973
总 经 销: 人民交通出版社股份有限公司发行部
经　　销: 各地新华书店
印　　刷: 北京市密东印刷有限公司
开　　本: 787×1092　1/16
印　　张: 14
字　　数: 292千
版　　次: 2011年6月　第1版
印　　次: 2015年6月　第7次印刷
书　　号: ISBN 978-7-114- 09146-9
定　　价: 30.00元

全国职业教育城市轨道交通专业规划教材

编 写 委 员 会

出版说明

随着我国城市化进程的快速发展,城市交通拥堵问题日益严重。大力发展城市轨道交通已成为解决城市交通问题的重要手段。截至2010年11月,国务院已批准29座城市的轨道交通建设规划。另有多座城市的轨道交通建设规划正在审批中。我国城市轨道交通建设已进入快速发展时期。

由于全国大部分城市轨道交通建设起步较晚,项目建设规模大,速度快,致专业人才供不应求,运营管理、驾驶、检修岗位的初中级人才短缺尤为突出。各地职业院校纷纷开设了城市轨道交通相关专业,轨道交通专业培训教材也陆续出版。但目前已出版教材存在体系不完善、教材内容侧重岗前培训、理论叙述过多等缺点,不适合职业院校教学使用。

为促进和规范轨道交通行业职业教育教材体系的建设,适应目前职业教育"校企合作,工学结合"的教学改革形势,人民交通出版社约请北京交通运输职业学院、南京铁道职业技术学院、上海交通职业技术学院、湖南铁道职业技术学院一线资深教师联合编写了"全国职业教育城市轨道交通专业规划教材"。2010年推出其中7种:

《城市轨道交通概论》

《城市轨道交通客运组织》

《城市轨道交通行车组织》

《城市轨道交通运营安全》

《城市轨道交通车辆及操作》

《城市轨道交通信号与通信系统》

《城市轨道交通供电技术》

为完善课程体系,我社进一步扩大作者范围,整合编写资源,邀请北京市地铁运营有限公司、北京京港地铁有限公司、哈尔滨铁道职业技术学院、武汉铁路职业技术学院、成都铁路运输学校、西安科技商贸职业学院、北京外事学校等企业、院校加入原编写团队,共同编写以下11种教材,于2011年陆续推出。

《城市轨道交通专业英语》

《城市轨道交通票务管理》

《城市轨道交通服务礼仪》

《城市轨道交通车辆电器》

《城市轨道交通电工电子技术及应用》
《城市轨道交通车站设备》
《城市轨道交通运营管理规章》
《城市轨道交通控制系统》
《城市轨道交通车辆检修》
《城市轨道交通车辆检修实训》
《城市轨道交通接触网维护》

本套教材突出了职业教育特色，围绕职业能力的形成组织课程内容；教材内容先进，总结了北京、上海、广州等地的地铁运营管理经验；侧重实际工作岗位操作技能的培养；理论知识的叙述以应用为目的，以够用为尺度；教材编写充分考虑了职业院校学生的认知特点，文字简洁明了，通俗易懂，版式生动活泼，图文并茂；每单元后附有复习题，部分章节附有实例。

为方便教学，本套教材配套有教学课件，读者可于人民交通出版社网站免费下载。

希望该套教材的出版对职业院校轨道交通专业教材体系建设有所裨益。

人民交通出版社
2011年3月

前　　言

当前，为了适应我国城市轨道交通行业的发展，为行业培养一支具有岗位知识丰富、技能强，同时具备本行业特有职业道德的高水平人才队伍是当务之急。就目前城市轨道交通专业类教材来看，理论知识涉及较多，对学生专业领域实践训练不足，动手能力难以满足城市轨道交通运营企业的要求；另外，站务人员是城市轨道交通开通运营后需求量最大，对经验和技能要求均较高的岗位，鉴于此，在北京地铁运营有限公司、京港地铁运营有限公司、广州地铁运营有限公司和成都地铁运营有限公司等地铁公司的支持下，我们整理和深化了近几年关于票务管理方面的成果和经验，编写了这本理实一体化的适合于培养站务岗位技能的教学用书。

本教材包括九个单元，介绍了以下四方面知识：

(1)介绍城市轨道交通票务系统的一般知识；

(2)自动售检票系统及其设备运作与管理；

(3)车站票务管理工作职责、一般和特殊票务作业流程；

(4)票款清分结算管理。

每个教学单元都有学习目标，实训任务和指导，理论内容穿插“阅读材料”和“想一想”等模块，以激发学生学习兴趣。

本教材由北京交通运输职业学院于涛编写第4单元并任主编，西安科技商贸职业学院都娟丽编写第1单元，西安科技商贸职业学院孙佩编写第3、5单元，成都铁路运输学校张燕编写第7、8单元，北京交通运输职业学院王珂编写第6单元，北京交通运输职业学院丁楠编写第2、9单元，全书由北京交通运输职业学院李建国主审。为方便教师和学生，本书还配有电子课件，可从人民交通出版社网站下载使用。

由于编者水平有限，书中不足之处，敬请读者批评指正。

编　者

2011年4月

目　　录

单元 1

城市轨道交通票务系统概述

教学目标

1. 了解城市轨道交通票务发展现状；
2. 了解城市轨道交通运营企业运营管理现状；
3. 了解城市轨道交通票务系统的业务管理与实施。

建议学时

4 学时

教学导入

随着我国改革开放进程的不断深入,城市化进程高速发展,城市人口暴增,特别是北京、上海、广州、深圳等大城市,人口都已经超过千万,甚至达到2 000 万。城市人口的急剧增长,给社会可持续发展带来了极大挑战,特别是城市交通问题。目前,首都北京的机动车保有量已经达到490 万辆,城市地面道路交通拥堵不堪,可以说,首都交通问题已成为阻碍首都经济、文化发展的"拦路虎"。为解决首都北京的交通难题,北京提出建设"公交城市"和打造"人文交通、科技交通、绿色交通"的和谐城市。在这一背景下,城市轨道交通在北京,乃至全国大中城市,都遇到前所未有的发展机遇。

在北京,确立城市轨道交通在城市公共客运系统中的骨干地位,可发挥其引导与支撑城市空间结构优化调整的作用。应按照"安全、质量、功能、成本和效率"相统一的原则,加快轨道交通新线建设,扩大规模,增加中心城线网密度。2010 年底轨道交通运营里程达336km,2012 年达420km,2015 年达666km,形成"三环、四横、五纵、八放射"的网络体系。五环路内线网密度达0.51km/km^2,平均步行1 000m 即可到达轨道交通站点。全市轨道交通日均客运量达1 000 万人次以上,运营管理达到国际先进水平。除了北京,目前上海、广州、深圳、天津和南京等城市都已经建成地铁或轻轨网络,其他更多的城市轨道交通也在规划中。未来,城市轨道交通将成为所有大中城市不可缺少的配套基础设施。

与传统的交通工具不同,城市轨道交通自动化程度较高,也是最有效率的城市交通工具。城市轨道交通的最大特点就是客运量大,目前,北京地铁一天客运量超过600 万人次。如此庞大的客运量,传统使用的纸质车票和检票方式已经远远不能满足客运要求。因此,自20 世纪60 年代末,在法国巴黎最早出现了自动检票设备,如图1-1 所示。

图1-1 早期城市轨道交通使用自动检票设备

时至今日,城市轨道交通票务系统已发展成为自动化程度高,功能完备的自动售检票系统(Automatic Fare Collection System,简称AFC 系统)。从城市轨道交通建设费用组成来看,自动售检票系统只是整个工程中很小一个部分,但从功能角色来看,AFC 系统却是保证业务正常运营的支撑系统之一。

1.1 城市轨道交通票务系统发展现状

一 国外城市轨道交通票务系统发展现状

目前,世界上城市轨道交通票务系统主要有印制纸票人工售检票系统、印制纸票半自动售检票系统、一次性磁票自动售检票系统、重复使用磁票售检票系统、接触式智能卡自动售检票系统 、非接触式智能卡自动售检票系统等,如图1-2所示。本单元以如下几个城市的自动售检票系统为例,介绍城市轨道交通票务系统的发展。

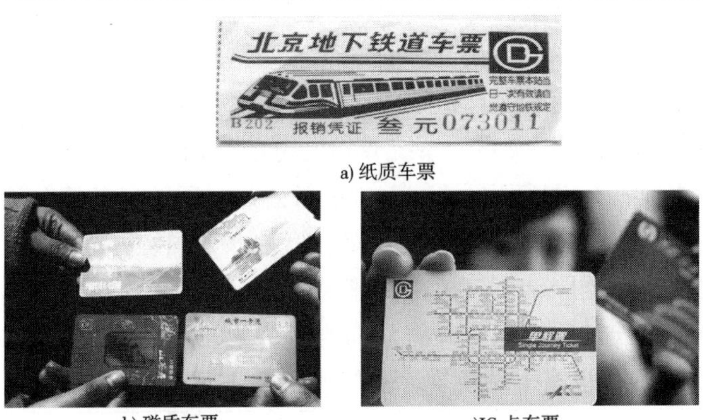

a) 纸质车票

b) 磁质车票

c)IC 卡车票

图1-2　城市轨道交通车票

1 莫斯科

1996年,莫斯科地铁全面安装自动售检票系统。1997年,第一代磁卡车票应用于自动售检票系统。莫斯科地铁采用单一票价,车票类型包括单次车票、月票、季票、年票及学生票。

莫斯科地铁网络采用了环状与放射状相结合的方式,线路密集、分布均匀,最大限度地覆盖了整个城市区域。莫斯科地铁运营里程已达278. 3km,共172个车站,换乘十分方便。根据不完全统计,2007年,莫斯科地铁的年客流量为32亿人次,位居世界第一。

莫斯科地铁计划采用计程票价代替“单一票价”运价表，并采用储值票。整个地铁自动售检票系统模块包括验票软件、车站管理和通信服务器、CSC 票信息终端软件、中央交易处理和报表软件、自动售票机软件（仅为离线），其中，自动售检票系统的中央控制系统和报表系统每天可以处理600 万人次客流量的售检票和乘客旅程统计分析，图 1-3 为莫斯科地铁检票闸机。

图 1-3　莫斯科地铁检票闸机

2 东京

东京的地铁由两家公司负责经营、维护和技术管理，分别为营团地铁和都营地铁，运营管理 13 条地铁线路，地铁运营里程为 286km，每天的运送能力为 740 万人次左右。

东京地铁的自动售检票系统采用的票种较多。东京轨道交通的票制为磁卡票，票种有单程票、一日票、月票、多次票和 SF 储值票等。单程票的有效期为 1 天。多次票和月票享有优惠，所有票种都可灵活使用和换乘。系统收益清分统一简捷，东京轨道交通行业的 20 家地铁和私铁公司等组成一个 PASSNET 联盟，制定各公司之间的票务清分原则。他们遵循统一的原则，每月结算一次，数据以磁带形式提交给第三方公司统一进行清分处理，各公司根据清分结果自行通过银行划账结算。换乘处理灵活，乘客在车站可以购买单程票或换乘联票、月票和储值票等；进出站闸机以常开式双向闸机为主，如图 1-4 所示。换乘方式为多种并存，有不出站之间换乘，也有出站换乘，还有通过专门通道进行换乘的方式。进出站采用

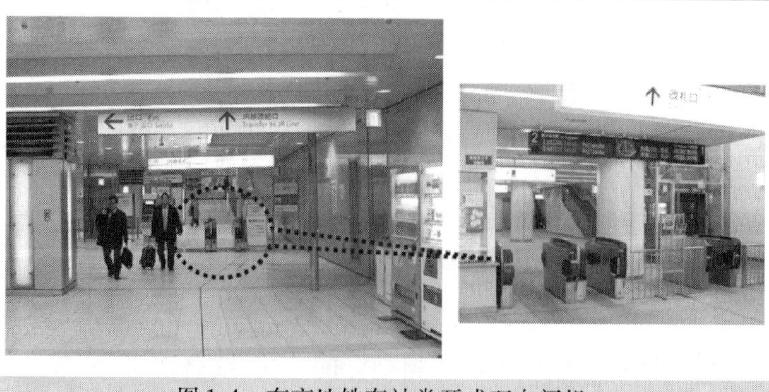

图 1-4　东京地铁车站常开式双向闸机

双向闸机,多名乘客可以一次将多张车票投入闸机进行检票,最多可同时识别 9 张车票,且车票正向着智能化发展。自动售检票机可识别纸质和硬质,并可自助进行退票操作,不收手续费;车站设有较宽敞的残疾人和大件行李通道,自动售检票机上设置有盲文引导系统。

二 国内城市轨道交通票务系统发展现状

1 北京

北京城市轨道交通早在 1985 年就开始进行自动售检票系统的可行性研究,但应用较晚。2003 年 12 月 31 日,北京第 1 套单线自动售检票系统在地铁 13 号线投入使用,这是一套基于磁票的 AFC 系统,集成商为日本信号公司,系统单程票为一次性纸质磁票。为了响应北京市政府关于推行"市政交通一卡通"的理念,该系统也增加了对一卡通储值卡的支持功能。

2008 年 6 月 9 日,北京城市轨道交通路网自动售检票 AFC 系统投入使用,实现了真正意义上的"一卡通、一票通行"和无障碍换乘。系统单程票为可以回收使用的 Ultralight 薄型 IC 卡,支持一卡通储值票的使用。

2 上海

2000 年,在上海城市轨道交通 1 号线自动售检票系统的技术上,叠加了由上海生产的以上海公交卡作为储值票的系统,形式同磁卡和非接触城市公共交通卡,同时实现了地铁运营商与公共交通卡公司的数据交易与账务结算。2001 年,上海地铁 2 号线投入运营,同步将 1 号线自动售检票系统扩展到 2 号线。上海地铁 3 号线于 2001 年 10 月启用西班牙 INDRA 公司的自动售检票系统,使用一次性卡型纸质磁票。2002 年地铁 1 号线北延伸段 11 个站开通,采用上海产的自动售检票系统,车票采用与原地铁 1 号线兼容的塑质磁卡票,采用中央系统间互联交换数据。2005 年 12 月建立了上海新标准的自动售检票网络化系统,完成了对原地铁 1、2、3 号线系统的改造,建立了 4、5 号线自动售检票系统,设立路网清分结算中心,负责票卡发行、数据汇集处理等工作。

知识链接

上海轨道交通售检票系统的票价体系大致经历了以下四个阶段。

(1)第一阶段:人工售检票阶段,单一票价,纸质车票,如 1 号线开通初期。

(2)第二阶段:人工售检票方式,如 3 号线试运营期间,票价采用多级计程票制,纸质车票。

(3)第三阶段:使用自动售检票系统,采用计程票价制,如1、2、3号线,车票介质包括磁卡和IC卡。

(4)第四阶段:使用路网自动售检票系统,计程票价,实现收费区内直接换乘和多元收益方的精细清分,使用IC卡车票。

3 广州

广州市地铁1号线采用美国CUBIC公司的磁卡自动售检票系统,并于1999年初全线投入使用。为适应换乘和清分的要求,对系统进行了改造。现系统使用非接触式IC卡车票实现换乘。单程票在售出当站、当日有效,出站时,车票由出站闸机回收。广州地铁车票分为地铁单程票、储值票(含普通储值票、中小学生储值票和老年人储值票)、老年人免费票、纪念票、羊城通交通卡(即羊城通)。其地铁的自动售检票系统主要由非接触式IC卡车票、售票机、闸机、车站系统和中央系统等组成。系统能兼容"羊城通"票卡,与广州市其他公交系统能实现"一卡通"结算,如图1-5所示。闸机采用剪式闸机,提高了乘客通行能力,同时也方便了乘客。安装在非付费区的验票机,方便乘客查询车票和"羊城通"储值票的余值、有效使用时间等车票信息。

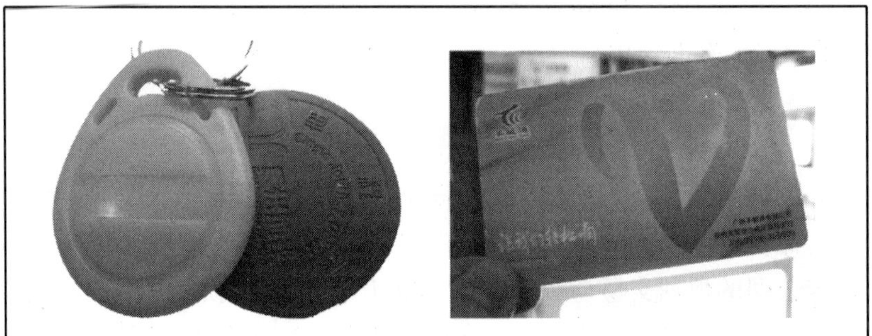

图1-5 广州地铁便携式单程票和"羊城通"储值票

4 香港

香港地铁(MTR)始建于1975年,1979年首条线路开通运营,并采用了自动售检票系统。香港地铁现在已成为香港公共交通的重要方式,是世界上最繁忙的城市轨道交通之一。

香港地铁与售检票系统相关的工作包括自动售检票系统、收益管理、电子工厂和自动售检票系统训练中心四大部分。其中收益是核心,自动售检票系统是基石,各部分相互依赖、相互协作、相互配合,以自动售检票系统为主线将四大部分有机地结合在一起,高效、稳定、可靠地运作。香港地铁自动售检票系统使用的单程票是磁卡,储值票采用Felica非接触式IC卡,即"八达通"卡(图1-6)。乘坐地铁时,"八达通"卡的使用比例超过85%。

香港地铁自动售票机如图1-7所示,香港地铁三杆式出站闸机如图1-8所示。

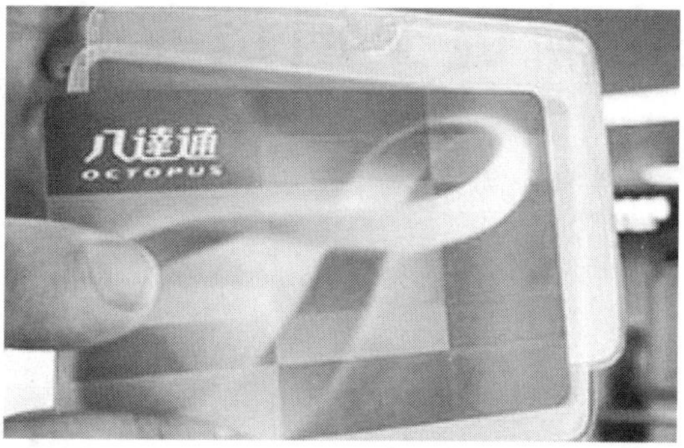

图1-6　香港公共交通使用的“八达通”卡

图1-7　香港地铁自动售票机

图1-8　香港地铁三杆式出站闸机

1.2 城市轨道交通运营企业运营管理现状

一 国内外城市轨道交通运营企业运营管理现状

轨道交通建设和运营投资巨大,还具有一定的经营性。从全球来看,各国政府为了解决融资压力以及后续持续经营问题,进行了各种各样的探索。总的来说,各国城市轨道交通运营模式分为“国有国营”、“公私合伙”、“国有民营”以及“民有民营”四种模式。

1 国有国营

国有国营模式是由政府负责轨道交通投资建设,所有权归政府(主要是地方政府而非中央政府)所有,建成后运营。该模式对财政补贴的依赖程度较高,政府负担较重。但目前仍有不少欧美发达国家城市(如:纽约、巴黎、汉城)仍采用该种模式。

2 公私合伙(Public-Private Partnerships,简称 PPP)

PPP 模式泛指任何一种公共部门和私人部门之间为提供产品或服务而建立合作关系的统称。在这种模式下,由政府与民间资本共同出资设立轨道交通运营公司,建成后公司按照市场化原则运作。香港地铁是广为人知的公私合伙的成功案例。在中国,PPP 形式主要为 BOT(Build-Operate-Transfer)。深圳 4 号线地铁和北京 4 号线地铁均采用了 BOT 形式。

3 国有民营

国有民营模式是指轨道交通线路完全由政府投资建设,建成后委托私人企业负责运营管理。在该模式下,政府具有资产所有权,不干涉企业运营,同时负责监督、规范公司的运营,以确保轨道交通的公共福利性质。运营公司只有使用管理权,承担专业化的运营职能,采取商业化的运营模式实现公司盈利。新加坡地铁为这一模式下的成功案例。

4 民有民营

该模式是指由私人集团投资兴建、私人集团经营，并由政府监管的投资模式。在这种模式下，政府没有财政压力和风险，可以解决轨道交通投资领域资金短缺的问题，同时也可以激发私人投资者严格控制建设和运营成本。由于地铁建设运营的独有特点和土地归政府所有的属性，“民有民营”模式仍处于探索阶段。

知识链接

随着地铁建设的快速发展，北京、上海、广州等地的地铁已经形成一定规模。可以预见未来10～20年之内，多数轨道交通运营企业的工作重点将逐渐从建设转向运营管理，实现轨道交通运营的网络化、规模化、集成化是上述企业面临的主要挑战。2005年上海地铁成立了申通咨询公司，专门研究线路网络化之后组织、管理、运营的基础工作的标准化与专业化的规范建立。随着标准化规范体系的建立，上海地铁原有运营企业体制机制得到整合，并将运营企业消耗成本最大的维修部门单独从运营企业分离出来。

运营企业不再承担维修与更新设备等生产作业环节，只需专注于客运业务本身，实现了前、后台分离。前台专注于提供高效优质的客户体验，而后台则专注于维护、更新设备、控制成本费用等总体运营系统的运作效率。前台和后台的分离有助于各自绩效的界定。不同的绩效目标导向则引导前台和后台关注提升自身绩效的关键成功因素，并通过合理的指标设计促进前、后台的合作。

二 政府对城市轨道交通运营企业的补贴方式

城市公共交通行业在很大程度上承担政府公共投资品的供给任务，无论在哪个国家都具有公益性与福利性的特点。公交企业的经营不仅要考虑经济效益，更要考虑社会效益。这一特性决定了公交企业不能像一般的工商业一样走完全市场化道路。政府建立相应的价格管制和补贴模式的目的是要在社会福利最大化和提升资本效率之间寻找到平衡点，从而既能确保公共目标的实现，同时又能激励运营企业提高效率。

1 我国城市轨道交通的补贴形式

根据补贴的对象，补贴可以分为对企业的补贴和对乘客的补贴；而根据补贴的形式，可分为显性补贴和隐性补贴。

(1)补贴乘客与补贴企业

长期以来，我国对乘客的补贴是以出售月票的形式实现的。公交月票制度原本是为了补贴本地城市居民的一项福利制度，但是随着外部条件的变化，月票制度已经阻碍了行业的发展,也成为企业难以核算政策性亏损和经营性亏损的主要原因。近年来,各城市针对这种情况纷纷对月票制度进行改革。主要形式为取消月票,把政府补贴从暗补变为明补,由政府为需要扶助的群体发放交通补贴,或单位为职工发放交通补贴,并对低收入家庭、老年人、残疾人、伤残军人、学生等群体乘坐公交车都进行了不同程度的优惠。

对企业的补贴可分为一般性补贴和专项补贴。一般性补贴更多的是针对公交企业由于承担的第一种社会责任而造成的政策性亏损的补贴,在维护票价低廉的基础上,保证公交企业稳定的收入和正常的运营。对于企业的补贴,目前我国大多数城市尚未形成规范的公交补贴测算方式,基本的方式是政府根据公交企业会计报表上的实际亏损额,与公交企业讨价还价后确定补贴数额,再以此为基点逐年减亏。政府也可对企业实行定额定向的专项补贴,政府对企业的专项补贴主要用于对城市发展具有全局性影响的轨道交通、综合换乘枢纽、公共交通停车场站以及政府确定的公共交通建设项目、车辆更新等硬件方面的建设。专项补贴更多地体现了政府对公交优先发展战略的实施以及对公交企业发展的扶持。

一般性补贴的测算应当是基于科学的成本核算与成本审计的基础之上的,要求企业有完善的财务管理制度,有公开、透明的信息披露制度和严格的监管机制,物价与监管部门能够有效地掌握企业和行业的信息。但是,目前我国包括公交企业在内的公用事业企业经营的信息披露机制尚未建立,政府与企业间的信息不对称现象普遍存在。在这种情况下,一般性补贴方式使企业缺乏降低成本、提高效率的动力,因为企业盈亏的多少与经营绩效无关,政府承担了企业的经营风险。并且还会产生补贴的误导作用,提高效率和节省开支只能导致政府下一年度补贴的削减。

(2)显性补贴与隐性补贴

政府对公交企业的显性补贴主要是以财政资金直接拨付的方式实现的。显性补贴又可再细分为“建设投资补贴”和“运营补贴”。建设投资补贴是对公交企业的基础设施建设和大的资产成本(如车辆、场地及新技术设备投入等)给予直接的资金援助。运营补贴则主要是对由于公交服务的社会效益造成过高成本,超过合理收入部分给予的补贴。例如,对于企业由于政策性原因导致的运营亏损进行财政补贴。

隐性补贴指政府不需要直接拨付资金给企业,而是从税费、政策、规划等方面予以支持。通过非资金补贴方式改善公交企业的经营环境,增强公交企业在市场上的竞争力。隐性补贴主要包括:

①税费等成本上的优惠。例如公交企业营业税率为3%,远低于其他企业实行的5%~20%的标准,且免交养路费以及其他一些行政性收费。一些地方政府还对公交企业购置客运车辆的贷款给予一定的优惠,对公交企业营业税进行减免。

②周边土地的开发经营权授予轨道交通运营企业。由于轨道交通投入成本巨大,而价格受到管制,企业短期内难以获利。政府将轨道交通,主要是站点周边的部分土地划拨给投资方或运营方开发,以土地的运营收入反哺轨道交通运营上的亏损。

③广告、商贸的特许经营权。在公共交通工具的特殊部位,如出入口、车身、门窗、车站顶盖等部位实行特许广告业务。对于轨道交通,还包括授予车站冠名权的拍卖,站厅超市、便利店、自助机的经营。

例如，香港政府对地铁的补贴是通过隐性机制实施的。为了弥补地铁建设和运营的巨大成本，香港政府从一开始就采取了地铁与房地产的联合开发策略。在地铁场站的上面或周围画出一定面积的土地协议出让给地铁公司，与地铁场站一并规划、设计和实施。地铁公司按照未建设地铁时的市场评估地价向政府交纳地租。地铁公司通过公开招标的方式，确定房地产的合作开发商，建造费用和风险由地产商承担，而地铁公司一般可分享一半的开发利润。地铁商场由地铁公司统一出租，地铁物业由地铁公司自行负责管理。

轨道与房地产联合开发,以土地的商业运营弥补地铁运营的亏损,为香港地铁带来了巨额的开发利润。目前,非票款收入已经占到香港地铁收入的30%以上。香港2003~2008年地铁收入来源见表1-1。

香港地铁的收入来源 表1-1

单位:百万港币

项 目	2003年	2004年	2005年	2006年	2007年	2008年
票款收入	5 064	5 932	6 282	6 510	6 660	6 767
非票款收入	2 105	2 419	2 871	2 969	3 728	4 170
车站商业和其他收入	1 117	1 311	1 555	1 478	1 567	1 630
租金与管理收入	988	1 108	1 316	1 491	2 161	2 540

注:①2007年和2008年为预期收入。

②资料来源:Philip Chan,A PUBLICATION OF THERE SEARCHDEPARTMENT,OCT 5,2006.

2 其他国家和地区的城市轨道交通补贴政策

(1)美国城市轨道交通补贴机制

近些年,美国在努力通过大力发展公共交通以改变人们过度依赖小汽车的出行方式。从表1-2可看出,政府对公共交通的补贴力度很大。美国对于公共交通的补贴,主要通过投资公交基础设施建设、车辆购置、票价补贴等方式实现。政府对公交补贴主要有两种形式:一是财政拨款;二是由依法专为公交设立的资金提供补贴。1982年首次建立了联邦公共交通账户,列入公路信托基金。联邦汽油税对每加仑汽油加收5美分,其中1美分进入公共交通账户,使公共交通的资助有了固定来源,但是这笔资金不能用于经营性补贴。此外,由于轨道交通的外部效益显著,车站能够给周边土地带来特别的利益,因此,一些城市通过确定“特别利益评税区”,在区内征收特别财产税以补贴地铁建设。

美国不同方式的公共交通的支出及收入 表 1-2

单位：百万美元

项 目	公共汽车	电车	其他车辆	公共交通合计	重轨	通勤铁路	地铁	轨道交通合计
资本支出	3 028	188	173	3 389	4 564	2 371	1 723	8 659
经营支出	12 586	187	1 636	14 408	4 268	2 995	778	8 041
总支出	15 613	374	1 809	17 797	8 832	5 366	2 502	16 699
票款收入	3 731	60	185	3 976	2 493	1 449	226	4 167
补贴	11 882	315	1 624	13 821	6 339	3 917	2 276	12 532
补贴所占百分比	76%	84%	90%	78%	72%	73%	91%	75%

注：资料来源为 ToddLitman，Rail Transit In America，A Comprehensive Evaluation of Benefits，25 October，2004.

公共交通基础设施建设由政府予以资助，该项资金的来源在联邦法律中有明文规定：来自联邦政府的款项不能超过工程费用的 80%，其余费用由州政府和地方政府负担。一般情况下，联邦政府资金占 54%，公交管理机构从各种税费中自筹 22%，州政府资金占 13%，当地政府资金占 11%。在公交运营成本中，40% 来自票款收入，21% 来自当地政府，16% 来自非政府及税费，州和联邦政府分别占 20% 和 3%。

图 1-9 为美国纽约地铁检票设备。

图 1-9 美国纽约地铁检票设备

（2）法国城市轨道交通补贴机制

法国对公共交通企业补贴有以下几种：

①在 10 万人口以上城市中，凡拥有 9 名雇员以上的企业均需按工资总额提取 1.2% ~ 2% 的公共交通税，巴黎市区交通税率为 2.4%。交通税征收后，由巴黎交通管理委员会每月分配给公交总公司、城市轨道交通和国铁等交通企业。交通税是公交企业弥补亏损的重要来源，在省级政府的财政预算中约占 1/3。企业征收公共交通税以外，法国政府还规定企业要支付员工公共交通黄票（类似于月票）成本票价的一半。

②国家财政拨款补贴。如巴黎市，国家补贴费占全部补贴费的21%。

③地方当局补贴。在巴黎市占总补贴额的10%。

④其他收入。占总补贴额的6%。由于以上政策的实施，公交公司每年的实际亏损都得到政府的足额补贴。

图1-10为法国城市轻轨系统。

此外，还有其他一些国家和地区主要通过投资补贴来支持公共交通的发展。例如，日本在新建公共交通设施时，中央政府资助50%～60%。欧洲国家的很多城市政府对购置公交车辆和公交专用道的修建都给予了巨额的财政补贴。例如德国、奥地利和瑞士，修建轨道交通享受50%的财政补贴。德国对公交企业的补贴则主要通过税费优惠等隐形补贴实现，例如减少公共交通销售税（增值税）的50%和完全免收公共交通的车辆税，另外还减收公共汽车的用油税。

图1-10　法国城市轻轨系统

1.3 城市轨道交通票务系统

一 城市轨道交通票务系统的业务管理与实施

票务系统的业务管理是借助自动售检票系统来实现的。主要内容有：票卡管理、规则管理、信息管理、模式管理和运营监督等。

1 票卡管理

票卡就是乘客使用的车票，用于记载乘客的出行和费用信息，是乘车的有效凭证。票卡管理就是对票卡的发行、使用、更新等全过程进行的有效管理。票卡发行及其使用主要包括车票编码定义、车票初始化、车票的赋值发售、车票的使用等。

2 规则管理

为保证票务系统能够在多部门和多环节高效运行，就必须制定一套科学、严密的规则、流程，包括票价策略、结算规则、权限管理和操作流程等。票价基本政策主要指轨道交通运营企业对计价方式、乘车时限、乘车限制等方面的规定。

3 信息管理

信息化是自动售检票系统的一个基本特征。为进行有效的管理和为决策提供可靠的信息，需对系统收集的基础数据进行深度挖掘、加工，开展统计分析并发布信息。

4 账务管理

账务管理是对系统内的票务收入进行汇缴、清算、入账等过程的管理，包括账户设置、票款汇缴、登账稽核、收益清算、资金划拨和对凭证进行有效管理等。

5 模式管理

模式管理就是针对不同的运营状况、条件所作出的相应操作行为的选择和实施，包括正常运营模式、降级运营模式以及相配套的运营管理。

6 运营监督

运营监督就是通过系统设备以及所具有的完整、严密、及时的信息流对运营状况进行实时跟踪监督，以提高运营质量和服务水平。它包括信息传输状况监督、客流状况监督、调配监督、收款监督及收益监督等。

二 城市轨道交通票务系统与自动售检票系统的关系

城市轨道交通票务系统是自动售检票系统的必要环境和基础；而自动售检票系统则是城市轨道交通票务系统的实现手段之一，能有效提高城市轨道交通票务系统的管理水平和效益。

自动售检票系统的使用可大量减少票务管理人员，提高城市轨道交通系统的运行效率和效益。同时,通过该系统对客流量、票务收入等综合业务信息的汇总分析,可以强化客流分析预测能力,合理地调配车辆,提高票务系统工作效率,进而提高网络化运营管理水平。

自动售检票系统与票务策略的对应关系主要表现在客流、票制、统计与结算、车票处理等方面。

1 客流

自动售检票系统可根据交易信息为决策或规则提供客流信息。自动售检票系统通过其良好的票务管理水平和高效的客流信息处理能力,成功实现低成本、高效率的系统运作。

提高信息利用率、增强自动售检票系统的决策分析能力是自动售检票系统的发展方向之一。应强化系统整理分析原始数据和信息的能力,将票务系统与其他信息管理系统相结合,通过票务系统的信息挖掘,可以进一步了解区域客流特征,为管理提供量化的决策依据,也可以为相关的经济行为提供客流行为支持,提高服务和管理决策的针对性和准确性。

2 票制

自动售检票系统根据票务政策的计费原则和计费方式进行售票、检票、统计。对单一票制、计程票制和混合票制,应结合不同的票制原则以及相应的优惠措施制订执行方案。

单一票制是根据乘车次数进行计费,与实际乘坐的距离长短无关。

计程票制是经进出站检票,严格按照实际乘坐距离长短(里程或乘坐车站数)并根据票价计费标准计算乘车费。

混合票制也称分区域计程制。即将运营线路总长度分为若干个区域,根据票价计费标准,在各区域内采用统一票价。实际运营距离跨越一个或多个区域时,根据占用的区域数进行计费。

3 统计与结算

票务统计与结算的基础是交易数据。线路每天的客流量是该线路各站的单程票、储值票及特种票的进站数及换乘至该站人数之和。各线日车票收入,以单线各站的单程票发售收入与储值票的出站扣值及当天票补收入之和,减去退票款后,按乘客在各换乘线路乘坐的情况核算。

自动售检票系统可对客流量、票务收入以及单程票的使用进行统计和分析,并编制相应的报表。

自动售检票系统对不同线路或不同收益载体进行票务收入清分,对路网系统与其他兼容系统进行清分,并可通过银行结算系统进行及时结算。

4 车票处理

车票处理包括对单程票、储值票和许可票的处理。一般情况下,单程票是当日当站使用的车票，通常要制定退票规则，包括是否允许退票、退票时间要求、手续费的收取等。储值票有记名和不记名之分。不记名票通常不办理挂失、退票。当储值票不能正常使用时，由车站受理，交专门部门进行查询、分析并作相应处理。特种票不能正常使用时，由专门部门进行查询、分析并作相应的处理。

实训任务

请根据您所在城市的城市轨道交通现状，完成一份票务系统调研报告。该报告应包含以下内容：

1. 您所在城市的城市轨道交通车站有哪些设备与票务有关。
2. 介绍您所在城市的城市轨道交通使用的车票。
3. 介绍您所在城市的城市轨道交通的票价。

复习思考题

1. 简述城市轨道交通运营模式有哪些。举例说明。
2. 我国城市轨道交通的补贴形式有哪几种？
3. 城市轨道交通票务管理系统与自动售检票系统有什么关系？

单元 2

自动售检票系统

教学目标

1. 掌握自动售检票系统的架构层次；
2. 理解自动售检票系统各层次的主要功能；
3. 掌握自动售检票系统设备配置与布局的考虑因素；
4. 掌握自动售检票系统设备配置的原则。

建议学时

6 学时

教学导入

自动售检票系统作为城市轨道交通向公众提供服务的窗口,是城市轨道交通系统运营服务的核心子系统。面对日益增强的社会需求,在城市轨道交通建设和运营中受到高度重视。

自动售检票系统大量采用国际先进水平的现代化机电设备,以确保城市轨道交通系统安全、快捷、准点、有效地运营。自动售检票系统体系复杂、技术含量高、专业面广、运营维护困难,并且需要根据业务需求不断地进行更新改造。自动售检票系统集计算机技术、机电一体化技术、模块识别技术、商业智能技术等多种高新技术于一体。随着电子、生物及人工智能技术的高速发展,自动收费系统的理念和技术也发生了巨大变化。

自动售检票系统经二十多年的使用,其技术设备已比较成熟,在系统应用方面也积累了丰富经验。目前,国内外自动售检票系统和设备的主要生产供应商有:CUBIC(美国)、CGA(法国)、ERG(澳大利亚)、SAMSUNG(韩国)、GUNNEBO(瑞典)、ASCOM(瑞士)、上海华虹、熊猫电子等。

城市轨道交通自动售检票系统的架构是多种多样的,系统架构的选择与轨道交通网络结构、售检票方式、清分需求和车票媒介等相关联。在多条线路组成的城市轨道交通路网中,根据投资主体、运营管理、换乘方式、轨道交通线路的构成,以及票务处理、票务分析和票务结算系统的需求,实现自动售检票系统的基本架构一般有线路式架构、分散式架构、区域式架构、完全集中式架构、分级集中式架构五种。

表2-1为自动售检票系统各层级设备。

自动售检票系统各层级设备 表2-1

系　统	组　成
清分系统	收益清分
线路中央计算机系统	中央服务器: ——数据库服务器; ——磁盘阵列; ——磁带库; ——光纤交换机。 通信服务器。 报表服务器。 监控工作站。 操作员管理工作站
车站计算机系统	车站服务器。 车站工作站。 紧急按钮
车站设备	自动售票机(TVM机)。 自动检票机(AGM机)。 票房售票机(BDM机)。 自动验票机(TCM机)

2.1 自动售检票系统基本架构

城市轨道交通网络化运营对自动售检票系统提出的技术要求包括：在城市轨道交通运营网络内，所有运营线路间实现"一卡换乘"；实现在各线路之间的票务清分、结算；实现线路与城市公共交通卡发行、管理部门的清算。不同城市为实现以上要求，按照各自需要构建了不同的自动售检票系统架构。

自动售检票系统的基本架构形式有线路式架构、分散式架构、区域式架构、完全集中式架构、分级集中式架构五种，如图2-1所示。

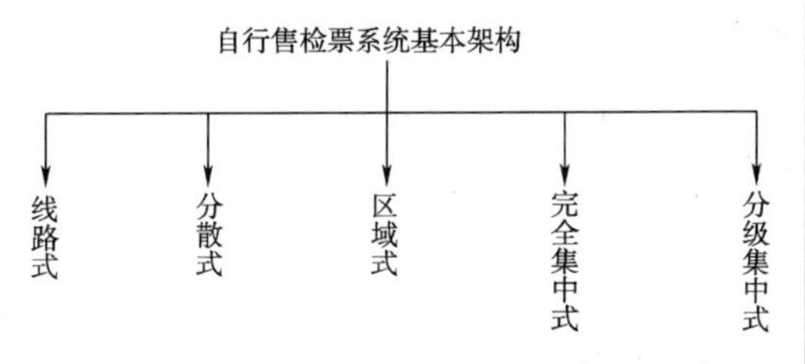

图 2-1　自动售检票系统基本架构

一 线路式架构

1 基本架构形式

线路式架构的自动售检票系统是根据符合运营线路独立管理自动售检票系统和票务的设想，在路网中表现系统架构形式，如图 2-2 所示。

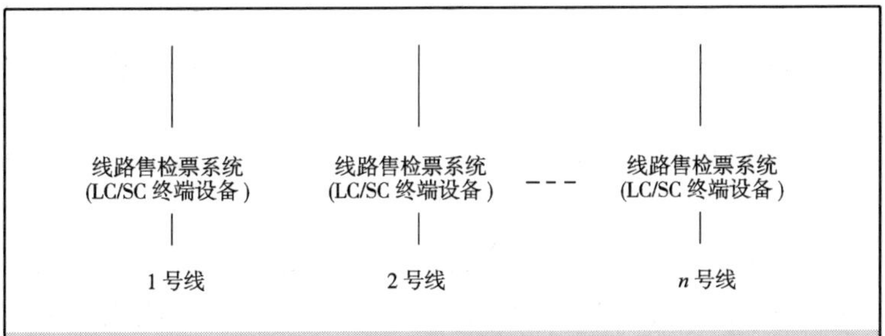

图 2-2　线路式架构结构示意图

在线路式架构中，每条运营线路建有一套独立的自动售检票系统，包括中央计算机系统、车站计算机系统、终端设备和车票媒介。中央计算机系统完成线路轨道交通自动售检票的管理、票务统计和票务结算，并单独与外部卡清算系统连接，实现与外部卡清算系统的交易数据转发、对账和结算等。不同线路之间的自动售检票系统是彼此独立的,票务信息不能共享,无法满足站内跨线换乘票务清分的应用需求。

2 特点分析

从技术的角度看,自动售检票系统管理线路式架构易实现,能满足各条线路自动系统的运营管理要求。如果需实现站内跨线换乘票务清分,则需在各线路之上增加一个跨线换乘票务清分中心,同时要求至少把各线路有进站、无出站或有出站、无进站的所有进或出站的检票交易上传给清分中心,由清分中心进行进、出站配对并按某种预定的规则清分后给出清算报表,据此可实现线路间关于营收款应收、应付账的结算。实际上,线路独立式自动售检票系统之上不可能有票务清分系统(这种管理方式对应票务管理分级集中式架构),所以无法实现跨线站内换乘。

3 适用性

线路式架构的自动售检票系统只能够适用的环境为:单线式轨道交通线路和分离式轨道交通线路。

二 分散式架构

1 基本架构形式

轨道交通网络由若干个区域构成,每个区域由若干条线路组成,但各个区域相互独立,完成本区域线路的票务处理和运营管理,构成分散式架构,其基本形式如图 2-3 所示。

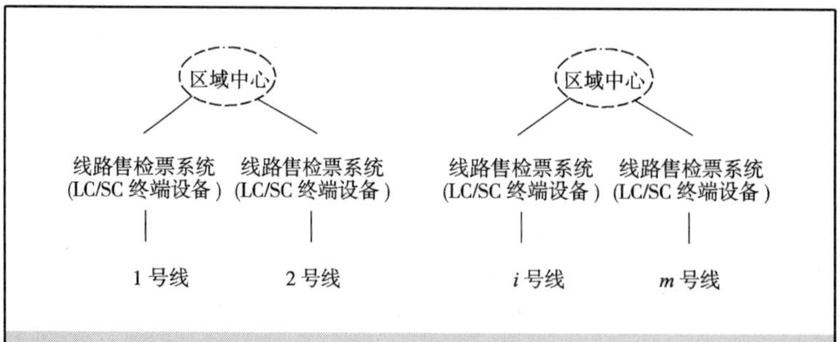

图 2-3 分散式架构

区域中心负责获取所管辖范围内线路交易数据,确定其管辖范围内各线路的换乘结算模式,并对所管辖范围内各线路的跨线交易数据进行实时清分。每一个区域清分中心负责相应区域线路的清分,区域中心与外部卡清算中心连接,交换外部卡交易数据和清分结果。由于区域清分中心是相互独立的,区域清分中心之间不能实现互联,乘客不能跨区域直接换乘,但能够在区域内直接换乘。

2 特点分析

从技术的角度看,构造分散式架构的路网不能实现跨区域换乘。

从运营管理的角度看,分散式架构的售检票系统可以设置若干区域,每个区域之间相互独立,每个区域仅能对本区域的线路实现票款、客流统计和收支分离等方面的管理。如果实现路网全面管理的话,必须将若干区域清分中心的数据进行汇总、分析和统计。对分散式系统架构而言,区域清分中心管辖的线路少,发生换乘的路径将大大减少,清分工作量相对较小。但是,不同区域清分系统之间的线路不能够直接换乘,增加了路网的运营管理工作量。

3 适用性

分散式架构的自动售检票系统能够适用的环境为:条状型区域管理的轨道交通线路和由一个投资和运营方管理的多条线路。

三 区域式架构

1 基本架构形式

区域式架构是在分散式架构和线路独立式架构基础上设置一个路网中心,此架构如图2-4所示。

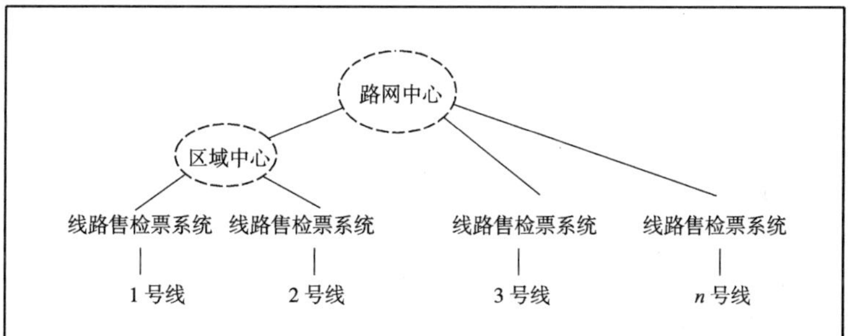

图2-4　区域式架构

路网中心直接与独立线路的售检票系统连接,同时与区域中心连接,区域中心直接与所管辖线路的自动售检票系统连接。区域中心负责获取所管辖线路的交易数据,确定其管辖范围内各线路的换乘清分方式和结算,并对所管辖范围内各线路的跨线交易数据进行实时清分。路网中心负责获取全路网交易数据,确定区域中心和其余各线路的换乘结算方式和数据公共接口,并对区域中心和其余各线路的跨线交易数据进行实时清分。路网中心具有与外部卡清算系统的接口,用于转发数据、对账和结算等。

2 特点分析

从技术角度看,线路收益的清分、统计和管理分布在两个不同的层面上,路网中心无法直接了解区域线路之间的清分数据,只能通过区域售检票系统查询相应的数据。

从运营管理角度看,如果区域中心对应的线路由一家投资方投资和一家运营公司管理,则可将此区域视为一条线路,系统就可简化成一个区域中心;如果区域的线路由多方投资和多家运营公司管理,则此时采用两个层面进行清分。采用区域式架构的自动售检票系统会给管理带来麻烦,但它保护了原有的投资,并可通过区域中心实现跨线换乘。

3 适应性

区域式架构的自动售检票系统能够适用于由区域式线路和独立线路构成的轨道交通网络。

四 完全集中式架构

1 基本架构形式

完全集中式架构是将轨道交通网络中所有的线路拟为一条路网式线路,设置一个路网中心,线路上的车站计算机系统集中后通过通信设备直接与路网中心连接,即不设置线路中心系统进行相应的清分处理。路网中心相当于自动售检票系统的中央数据处理系统,负责获取全路网的所有交易数据并负责各线路的数据处理和结算,同时负责线路的运营管理,其架构如图 2-5 所示。

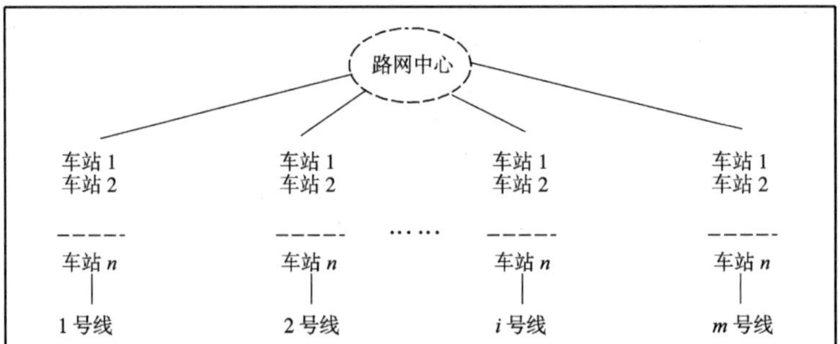

图 2-5 完全集中式架构

完全集中式架构的自动售检票系统的路网中心(中央数据处理系统)与各独立线路的车站系统直接连接,路网中心替代线路中央系统的职责,同时负责对各线路的清分、统计和管理。路网中心负责全路网所有线路单程票/储值票交易数据的收集、处理、清分、对账和结算处理,负责路网所有线路外部卡交易数据的收集、转发、处理、清分,负责路网车票的统一编码和管理,负责与“公共交通卡”清算中心的清分。全路网数据的管理与结算由路网中心独立完成。

2 特点分析

从技术的角度看,完全集中式系统架构清晰,可以实现路网内所有线路的换乘和清分

(实质上是一条路网式线路),满足路网便捷化的需求。由于路网的所有信息都由路网中心统一处理,路网中心需要具备较大存储容量和高速处理能力,同时,由于完全集中的管理,对路网中心的可靠性也提出较高的要求。

从运营管理的角度看,完全集中式架构的自动售检票系统实质上为线路售检票系统,在全路网范围内实施票款、客流和运营的管理。

3 适用性

完全集中式架构的自动售检票系统能够适用于单一线路或运营商和多个独立的运营商管理的多线路。

知识链接

日本东京的12条地铁线路由两家运营公司管理,以车站为基本单元,车站汇总计算机负责收集交易数据,每天定时通过网络将交易数据送到公司的数据汇总计算机,公司数据汇总计算机对交易数据进行处理。

五 分级集中式架构

1 基本架构形式

分级集中式架构是在线路式架构的基础上设置一个路网中心,路网中心负责获取全路网交易数据,确定各线路的换乘结算方式和数据公共接口,并对各线路的跨线交易数据进行实时清分,其架构如图2-6所示。

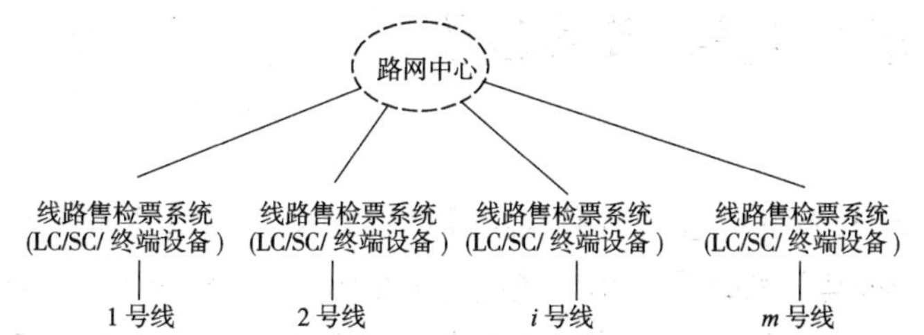

图2-6 分级集中式架构

分级集中式架构的自动售检票系统的路网中心直接与各独立线路售检票系统的线路中央计算机系统连接,路网中心负责对各独立线路进行清分、统计和管理。路网中心负责全路网所有线路售检票系统单程票/储值票换乘交易数据的收集、处理、清分和清算,负责路网所有线路外部交易数据的收集、转发、处理、清分和结算,负责路网车票的统一编码和管理,负责与外部卡清算中心统一接口的处理。线路中央计算机系统负责线路交易数据的收集、处理、分析和管理,并与路网中心交换数据。清分交易数据的管理由路网中心与线路中央计算机系统共同完成。

2 特点分析

从技术的角度看,分级集中式系统架构清晰,可以实现路网不同线路的换乘和清分,满足路网捷运化和信息化的需求。但在分级集中式票务系统架构中,由于乘客换乘的路径较多,跨线换乘票务清分规则的确定和计算复杂。

从运营管理的角度看,分级集中式架构的售检票系统可以实现对全路网票款、客流的全面管理,可实施收支分开的管理。

从投资的角度看,分级集中式架构的自动售检票系统由多套线路售检票系统和一个路网中心构成,路网中心负责与线路售检票系统的连接,同时也负责与外部卡清算中心的连接。从投资的角度看,由于只建设一个路网中心(考虑主备系统),所以相应的投资也较少,即采纳此架构建设的票务系统在总投资上将相对减少。

3 适用性

分级集中式架构的自动售检票系统能够满足轨道交通网络化的基本需求。

知识链接

上海轨道交通自动售检票系统采用的是分级集中式架构。分级集中式票务系统根据功能可分为五个层次:第一层是车票层,第二层是终端层,第三层是车站层,第四层是线路层,第五层是路网层,系统架构的参考模型如图 2-7 所示。

六 各主要城市 AFC 系统架构选择

(1)莫斯科

1935 年 5 月 15 日,苏联政府出于军事方面的考虑,正式开通莫斯科地铁。其建设工程耗时仅 3 年,一期工程建了两条线。第一条线路从索科尔尼基公园到市中心斯摩棱斯克广场,共 13 站,长 11.6km。后来又建成第 3 条、第 4 条线,到 1943 年,5 条线全部通车。至 20 世纪 40 年代末,出现了把各条线穿起来的环线地铁。1962 年,世界上最早的行车自动化系统在莫斯科地铁试用。

如今,莫斯科地铁全长 220 多公里,其布局与地面的布局一致,呈辐射及环行线路。地铁总共有 9 条线,包括 8 条辐射线和 1 条环行线,全长 300km,有 150 个站台,4 000 列地铁列车在地铁线上运行,有 5 000 多节车厢。地铁每天平均开 8 500 多次列车,担负全市客运量的45%，每天运送的乘客达900多万人次。地铁运行速度很快，时速最高达90km。

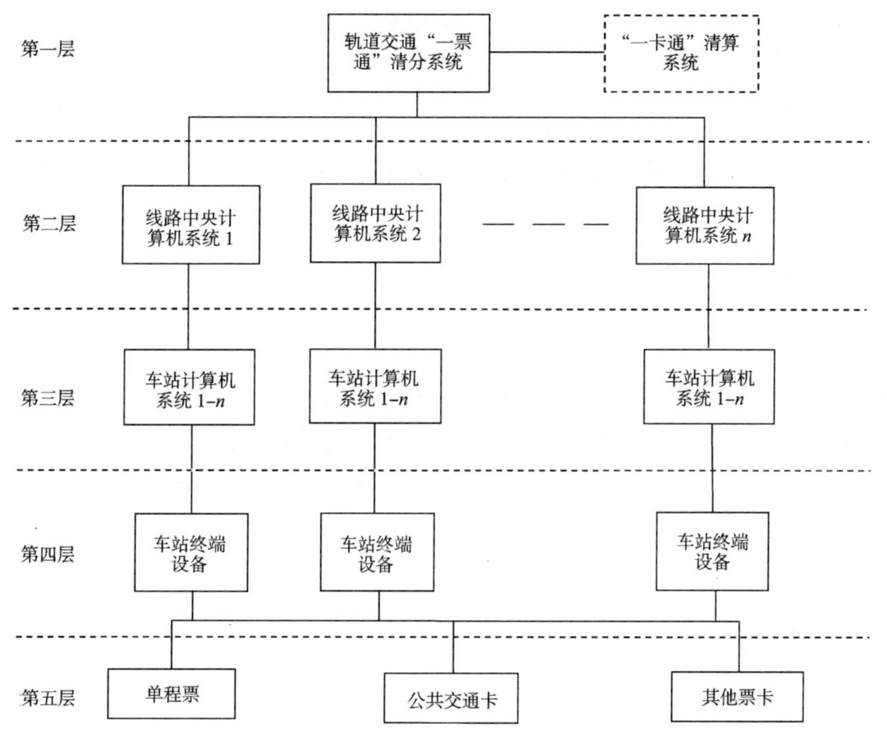

图2-7　轨道交通AFC系统网络架构图

莫斯科地铁平常的日客运量为850万人，在高峰期可超过900万人。自今年1月1日起，莫斯科地铁票价作出调整。对于单次车票，由原来的10卢布涨至13卢布（约合人民币4元），上浮了30%；而针对经常乘坐地铁的上班族和学生等群体，其使用的月票、季票、年票，以及学生票仅上调10%。这样既保持了地铁票价整体上稳定，又在一定程度上抑制了客流量的过量增长。

（2）巴黎

巴黎地铁（Le Métropolitain de Paris，简称Métro）是法国巴黎的地下捷运系统，由巴黎大都会铁路公司（Chemin de Fer Métropolitain de Paris）负责营运。目前巴黎地铁总长度为221.6km，共14条主线、2条支线，合计380个车站、87个换乘站。

在巴黎，乘客购票有多种选择："打票"（十张票）、日票、两日票、周票、月票或年票等。一张巴黎地铁票要1.3欧元，"打票"却只需10欧元，月票近50欧元，年票也只不过500欧元出头。这部分花费只是法国人生活支出的一个零头。虽然这些措施使巴黎地铁的收入大为减少，但为了服从城市总体利益，地铁当局每年还花费巨额宣传费指导居民购买月票或年票。

图2-8为巴黎地铁自动售票设备。

图 2-8　巴黎地铁自动售票设备

(3)广州

广州地铁 1 号线和 2 号线 AFC 系统于 1998 年在首期五个站投入使用,于 1999 年年初全线投入使用。从使用的情况来看,该系统采用非接触 IC 卡技术,系统数据交易和传输准确,使广州地铁的收费和检票真正实现了数据化和自动化。广州地铁 1 号线和 2 号线 AFC 系统原由美国摩托罗拉公司承建,后韩国三星数据公司接受该项目,单程票采用 TOKEN 技术。现广州地铁 3 号线和 4 号线于 2005 年年底和 2006 年年初开通,AFC 系统分别由韩国三星数据和新加坡科技承接。

广州轨道交通售检票系统是一个结合多条线路的系统,在系统内进行各线路的集中管理,实现系统内的比例清分、密钥管理、发卡管理、运营管理、决策支持、报表查询、通信服务和异地容灾等系统功能,还可以实现整个系统与公交系统、银行系统及其他相关系统之间的结算、车票交易数据的整体处理和统计分析。

目前广州地铁已开通 1、2、3、4 号线,实现了线路间"一票通无障碍换乘"。票价与实际乘车路径无关是无障碍换乘的基本特性。运营收益清分到线路,需要采用较为合理的清分方法。

图 2-9 为广州地铁自动售检票系统架构。

(4)香港

与北京地铁票制票价政策的明显区别是,香港地铁公司拥有地铁票价制定的自主权。香港地铁票价每年都要适量调整,而不会隔一段长时间后大幅提升。其变动幅度大约与通胀水平相当,并考虑票价的长期影响及公众的接受程度。

香港的八达通系统于 1997 年 9 月投入运行,它采用 SONY 公司的第一代 FELICA 卡,由澳大利亚 ERG 公司负责系统集成。系统除涵盖公共汽车、轮渡、轻轨、地铁等运输行业外,目前已经扩展到停车场、游泳池、美心快餐、7—11 便利店等地方的小额消费。至 2001 年 4

月止，发卡量达720万张，每天的交易量达500多万笔，交易金额也高达4 000多万港币。

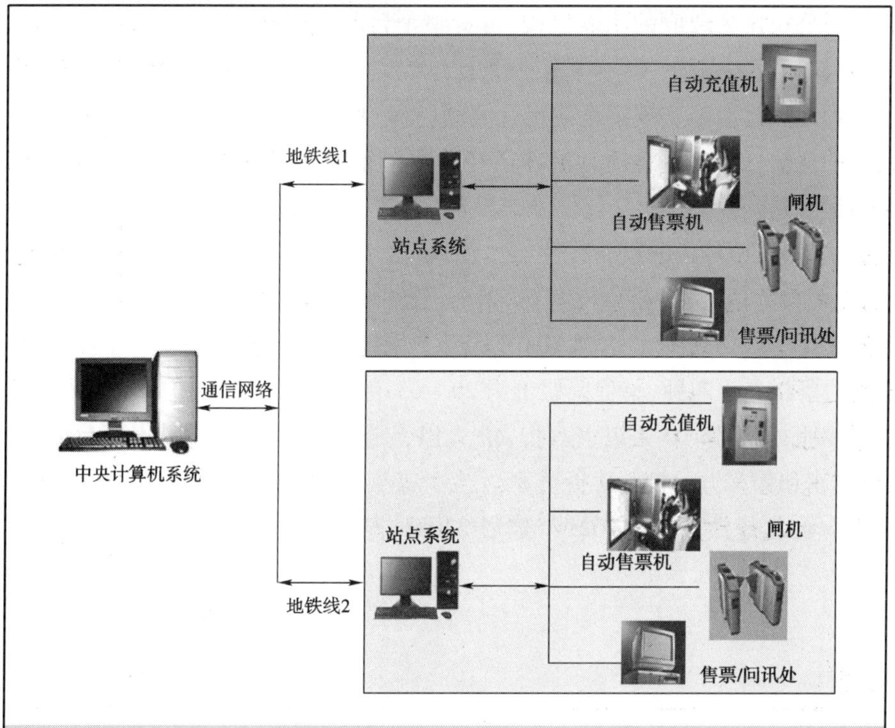

图2-9　广州地铁自动售检票系统架构

香港地铁是世界公认设备完善、自动化程度高、管理较好的地铁，它的自动售检票设备，由自动售票机、检票机、补票机和磁性车票、车站和中央计算机等组成，集计算机、自动控制、光电技术等高新技术于一体。香港地铁自动售检票系统架构是由中央结算中心和公司或车站组成，中央结算中心采用大型分布式数据库。终端设备的交易数据首先进入本公司或车站的数据库，然后传输到中央数据库，在中央数据库进行数据结算处理。

图2-10为香港地铁环形客服中心（相当于售票/问讯处）。

图2-10　香港地铁环形客服中心

(5)台北

台北捷运公司作为政府的职能机构,负责整个台北地区捷运工程的投资、建设、运营及开发,管理职权相对集中统一。台北第一条捷运线路——木栅线始建于1988年,于1996年正式通车。台北捷运已经实现了全线无人驾驶,宽敞月台上也很少看见工作人员,每天承担着百万人次的运输任务。围绕捷运沿线已经形成了很多繁华商圈,有名的西门、东区、信义都可以乘捷运到达。

台北捷运(METRO)目前运营线路有木栅线、淡水线、新店线、中和线、板南线、新北投支线、小南门支线共7条线,线路总长度67.2km,平常每日运量95.43万人次。车站多为岛式站台(包括高架线),站台宽度达到10m以上,个别地方设置了一些雕塑小品,感觉较人性化。运营线的票制分为四种,单程票票价为20~65台币(1台币约为0.25元人民币);一日票150台币一张;团体票10人以上八折,40人以上七折;另一种为悠游卡(储值票),可使用于捷运、公交车和停车场,享受8折优惠。为了吸引年轻乘客,还会经常推出各种有设计感的纪念卡。台北地铁计划至2021年建成230km路网,平常日每日运量预测可达360万人次。

2.2 自动售检票系统设备配置与布局

一 影响AFC系统设备配置与布局的因素

车站AFC系统设备配置是研究解决AFC系统设备的选型和配置数量的问题,而车站AFC系统设备布局则是研究解决AFC系统设备空间布置的问题。影响车站AFC系统设备配置与布局的因素主要有以下几个方面。

1 高峰小时进出站客流

高峰小时进出站客流的数量是决定车站AFC系统设备配置的主要因素,高峰小时进出站客流的流向则是决定车站AFC系统设备布局的基本依据。

根据客流统计资料数据分析,车站客流的进出站高峰小时出现时间与断面客流的高峰小时出现时间通常不同,车站客流的进站高峰小时与出站高峰小时出现的时间通常不同,工作日高峰小时进出站客流通常大于双休日高峰小时进出站客流,因此,一般采用工作日高峰小时进出站客流作为计算车站 AFC 系统设备配置的依据。

从客流的空间分布角度,应根据车站内乘客流向及行程轨迹,分别对各个收费区及各组检票机的进出站客流进行分析,还应该对上、下行方向客流的到发特征,进出站客流到检票口的特点和进出站客流的路径交叉等进行分析。

2 车站 AFC 系统设备使用能力

车站 AFC 系统设备使用能力是指车站 AFC 系统设备在单位时间内(通常为 1min)的出票张数或通过人数等。车站 AFC 系统设备通过能力可以分为设计能力和使用能力。设计能力是理想状态下的设备能力,根据 AFC 系统文件提供的数据确定。比如检票机的设计能力,主要取决于票卡读写时间、闸门开启时间和乘客通过闸门时间等。但实践中,由于乘客特性、使用熟练程度、设备利用不均匀等原因,车站 AFC 系统设备的使用能力小于设计能力。因此,在 AFC 系统设备配置数计算时,应考虑其使用能力。

3 站台与站厅层设计布局

站台、站厅层设计布局主要设计站台类型、车站控制室的位置、升降设备的位置和车站出入口的布置等。

站台、站厅层设计布局对收费区及检票机的设置有较大影响,从而影响车站 AFC 设备的配置和布局。比如,岛式站台车站,收费区的自动扶梯、步行楼梯设置在站厅的中央区域,客流量比较大的车站,在收费区两侧布置验票机,会增加检票机数量。

二 AFC 系统设备配置的原则

AFC 系统设备的配置需要考虑以下三点:

(1)城市轨道交通车站的设备配置首先要满足面向乘客服务的要求;

(2)其次要强调设备配置的能力匹配与经济性;

(3)最后要体现出轨道交通服务方式在各类城市公共交通服务模式中的先进性。

在充分考虑这三方面内容的基础上,能够围绕以下原则来配置相应的设备设施。

1 实用性原则

车站的设备配置要符合车站服务的特点,即服务的短暂性和高频率。轨道交通车站主要解决乘客在该服务系统中汇聚与疏解,有很强的时效性;乘客的基本要求是在短暂的移动过程中充分享受车站所提供的舒适服务。因此,设备的实用性是车站首先考虑的问题。

2 功能匹配原则

由于轨道交通系统投资巨大，城市轨道交通车站的设备配置要满足乘客所需的服务要求，同时也要防止出现设备能力闲置，降低设备的使用效率以及系统运营的经济效益（不包括正常的设备能力储备），即车站设备服务能力与乘客所需的服务容量的匹配。另一方面，车站设备配置的能力匹配，还包括各设备之间的容量与能力匹配，如列车运营密度对售检票能力都提出了相应的配套要求，这一要求首先就是售检票系统和车站各配置设备之间的能力协调。

3 先进性原则

城市轨道交通系统作为先进的大容量、快捷交通运行工具，同时也是一个复杂的运营系统。高技术、高智能化是其基本特征，而要体现这一高技术、高智能化特征，构成这一系统的诸设备必须有相当的先进性，就目前而言应以计算机技术、信息技术和控制技术为主要应用对象，提高车站设备的技术和应用层次。

4 经济性原则

在满足乘客乘降需求的前提下，本着提高设备利用率的原则，售检票系统配置相关设备必须有一个符合经济性的问题，即从设备的等级、规模、先进的程度等方面出发，体现够用的原则，从而使车站售检票系统的建设投资恰到好处。

5 安全性原则

与其他各类交通工具一样，城市轨道交通系统的运营也十分强调其运营的安全性，它是所有被考虑因素中的第一位要素。而安全运营的实现除了依靠严格而又科学的运营管理以外，设备的运行可靠程度也是严格的决定性因素。对于售检票系统设备的配置来说，要从所配置设备的安全可靠性上严格把关，同时还要配备必要的应急设备，以防万一。

三 自动售检票系统设备布置应满足的要求

1 正确设置售检票系统设备的位置

售检票系统设备的位置与出入口、楼梯应保持一定距离。售检票系统设备的位置一般不设置在出入口、通道内，并尽量保持与出入口、楼梯有一定的距离，从而保证出入口和楼梯的畅通。

售检票系统设备的位置一般选择在站厅内宽敞位置设置，保持售检票系统设备的位置前通道宽敞，便于售检票系统设备位置前客流的疏导，售检票系统设备的位置应适当保持一定距离，避免排队时拥挤。

图2-11、图2-12分别为深圳市地铁车站站厅层布置图(一)和(二)。

图2-11　深圳市地铁车站站厅层布置图(一)

图2-12　深圳市地铁车站站厅层布置图(二)

2 合理布置付费区

售检票系统设备的位置根据出入口数量相对集中布置，并满足客流流向要求。因轨道交通车站一般有多个出入口，为了减少乘客进入车站后的走行距离，一般设置多处售检票系统设备，但过多设置售检票系统设备容易造成设备使用的不平衡，降低设备使用效率，并且不利于管理，因而售检票系统设备位置应根据车站客流的大小集中布置。

图2-13为深圳市地铁车站站厅层布置图(三)。

图2-13　深圳市地铁车站站厅层布置图(三)

3 设备应采用相对一致的外尺寸

每个付费区内至少设置1台补票机，每个出入口的检票机数量不应少于2台。

知识拓展

我国正在建设地铁的城市如北京、天津、沈阳、成都、杭州、武汉、重庆等，其城市轨道交通都将AFC系统作为一个重要的组成部分，分别采用不同的AFC技术。如日本欧姆龙公司、日信公司、法国THALES公司、ASCOM公司，美国CUBIC公司、韩国三星数据公司等国外公司纷纷进驻中国市场，国内企业如深圳现代、上海华虹等公司成为国内AFC行业的代表，技术路线不一，没有一个统一的标准，容易形成城市轨道每一条线路AFC系统的不一致，造成接口复杂，甚至重复投资。

复习思考题

1. 自动售检票系统包含哪些架构形式？
2. 自动售检票系统分级集中式架构体系分哪几个层次？
3. 自动售检票系统设备的配置与布局应考虑哪些因素？
4. 简述自动售检票系统设备配置的原则。

单元 3

票卡媒介

教学目标

1. 理解售检票方式及票卡的识别方式，掌握票卡的分类；

2. 掌握纸票、磁卡、智能卡的构成、分类及特点；

3. 掌握 AFC 系统中各类型票卡的定义及适用范围；

4. 了解我国主要城市一卡通的应用情况及一卡通使用的一般要求。

建议学时

8 学时

教学导入

票卡就是乘客使用的车票，用于记载乘客的出行和费用信息，是乘坐轨道交通的有效票据或凭证。票卡记载了乘客从购票开始，完成一次完整旅行所需要和产生的费用、时间、乘车区间等信息。由于票卡上记载了有关乘车信息，因而也将其称为票卡媒介。

不同票卡媒介记载信息的方式和数量是不同的，根据信息记载方式的不同，识别方式也不同。因此，不同的票卡媒介将对应不同的识别系统。

早期地铁一般都采用纸票作为车票，但随着计算机、网络通信、电子、智能卡等技术的不断发展，先后出现了磁卡和智能 IC 卡。纸票需要大量的工作人员且需人工进行售检票，因而工作效率极其低下；另外纸票的使用只有一次，容易造成资源浪费，并且在车票和现金的管理上也存在漏洞。磁卡利用磁性载体（如：磁条）记录了车票的相关信息，磁卡的读写相对简单容易，使用也比较方便，而且可以重复使用。IC 卡是集成电路卡（Integrated Circuit Card）的英文简称，在有些国家也称之为智能卡、智慧卡、微芯片卡等。IC 卡按其与外界数据传送方式的不同，一般分为接触式 IC 卡和非接触式 IC 卡。IC 卡具有磁卡无法比拟的许多优点，如：存储容量大，信息记录的高可靠性与高安全性、高保密性以及可脱机使用等特点得到了广泛使用。

目前，国内各大城市如北京、上海、南京、广州、深圳等地，其地铁自动售检票 AFC 系统的票卡媒介一般都采用非接触式 IC 卡，并且都已成功实现"一卡通"业务，即除在地铁系统换乘之外，还可以实现在公交、出租、轮渡、市郊铁路等系统的换乘，另外还可实现在停车场、加油站、便利店、超市、影院等地的刷卡消费，该技术还将在其他领域里不断完善。

3.1 票卡媒介与售检票方式

票卡按其信息记录介质的不同，可分为印刷、磁记录和数字记录三种；根据信息认读方式的不同，可分为视读和机读两种。售检票方式有人工方式、半自动方式和自动方式。每种售检票方式都要涉及不同的车票媒介和识别技术（由不同的终端设备或人工完成）。

一 票卡媒介

目前常见的票卡媒介有三种:纸质车票、磁卡车票、智能卡车票。

1 纸质车票

常见的纸质车票有普通纸票和条形码纸票。

(1)普通纸票

普通纸票是指将车票的所有信息都直接印制在车票上,由票务人员视读确认。

(2)条形码纸票

条形码纸票是将车票的相关信息通过条形码编码存储,由条形码扫描仪完成信息识别,标识的信息只供读取而不能改写。

2 磁卡车票

磁卡车票是指在基质上设置磁记录区域,通过磁性载体记录有关信息,由磁卡读写设备获取相关信息,信息是可修改的。常见的磁卡车票有单程磁卡和储值磁卡。

3 智能卡车票

智能卡车票是将车票的所有信息储存在车票的集成电路中,由智能卡读写设备获取相关信息。信息存储量大,且可修改。智能卡按其与外界数据的交换方式,分为接触式 IC 卡和非接触式 IC 卡。

二 票卡的售检票方式

售检票系统是城市轨道交通运营管理的一个非常重要的环节,根据售检票作业环境的不同,分为开放式售检票作业方式和封闭式售检票作业方式。

开放式售检票指在车站不设检票口,乘客上车前(指进入付费区)或在列车上检票,并随机查票的作业方式。一般适用于客流量较小的系统且要求乘客有较高的素质。

封闭式售检票指在乘客进出付费区前都要经过检票口检票的作业方式,一般分为人工售检票、半自动售价票和自动售检票三种。

在轨道交通系统中,售检票方式取决于不同的票卡媒介和设别设备。目前世界上常见的轨道交通售检票方式有印制纸票人工售检票系统、印制纸票半自动售检票系统、一次性磁票自动(半自动)售检票系统、重复使用磁票自动(半自动)售检票系统、接触式智能卡自动(半自动)售检票系统、非接触式智能卡自动(半自动)售检票系统。上述六种售检票模式中,票卡媒介基本上为普通纸质车票、条形码车票、单程磁票、储值磁票、接触式 IC 卡及非接触式 IC 卡。由于票卡介质不同,识别终端不同,售检票模式在很大程度上就发生了变化。

因此,城市轨道交通自动售检票 AFC 系统中影响最大的因素之一是车票制式,它决定了系统信息的组成。票卡媒介是乘客使用情况的信息载体,是系统运营数据的关键源头。一旦系统的车票制式确定,再对其进行更改将会造成极大的影响。所以,售检票系统对于这个信息源头——票卡的选择尤为重要。

3.2 纸票与磁性票卡

一 纸票

纸票是事先在车票上印刷相关的车票信息,由人工方式或自动方式售票,通过视读或扫描仪确认票面信息。纸票分为普通纸票和条形码纸票两种。

1 普通纸票

普通纸票将车票的相关信息印制在票面(纸质)上,由票务人员视读确认。票面上的基本信息包括:车票编号、出票站点、乘车日期、乘车车次、乘车区间、票款金额、时间限制以及换乘等信息,既对购票人有明示作用,同时也便于票务人员检查核对。

普通纸票的信息是只读信息,因此不能作为储值票,只能作为单程票或特殊用途的车票。

印制纸票适用于人工售检票的票务运作模式中,每张纸票相当于一张定额发票,只能提供给乘客乘坐一次地铁的服务承诺,而且其寿命也只有一次。普通纸票一般由存根、主券、进站副券和出站副券四部分构成。乘客在购票过程中,票务人员从车票存根处撕下将其余部分交给乘客,存根是地铁车站内部进行收益稽核时使用的;进/出站副券分别是乘客在进、出站检票时提供给检票人员检查的;主券是最后留给乘客,供乘客收藏或作为报销凭证使用。

想一想

乘坐地铁后留给乘客的主券有什么收藏价值？

知识链接

正常情况下纸票的操作程序

(1)乘客进站时检票人员撕下乘客纸票的副券1。

(2)乘客出站时检票人员核查乘客所持纸票上的站名、日期章以及纸票票价无误后，撕下乘客纸票的副券2。对超程使用的1元纸票出站时，车站员工也需撕下相应的副券联。

(3)若乘客的车票超程时，需在售票/问讯处补足相应的车费(乘客携带的行李票超程时，乘客需补交行李相应的超程费用)。

普通纸票由于所有信息印制在票面上，故其保密性不好，容易伪造，需要增加一些防伪措施，可在票面上印刷加密图形等安全信息，但同时也会给视读带来较大的困难。车票的有效性只能靠票面上的加密图案来保证。设计纸票时，可根据应用环境来确定票面相关信息，加密图形可以以节日、大型活动或者商业广告为题材。

图3-1所示为普通纸票的形式。

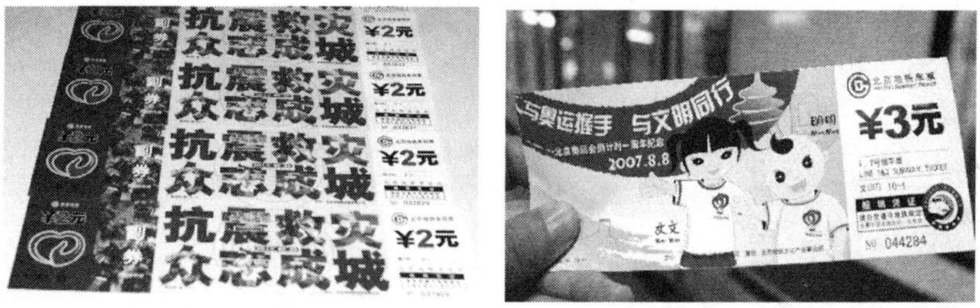

图3-1　普通纸票

知识链接

北京地铁38岁纸票正式“退休”

2008年6月8日晚上，随着最后一班地铁列车的开启，和北京市民相伴了38年的地铁纸质车票正式退出流通，自动售检票系统开始上岗。启用自动售检票系统后，北京地铁的票制、票价维持不变，仍为全路网每人次2元。

地铁纸票大事记：

1971 年 1 月 15 日，北京地铁一期工程线路开始试运营，凭单位介绍信在各车站购票，单程票价一角。

1987 年 12 月 19 日，北京地铁环线建成通车后，一线及环线两线地铁票都定为贰角。图 3-2 所示为壹角面额纸票，图 3-3 为贰角面额纸票。

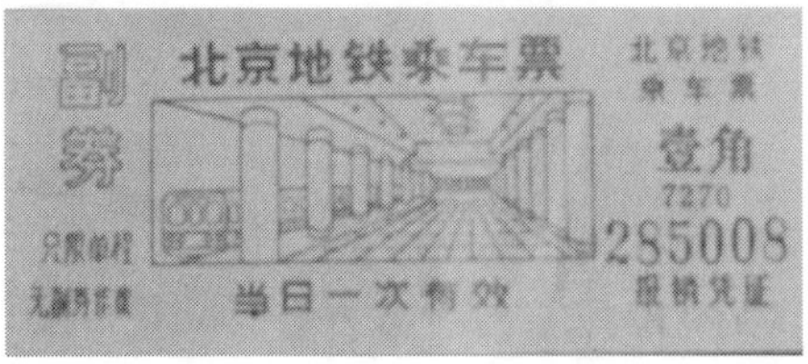

图 3-2　壹角面额纸票

图 3-3　贰角面额纸票

1990 年 9 月，“盼盼”登上地铁车票（图 3-4）。

1991 年 1 月 1 日，北京地铁票价调整为伍角（图 3-5）。

1992 年，车票出现真正的商业广告。

1996 年 1 月 1 日，北京地铁开始调整地铁票价，普票从 0.5 元调至 2 元。图 3-6 为贰圆面额纸票。

图 3-4　“盼盼”纸票

图 3-5　伍角面额纸票

图 3-6　贰元面额纸票

1999 年 12 月 10 日，北京地铁票价调整为 3 元。

2002 年年底，北京地铁车票实行色标管理。其中地铁 1 号线车票颜色为粉红色；2 号线（包括两个换乘站）车票为湖蓝色。

2003 年 1 月 9 日，13 号线正式贯通试运营，单程票价 3 元。

2007 年 10 月 7 日，北京地铁实行单一票制，统一为 2 元。

2008年6月9日，北京地铁全部实行自动售检票。纸质车票退出历史舞台。

想一想

纸票已经退出了历史舞台，车站还会不会再出现纸票呢？

2 条形码纸票

条形码(barcode)是将宽度不等的多个黑条和空白，按照一定的编码规则排列，用以表达一组信息的图形标识符(图3-7)。常见的条形码是由反射率相差很大的黑条(简称条)和白条(简称空)排成的平行线图案。这些条和空组成的数据编码可以供机器识读，而且很容易译成二进制数和十进制数。这些条和空可以有各种不同的组合方法，构成不同的图形符号，即各种符号体系，也称为码制，使用于不同的应用场合。目前，我国干线铁路旅客运输的车票采用此种方式。

图3-7 一维和二维条形码

二 磁性票卡

1 磁卡的构成

磁卡是一种磁记录介质卡片。它由高强度、耐高温的塑料或纸质涂覆塑料制成，能防潮、耐磨，且有一定的柔韧性，携带方便，使用较为稳定可靠。通常，磁卡的一面印刷有说明提示性信息，如插卡方向；另一面则有磁层或磁条，具有2个或3个磁道，以记录有关信息数据。为了简化设备结构，大部分系统的磁卡上还会有定位孔槽等标识。

磁条可以用来记载字母、字符及数字信息。通过黏合或热合，与塑料或纸牢固地整合在一起形成磁卡。磁条中所包含的信息一般比长条码大。

如图3-8所示，常见的磁条上有3个磁道，称为Track1、Track2、Track3。磁道1(Track1)与磁道2(Track2)是只读磁道，在使用时磁道上记录的信息只能读出而不允许写或修改。磁道3(Track3)为读写磁道，在使用时可以读出，也可以写入。

磁道1可记录数字(0~9)、字母(A~Z)和其他一些符号(如括号、分隔符等)，最大可记录 79 个数字或字母。

磁道 2 和 3 所记录的字符只能是数字(0 ~9)。磁道 2 最大可记录 40 个字符,磁道 3 最大可记录 107 个字符。

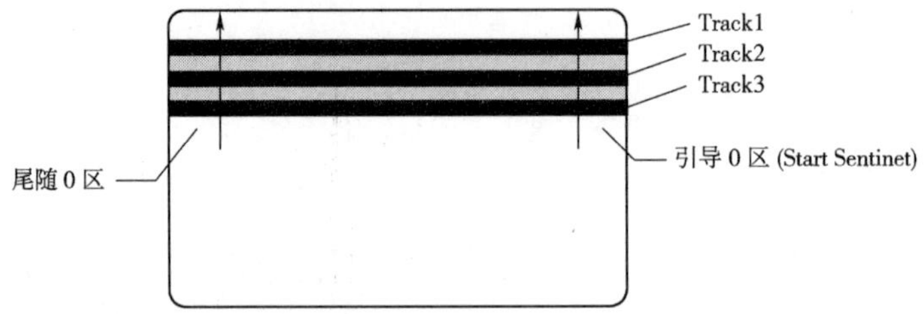

图 3-8　磁卡车票结构示意图

2 磁卡的设计

磁卡车票的设计首先要满足系统的技术要求,其次票卡的大小要尽可能地标准化,然后根据需要设计各种图案、文字和号码,根据使用环境确定信息储存的磁道。ISO 7810:1985 识别卡规定了卡的物理特性,包括卡的材料、构造、尺寸(表 3-1)。

磁 卡 尺 寸　　表 3-1

长度	85.47 ~85.72mm
宽度	53.92 ~54.03mm
厚度	0.76mm ±0.08mm
圆角半径	3.18mm
一般卡的尺寸为:85.5mm ×54mm ×0.76mm	

磁卡上的磁涂层(磁条)是一层薄薄的由排列定向的铁性氧化粒子组成的材料。用树脂黏合剂严密地黏合在一起,并黏合在诸如纸或塑料这样的非磁基片媒介上,因此形成了纸质磁性票卡或塑制磁性票卡(图 3-9、图 3-10)。

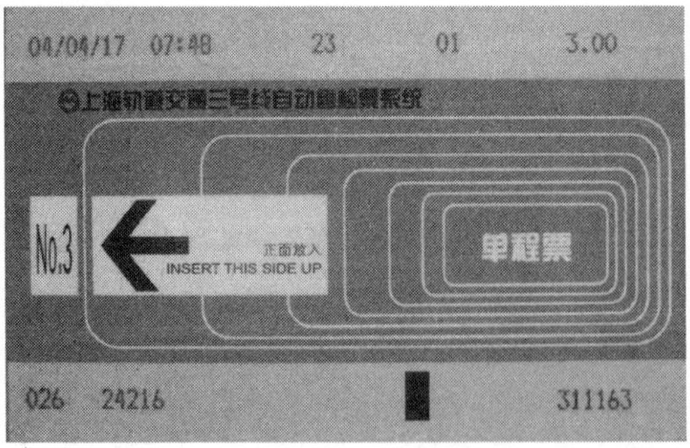

图 3-9　我国首枚地铁纸质磁卡车票

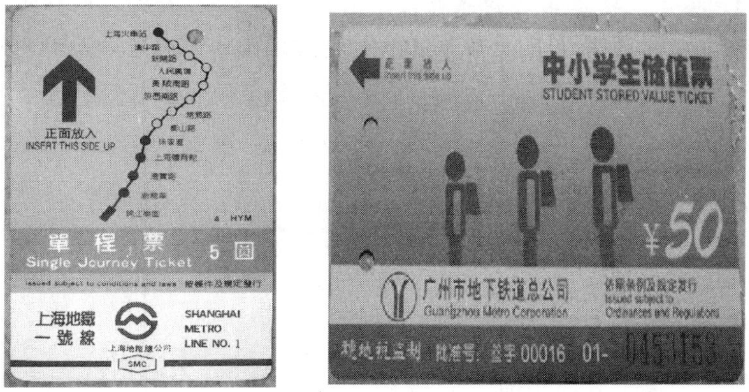

图 3-10 塑制单程票和储值磁卡车票

想一想

磁卡和纸票相比,有什么优越性?

知识链接

纸质火车票变身“磁卡票”

我国铁路因其范围广,线路关联度低等特点,对售检票系统网络有更大规模和更多接口的要求,目前还不具备自动检票、信息收集和及时统计分析的条件,只应用了半自动售检票系统,因此早期铁路一直使用软质车票。

近年来随着售检票技术的发展,我国各地(北京、上海、徐州、滁州等地)纷纷出现了磁卡火车票(图 3-11)。磁卡火车票较以前的纸质火车票最大的区别就是票面硬度较高,类似于地铁车票。票面正面的印刷内容包括车次、座位号、票价等信息,还有动车组的图案,背面则是关于乘坐火车的一些相关须知。乘客进站时候,只要把磁卡车票正面朝上,插进插票口,车票会从闸机上方的取票口跳出,闸机的小门打开,乘客就可以进站。闪烁着银色金属光泽的磁卡车票,目前已经不仅仅局限于动车组使用。

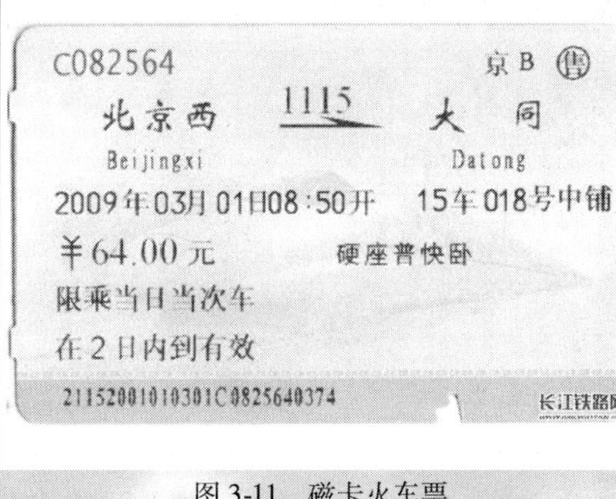

图 3-11 磁卡火车票

铁路磁票纸同时满足磁性信息和热敏信息两种记录方式，并对这两种记录性能有特定要求，对记录的磁性信息要求抗干扰能力强、可靠性高，在日常生活中人群所触到的电磁干扰源，均不能对已记录的信息产生任何破坏；热敏记录信息要耐高温和适应长期保存的要求，热敏记录信息在沸水中不消退，并能保存十年以上。

3 磁卡的优缺点

磁性票卡技术发展于20世纪70年代，围绕磁票的自动售检票系统设备应用已久，从技术上讲还是比较成熟的，其具有以下优点：

(1)可以进行机读，提高了自动化程度；

(2)可以方便地进行票卡生产，成本较低；

(3)可以循环使用，降低能源消耗。

但由于磁性票卡运营成本较高，推广较困难，主要表现在以下几个方面：

(1)票卡成本相对较高，虽然可采用回收重复使用模式(地铁)，但其带来要对客票进行消毒处理、提供报销凭证、客票回收后各站对其清空与分配的问题，给运营单位增加了负担。

(2)自动售检票系统要频繁地对磁卡票进行接触式读写，不可避免地要每天投入大量人力物力对磁头进行消磁和除尘清洗。

(3)磁卡票的自动售检票系统设备由于需要较精密的传输机构，机械结构复杂，精密度要求高，因而设备造价较高，对维护人员的素质要求也较高。另外，由于机构动作频繁造成机械磨损后的维护成本较大。

(4)磁条的读写次数有限，当磁卡使用到一定次数后，就会对磁条的读写产生影响。

(5)磁卡使用中容易受到诸多外界磁场因素的干扰而改变存储内容。

(6)由于密钥随票携带，极易被拷贝伪造，特别是安全技术已难以满足越来越多的对安全性要求较高的应用需求。

小贴士

磁卡的运作流程

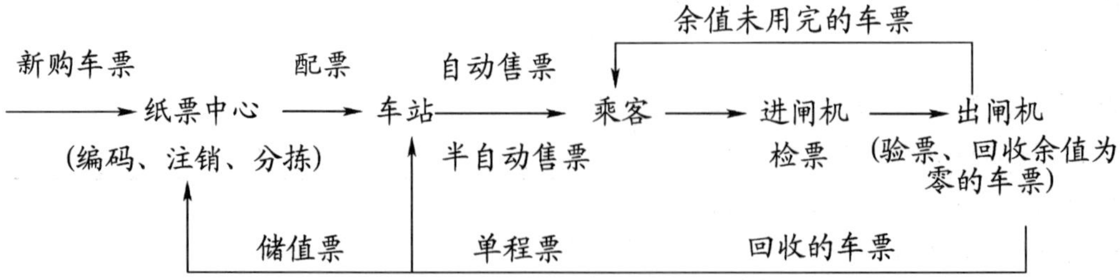

3.3 智能票卡

智能卡是IC卡(集成电路卡)的一种,是将一个专用的集成电路芯片镶嵌于符合ISO/ICE 7816标准的塑料基片中,封装成外形与磁卡类似的卡片形式,即制成一张IC卡。当然也可以封装成纽扣、钥匙、饰物等特殊形状。由于智能卡添加了射频技术,所以它不需要与读写器的任何物理接触就能进行数据交换。

智能卡配备有微电脑CPU和存储器RAM,可自行处理数量较多的数据而不会干扰主机CPU的工作,适应于端口数目较多且通信速度需求较快的场合。这种既具有智能性又便于携带的卡片,为现代信息处理和传递提供了一种全新手段,作为一种新型工具,已被广泛应用于众多领域。

一 智能票卡的分类

智能卡根据镶嵌芯片的不同,划分为:存储器卡、逻辑加密卡、CPU卡和超级智能卡;根据卡与外界数据交换界面的不同,划分为:接触式IC卡、非接触式IC卡、双界面卡;根据卡与外界进行交换时的数据传输方式的不同,划分为:串行IC卡、并行IC卡等。

1 按集成电路芯片划分

(1)存储器卡

存储器卡的卡内芯片为电可擦除可编程只读存储器EEPROM(Electrically Erasable Programmable Read-only Memory),以及地址译码电路和指令译码电路。它仅具有数据存储功能,没有数据处理能力;存储卡本身无硬件加密功能,只在文件上加密,很容易被破解。这种卡片存储方便、使用简单、价格便宜,在很多场合可以替代磁卡。由于该类IC卡不具备保密功能,因而一般用于存放不需要保密的信息。

(2)逻辑加密卡

逻辑加密卡片除了具有存储卡的EEPROM外,还带有加密逻辑,每次读写卡之前要先进行密码验证。如果连续几次密码验证错误,卡片将会自锁,成为死卡。加密逻辑电路可在一定程度上保护卡和卡中数据的安全,但只是低层次防护,无法防止恶意攻击。该类卡片存储量相对较小,价格相对便宜,适用于有一定保密要求的场合。

(3)CPU 卡

CPU 卡的芯片内部包含微处理器单元(CPU)、存储单元和输入/输出接口单元。CPU 管理信息的加/解密和传输,严格防范非法访问卡内信息,发现数次非法访问,将锁死相应的信息区。CPU 卡的容量有大有小,价格比逻辑加密卡要高。但 CPU 卡良好的处理能力和保密性能,使其成为 IC 卡发展的主要方向。CPU 卡适用于保密性要求特别高的场合。

(4)超级智能卡

在 CPU 卡的基础上增加键盘、液晶显示器、电源,即成为一超级智能卡,有的卡上还具有指纹识别装置。

2 按读写方式划分

(1)接触式 IC 卡(CPU 卡)

接触式 IC 卡是指将智能卡的绝大部分电气部件进行封装,而将外部连接线路做成触电外露,按一定的规则排列接触电极,在进行读写操作时卡片必须插入读卡器的卡座中,通过触电与读卡设备交换信息。

(2)非接触式 IC 卡(CPU 卡)

非接触式 IC 卡通过智能卡的收发天线与读写设备交换信息。非接触式 IC 卡又称射频卡,由 IC 芯片、感应天线组成,封装在一个标准的塑制卡片内,芯片及天线无任何外露部分。它成功地将射频识别技术和 IC 卡技术结合起来,结束了无源(卡中无电源)和免接触这一难题,是电子器件领域的一大突破。卡片在一定距离范围(通常为 5 ~ 10cm)靠近读写器表面,通过无线电波的传递来完成数据的读写操作。

(3)双界面卡(CPU 卡)

双界面卡是基于单芯片的、集接触式与非接触式接口为一体的智能卡,这两种接口共享同一个微处理器、操作系统和应用数据 EEPROM。卡片包括一个微处理器芯片和一个与微处理器相连的天线线圈,由读写器产生的电磁场提供能量,通过射频方式实现能量供应和数据传输。

双界面卡工作原理如图 3-12 所示。

二 接触式和非接触式 IC 卡

1 接触式 IC 卡

(1)接触式 IC 卡的结构

接触式 IC 票卡由微处理器、操作系统、加密逻辑、串行 EEPROM 及相关电路组成。接触式 IC 卡一般由基片、接触面及集成电路芯片构成。基片:现在多为 PVC 材质,也有塑料或是纸制。

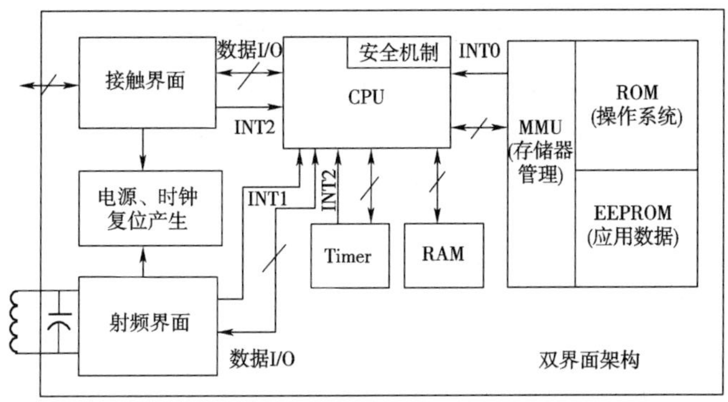

图 3-12　双界面卡工作原理图

小贴士

聚氯乙烯(Polyvinylchloride,PVC)

PVC 其实是一种乙烯基的聚合物质,其材料是一种非结晶性材料。PVC 材料在实际使用中经常加入稳定剂、润滑剂、辅助加工剂、色料、抗冲击剂及其他添加剂。具有不易燃性、高强度、耐气候变化性以及优良的几何稳定性。PVC 对氧化剂、还原剂和强酸都有很强的抵抗力。

IC 卡接触面:金属材质,一般为铜制薄片,集成电路的输入输出端连接到大的接触面上,这样便于读写器的操作,大的接触面也有助于延长卡片使用寿命;触点一般有 8 个,有的智能卡设计成 6 个触点。

IC 卡集成电路芯片:通常非常薄,在 0.5mm 以内,直径大约 1/4cm,一般成圆形,方形的也有,内部芯片一般有 CPU、RAM、ROM、EEPROM。

接触式智能卡(IC 卡)如图 3-13 所示。接触式智能卡触点分布示意图如图 3-14 所示。

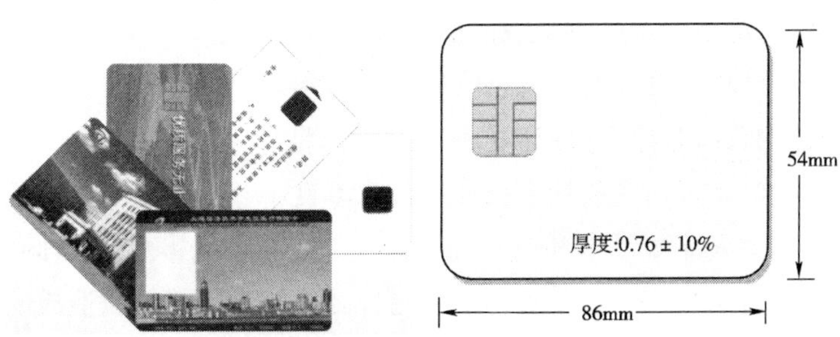

图 3-13　接触式智能卡(IC 卡)

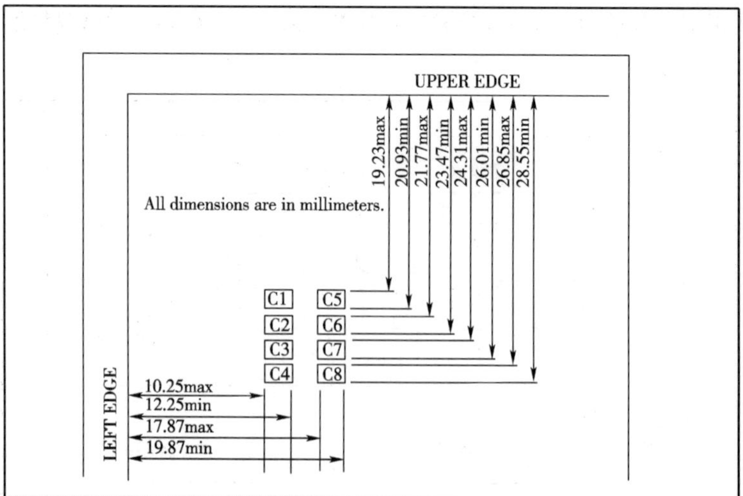

图 3-14　接触式智能卡触点分布示意图

想一想

接触式 IC 卡和磁卡有什么相同点?

(2)接触式 IC 卡与磁卡比较

接触式 IC 卡的外形与磁卡相似,它与磁卡的区别在于数据存储的媒体不同。磁卡是通过卡上磁条的磁场变化来存储信息的,而接触式 IC 卡是通过嵌入卡中的电擦除式可编程只读存储器集成电路芯片(EEPROM)来存储数据信息的。因此,与磁卡相比较,接触式 IC 卡具有以下优点:

①存储容量大。磁卡的存储容量大约在 200 个数字字符;IC 卡的存储容量根据型号不同,小的几百个字符,大的上百万个字符。

②安全保密性好。IC 卡上的信息能够随意读取、修改、擦除,但都需要密码。

③CPU 卡具有数据处理能力。在与读卡器进行数据交换时,可对数据进行加密、解密,以确保交换数据的准确可靠;而磁卡则无此功能。

④卡的抗磁性、抗静电及抗各种射线的能力,抗机械、抗化学破坏的能力也强,因此接触式 IC 卡的寿命较长,其相关设备的成本也较磁卡低。

在接触式 IC 卡的普及过程中,逐渐发现了下列弊端:

①卡在读写器上经常拔插造成的磨损导致接触不良,从而引起数据传输错误,并且卡与读写器之间的磨损也大大缩短了卡和读写器的使用寿命。如:由于粗暴、倾斜、或不到位插卡,非卡外物插入,以及灰尘、氧化、脱落物或油污导致接触不良等原因造成的故障。

②由于集成电路芯片有一面在卡片表面裸露,容易造成芯片脱落,静电击穿,弯曲、扭曲损坏等问题。

③卡片触点上产生的静电可能会破坏卡中的数据，存在因环境腐蚀及保管不当，造成卡触点损坏使 IC 卡失效。

④接触卡的通信速率较低，再加上插拔卡的动作延误，造成每一笔交易需要较长时间的等待，严重影响其在需要快速响应场合的应用。

2 非接触式 IC 卡

非接触式 IC 卡，又称射频卡，诞生于 20 世纪 90 年代初，由于存在着磁卡和接触式 IC 卡不可比拟的优点，使之一经问世，便立即引起广泛的关注，并以惊人的速度得到推广应用。

非接触式 IC 卡由 IC 芯片、感应天线组成，并完全密封在一个标准塑制卡片中，无外露部分。非接触式 IC 卡的读写过程，通常由非接触式 IC 卡与读写器之间通过无线电波来完成读写操作。

非接触式 IC 卡的构成如图 3-15 所示。

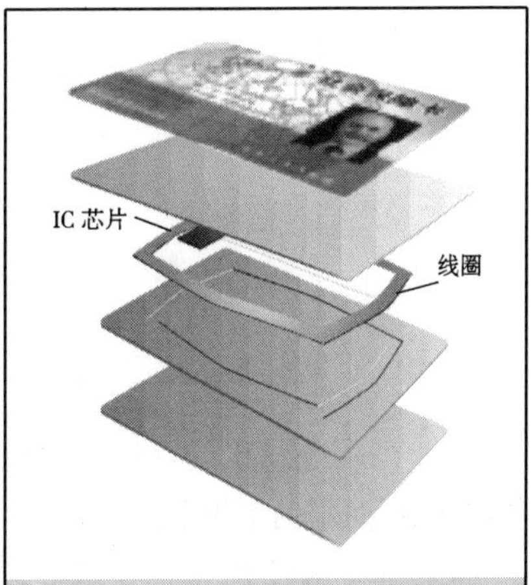

图 3-15　非接触式 IC 卡的构成

(1)非接触式 IC 卡的工作原理

非接触式 IC 卡本身是无源体，它与读卡器之间通过无线电波来完成读写操作。二者之间的通信频率为 13.56MHz。

当读写器对卡进行读写操作时，读写器发出的信号由两部分叠加组成：一部分是电源信号，该信号由卡接收后，与其本身的 L/C 产生谐振，产生一个瞬间能量来供给芯片工作。另一部分则是结合数据信号，指挥芯片完成数据、修改、存储等，并返回给读写器。

读写器则一般由单片机，专用智能模块和天线组成，并配有与 PC 的通信接口、打印口、I/O 接口等，以便应用于不同的领域。

非接触式 IC 卡系统框架图及读写系统框架图分别如图 3-16、图 3-17 所示。

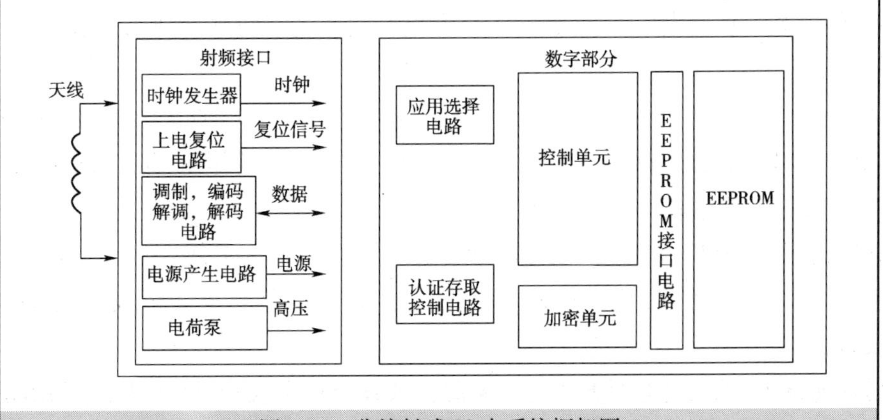

图 3-16　非接触式 IC 卡系统框架图

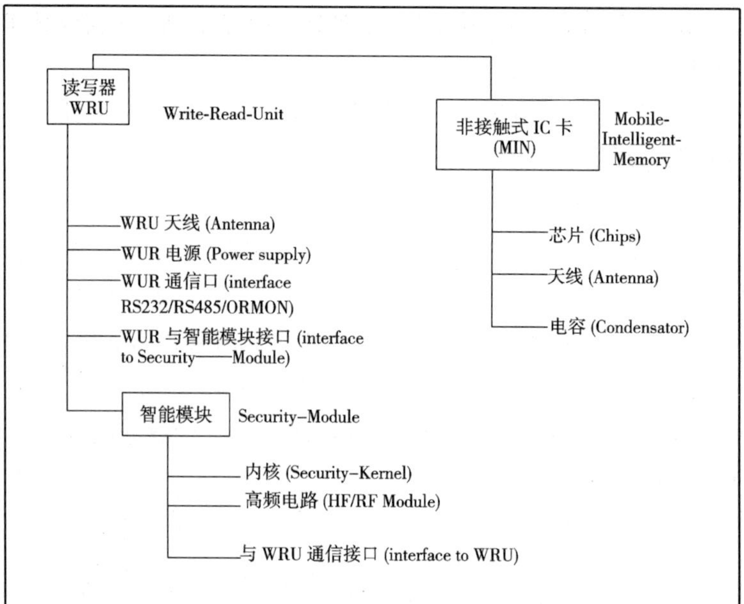

图 3-17　非接触式 IC 卡读写系统框架图

由于非接触式 IC 卡所形成的读写系统,无论是硬件结构,还是操作过程,都得到了很大的简化,同时借助于先进的管理软件,可脱机的操作方式,都使数据读写过程更为简单。

(2)非接触式 IC 卡的技术特点

非接触式 IC 卡与传统的接触式 IC 卡相比,它在继承了接触式 IC 卡优点的同时,如大容量、高安全性等,又克服了接触式 IC 卡所无法避免的缺点,如读写故障率高,由于触点外露而导致的污染、损伤、磨损、静电以及插卡这种不便的读写过程等。非接触式 IC 卡完全密封的形式及无接触的工作方式,使之不受外界不良因素的影响,从而使用寿命完全接近 IC 卡芯片的自然寿命,因而卡本身的使用频率和期限以及操作的便利性都大大地高于接触式 IC 卡。

当然,将射频识别技术用于非接触式 IC 卡也对它产生了特殊的要求,以满足“卡”的要求。从技术上看主要有以下几点。

①射频技术:由于 IC 卡的尺寸限制,卡上的应答器不能有电源系统,需要由寻呼器(读写设备)通过无线电波方式供电,卡内需埋装特殊设计的天线,须保证有良好的抗干扰能力,而且还要有“防冲突”电路。

②封装技术:由于 IC 卡的尺寸限制以及卡上装的应答器的天线、芯片及其他特殊部件,为确保卡片的大小、厚度、柔韧性和高温高压工艺中芯片电路的安全性,需特殊的封装技术和制造设备。

③低功耗技术:无论是有源方式还是无源方式设计的非接触式 IC 卡,最基本的要求是功耗小,以提高卡片寿命和扩大应用场合,因此卡内一般都采用非常苛刻的低功耗工艺和有关技术。如电路设计采用“休眠模式”进行设计。

④安全技术:除了卡的通信安全技术外,还要与卡用芯片的物理安全技术和卡片制造的安全技术相结合,以构成强大的安全体系。

三 筹码型 IC 票卡

非接触式 IC 卡按需要可封装为方卡型、筹码型或者其他形状。方卡型 IC 卡其外形和磁卡比较相似。

筹码型 IC 卡是在直径为 30mm、厚度为 2mm 的非金属材料圆盘内,嵌装集成电路芯片及天线,通过电感耦合的方式与筹码读写器进行操作的 IC 卡,简称筹码(TOKEN)。

广州地铁是世界上首家使用筹码型 IC 卡单程票(TOKEN)的公交企业。广州及深圳的筹码型车票如图 3-18 所示。

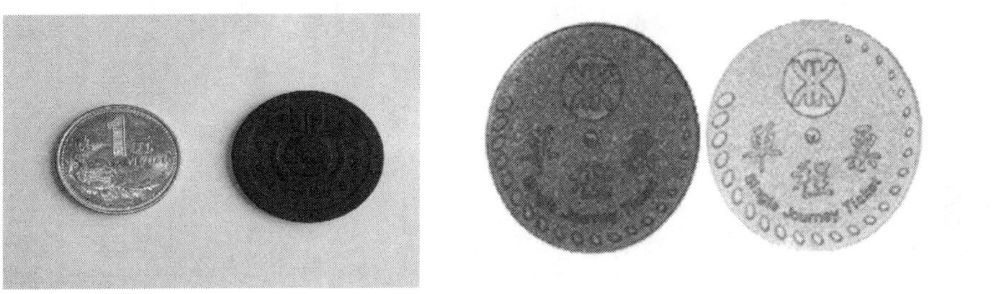

图 3-18 广州及深圳筹码型车票

想一想

筹码型车票在使用过程中有什么特点?

筹码型 IC 票卡与方卡型 IC 票卡在终端设备、系统结构和应用软件等方面基本一致。只是筹码型 IC 票卡的传送可依靠重力和滚动,显然筹码型车票的处理装置结构最为简单,维护工作量也小,但是给车站运营管理带来便利的同时也存在相应的问题。由于筹码型车票尺寸太小容易丢失,在运营初期,筹码的大量流失,会给企业经济带来一定的影响。而方卡型 IC 票卡则要依靠专门的传输装置,因此,终端设备的结构及维护等都比较复杂,但方卡型车票容易携带也比较符合一般乘客的使用习惯。

四 异形 IC 卡

标准卡为国际统一尺寸的卡品,它的尺寸是 85.5mm × 54mm × 0.76mm。而今由于个性的需求,印制不受尺寸的限制,导致了在世界各国出现不少形形色色的“怪异”卡,此类卡称之为异形卡(图3-19)。其中诸如长方形的、正方形的、三角形的、椭圆形等几何形卡,称之为“非标准卡”;把动物形状、娃娃形状的一些特别形状卡称为“准异形卡”。相对而言,“准异形卡”的制作工艺要比几何体难度更大一些。

异型卡并不是指某种类型的卡。通俗地说,形状上非规则的都可以称为异型卡。异型卡内可以封装各种各样的芯片,也就是说可以具有多种不同功能。

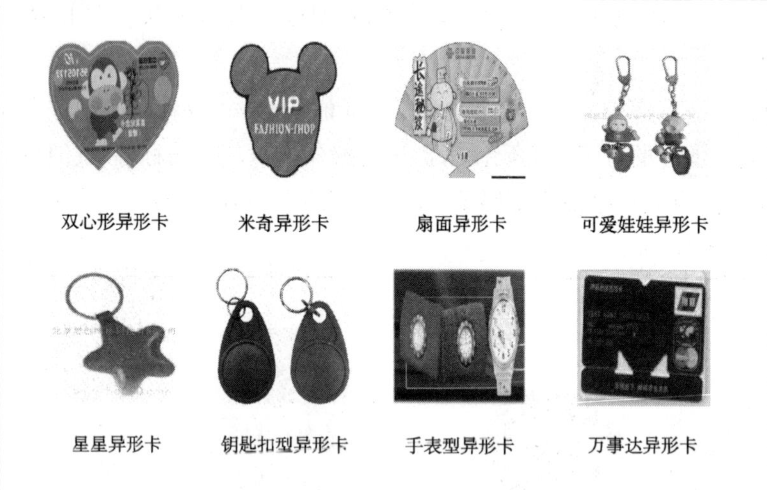

图3-19　各种类型异形卡

1 异形卡用途

常见的异形卡主要有两种用途,一是用于胸卡,根据客户的不同要求,胸卡的大小差异很大,最小的有20mm×40mm,最大的有90mm×130mm,具备不同尺寸、不同形状的卡,可适应不同客户的不同要求。二是用于门禁卡。异形卡均可做成几十种形状,如匙扣卡、钱币卡,既现代又美观。

尽管目前非接触式IC卡是最新的技术,但因卡片功能有限,非接触式支付将与类似的手机等移动设备以及包括mini卡、钥匙链等结合起来使用。

2 异形卡分类

按行业分类:异形卡分为公交异形卡、门禁异形卡、商场异形卡、酒店异形卡、服装异形卡。

按材质分类:异形卡分为PVC异形卡、金属异形卡、普通纸异形卡。

按使用环境分类:异形卡分为普通异形卡、抗金属异形卡。

按工作方式分类:异形卡分为接触式异形卡、非接触式异形卡、双界面异形卡、复合异形卡。

非接触式异形卡分类:低频异形卡(125kHz)、高频异形卡(13.56MHz)、超高频异形卡(850~930MHz)、微波异形卡(2.45GHz、5.8GHz)。

图 3-20 ~ 图 3-22 为不同异形卡的形式。

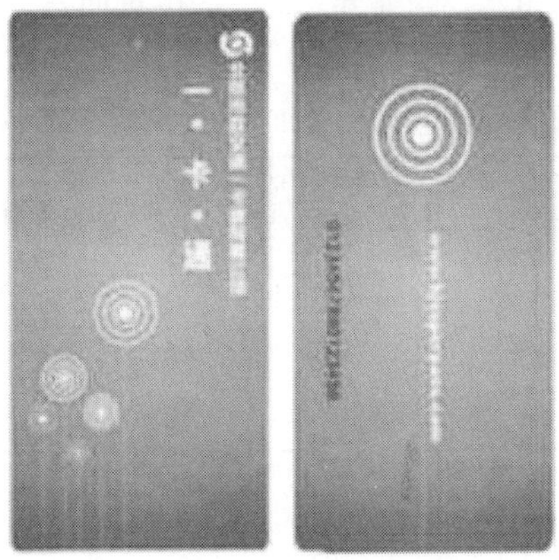

图 3-20 北京地铁“水晶宝贝”

图 3-21 上海世博会异形卡

图 3-22 广州地铁亚运会异形卡正反面

3.4 AFC 系统票卡种类及其适用范围

一 AFC 系统票卡定义规则

轨道交通 AFC 系统专用票可包括单程票、出站票、往返票、福利票、一日票、区段计次票、区段定期票、纪念票(定值纪念票、计次纪念票、定期纪念票)、员工票、车站工作票、储值票(预留)及其他预留车票等。

1 AFC 系统票卡票种定义(表 3-2)

AFC 系统票卡票种定义表 表 3-2

<table>
<tr><th>序号</th><th colspan="2">票种</th><th>定义</th><th>规格</th><th>挂失</th><th>出站回收</th><th>限当日使用</th><th>再次充值(次)</th></tr>
<tr><td>1</td><td colspan="2">单程票</td><td>当日一次乘车使用,限在购票车站进站,按乘车里程计费</td><td>Mifare® Ultra Light</td><td>×</td><td>√</td><td>√</td><td>×</td></tr>
<tr><td>2</td><td colspan="2">出站票</td><td>由半自动售/补票设备发售,仅限发售出站票的车站当日出站时使用</td><td>Mifare® Ultra Light</td><td>×</td><td>√</td><td>√</td><td>×</td></tr>
<tr><td>3</td><td colspan="2">往返票</td><td>当日限定两车站间一次往返乘车时使用,按乘车往返里程计费,超程时需补出站票出站</td><td>Mifare® Ultra Light</td><td>×</td><td>√
注:往程出站时不回收,返程出站时回收</td><td>√</td><td>×</td></tr>
<tr><td>4</td><td colspan="2">一日票</td><td>在购票当日内不限次使用,车票使用时需检查进出站次序</td><td>Mifare® Ultra Light</td><td>×</td><td>×</td><td>√</td><td>×</td></tr>
<tr><td>5</td><td colspan="2">福利票</td><td>适用于持可免票证件的乘客在半自动售/补票设备换取的车票,使用方式同单程票</td><td>Mifare® Ultra Light</td><td>×</td><td>√</td><td>√</td><td>×</td></tr>
<tr><td rowspan="2">6</td><td rowspan="2">区段票</td><td>区段计次票</td><td>在有效期内、在规定区段内计次使用。超过规定区段,需补票</td><td>Mifare® 1</td><td>×</td><td>×</td><td>×</td><td>√
再次充值后,有效期延长</td></tr>
<tr><td>区段定期票</td><td>在规定区段内定期使用。超过规定区段,需补票</td><td>Mifare® 1</td><td>×</td><td>×</td><td>×</td><td>√
再次充值后,有效期延长</td></tr>
</table>

续上表

序号	票种		定义	规格	挂失	出站回收	限当日使用	再次充值(次)
7	纪念票	定值纪念票	在有效期内使用，每次乘车按里程计费	Mifare® Ultra Light	×	×	×	×
		计次纪念票	在有效期内计次数使用，每次乘车不计里程	Mifare® 1	×	×	×	×
		定期纪念票	在有效期内不限次使用，每次乘车不计里程	Mifare® 1	×	×	×	×
8	员工票		内部员工记名使用的计次票	Mifare® 1	√	×	×	√
9	车站工作票		由车站工作人员持有，仅限指定车站使用，不检查进出站次序	Mifare® 1	√	×	×	×

小贴士

乘客携带品处理

各城市轨道交通运营企业对乘客的携带品范围都有自己的规定。以某市地铁公司为例，乘客携带质量为20～30kg，外部尺寸长、宽、高之和为130～160cm的行李时，需加购同程车票一张，即行李票。凡长度超过1.6m或质量超过30kg或外部尺寸长、宽、高之和超过160cm的行李时，一律不得携带进站。

2 车票状态定义

(1)车票从出入站状态来分，有“已入站”和“未入站”两种状态。

①“已入站”是指乘客入站时车票经进站闸机刷卡后所处的状态；

②“未入站”是指车票初始化后经过自动售票机或半自动售票机售出但未进站刷卡使用所处的状态。

(2)车票从发售和回收来看，分为“已售”、“未售”和“回收”三种状态。

①“已售”是指车票经由售检票设备售出时所处的状态，预制单程票经过初始化赋值后

也处于“已售”状态；

②“未售”是指车票经过初始化后配发至车站且未经车站发售前所处的状态；

③“回收”是指单程票由出站闸机回收后所处的状态，或经过半自动售票机进行退卡操作后所处的状态。储值票经过半自动售票机进行退卡操作后也处于“回收”的状态。“回收”状态的单程票可供车站循环发售。

二 各类型票卡的适用范围

轨道交通是一项高投入、高效益的服务型产品，其高效益主要体现在对社会经济的间接推动和对社会的维持上，但又可以采取适当的票价政策获得部分收益，因而又不是一项准公共产品。由于不同国家不同地区所采用的扶持政策不同，因此，各地票卡种类也存在很大的差别。

根据轨道交通的特点，票卡按其使用性质一般分为单程票、储值票、许可票或特种票三大类；按计价方式不同，又分为计次票、计时票、计程票、计时计程票、计时计次票和许可票六大类。

知识链接

计次票、计时票、计程票的特点

(1)计次票指在车票规定的有效期内，使用该票可在任何地铁车站进站乘车，由出站闸机扣除一个乘次，不计站数，每次扣除的费用是相同的。

(2)计时票指为避免乘客在列车上或车站付费区内长时间逗留而造成不必要的拥堵，城市轨道交通运营企业会对乘客从进闸检票时起至出闸检票时止的时间作出限制，称为乘车时限。超过乘车时限即为滞留超时，运营企业往往会对这部分乘客收取一定金额的费用。如广州地铁公司规定，乘客从入闸时起至出闸时止时限为120min。

(3)计程票指经进出站检票，严格按照实际乘坐距离长短(里程或站数)，按照票价计费标准计算乘车费用。

在政府给予城市轨道交通运营企业较大幅度直接补贴(如相应的税费减免政策或从政府公共基金中直接划拨相应款项)的情况下，其成本负担较轻，可以增加让利于民的幅度，同时也可简化计价方式，此时票卡一般可采用以计次为主的计次票、计时票、计时计次票、许可票四类(如巴黎、伦敦、纽约等城市)。

在政府不能给予城市轨道交通运营企业较大幅度直接补贴的情况下，其成本负担较重，为了回收投资及维护运营需要，必须强化票务收入，此时票卡一般采用以计程为主的计次票、计时票、计程票、计时计程票、计时计次票和许可票六大类(如东京、香港、上海、广州等城市的轨道交通及铁路)。

1 单程票

单程票是指乘客以一定金额购得一次服务旅行承诺，只可进行一次进站和一次出战行为的车票。通过系统参数设置，可以定义单程票的有效期限和区间。

目前国内轨道交通票务系统中常见的单程票有方卡型和筹码型两种。在实际运营过程中，从应用角度出发，又分为普通单程票和预制单程票，而预制单程票又分为限期预制票和不限期预制票。

普通单程票是指在车站AFC系统终端设备上发售，在地铁AFC系统中循环使用的非接触式IC卡，限于单次、单车程使用，出站回收；预制票是指经过编码分拣机（E/S）或半自动售票机预先赋值的单程票，通过人工售卖以弥补大客流情况下设备售票能力不足的问题。预制票的特点：已赋有一定的金额，有较长的使用期限，在有效期内每个车站都可以使用。

从使用范围来看，单程票一般仅限制在轨道交通内部循环使用。单程票采购回来后，在制票中心经过初始化、编码工作，然后配发到车站，通过自动售票机或半自动售票机发售，乘客乘坐地铁出站后由出站闸机回收，回收后的车票可在车站循环使用。异常车票交回制票中心重新进行初始化编码。

单程票一般分为以下几种：

（1）普通单程票。它是单程票中使用最多、最广泛的一种车票，乘客购票时完成对票卡的复制，当日当站（按参数设置）、限时限距、出站回收。

（2）应急票。应急票一般有两种表现方式：一种是预先对一定数量的车票进行预赋值，由工作人员人工发售，此类应急票的使用方法和普通单程票相同，只是由于对车票预先赋值，在资金及票卡的管理上更为严格。另一种是将车票进行应急专用编码，在进站时发放给乘客，当乘客在到达站出站时根据乘坐情况补票，该方式可以解决大客流冲击时车站售票能力不足的问题。

（3）优惠票。根据条件给予一定的折扣和优惠的车票，如批量购买、某项活动等。

（4）出站票。出站时补票使用，发售当日当站有效，出站回收。

小贴士

购买团体单程票的规定

由单位或个人一次性购买30张及以上的单程票可购买团体单程票。30～99人可享受9折优惠；100人及以上可享受8折优惠。团体单程票在出售后不予退换，在购票站通过边门进站乘车，只能进、出站一次，且当天有效。

2 储值票

储值票是指车票内预存一定资金，在金额足够的情况下可多次使用的车票，每次使用时根据费率扣除乘车费用,出站不回收。储值票一般分为记名储值票和不记名储值票。

记名储值票(图 3-23)即卡内保存有持卡人的个人信息,如持卡人姓名、性别、身份证号码等;卡面也可根据需要印刷持卡人的姓名、性别、身份证号码和照片等信息,一般有个人记名储值票、学生票、老免票、员工票、残疾人及伤残军人免费票等。表面印有个人化信息的储值票一般不允许转让给他人,也不能够退换。但是记名储值票可以挂失,可以享受信用消费和信用增值及其他特殊服务。

图 3-23　记名储值票

不记名储值票票面上没有持卡人的信息,通常使用后如果无污损,可以将车票退还给发卡公司以便其重新发行使用。但是不记名储值票不能挂失,也不能享受信用消费和信用增值等服务。

储值票一般由专门发卡单位制作,通过发卡单位营业网点或代理机构发售。发售时根据储值票的成本收取一定押金,在车票有效期内限单人使用,进站检票,出站扣费,超时出站,根据票务规章规定补交滞留超时费用。储值票卡内金额一般都有一定的上限要求,不同城市的规定不同。

小贴士

北京市、深圳市储值票卡内上限为 1 000 元,广州市储值票上限为 500 元。

储值票一般分为以下几种:

(1)普通储值票。它是储值票中使用最多最广泛的一种车票。可以反复充值使用,每次使用根据费率表扣费。

(2)优惠票。是根据条件给予一定的折扣和优惠的车票。如老人票、学生票、老免票等。

(3)纪念票。为某种题材专门制作的纪念性票卡,可供收藏,令定价发行,在有效期内使用,不记程,出站不回收。纪念票一经售出,概不退换。图 3-24 为香港地铁纪念香港回归纪念票。

图 3-24 香港地铁纪念香港回归纪念票

知识链接

优惠储值票办理规定

以某市地铁公司为例。

(1)办理储值票时，每张储值票收取车票押金20元。

(2)普通储值票9.5折、中小学生储值票7折、老年人储值票5折。

(3)60～65岁(不含65岁)的老年人可凭有效《××市老年人优待证》购买老年人储值票。

(4)65周岁及以上的老年人可凭有效《××市老年人优待证》申请老年人免费票。

3 许可票或特种票

许可票是一种不同于单程票和储值票的特殊票种，由运营方根据某种特殊需要，针对某些群体的特殊要求，以吸引或方便他们来乘坐地铁为目的而发行的，赋予特定的使用许可的一种车票，在限定的条件下具有一定的优惠。主要包括日票、周票、月票、公务票和测试票等。

(1)车站工作票。供轨道交通相关从业人员工作使用的车票。

(2)测试票。是一种对自动售检票系统设备进行维护诊断用的特殊车票，只能在设备属于维护模式由维修人员测试设备时使用。

知识拓展

纸票的使用范围

以某市地铁公司为例。

1. 车站出售纸票的条件

(1)正常情况下纸票出售。按照票务政策规定需要给乘客发售行李票时,售票员需发售同程票价的纸票给乘客。

(2)特殊情况下纸票出售。

①车站自动售票机、半自动售票机全部故障或停电导致车站无法出售IC卡单程票,可由站长决定售卖纸票。

②在经车务部对全线预制票进行合理调配后,且预制票将售完的情况下,乘客经车站员工引导后,TVM机能力仍不足时,可由站长根据客流情况决定售卖纸票。

③大客流情况下票务系统无法应付或在其他特殊情况下,车务部主任以上领导可决定售卖纸票。

2. 特殊情况下纸票操作程序

(1)纸票售卖站值班站长向控制中心行调通报售卖纸票的信息。行调将售卖纸票的车站和时间通知其他车站。

(2)其他车站接到控制中心行调的"××车站出售纸票"的通知后,安排员工做好持纸票乘客的引导和检票的准备工作。持纸票乘客到达本站时,车站员工打开边门,引导乘客到边门检票。

(3)车站停止售卖纸票后,应立即向控制中心行调汇报停止售卖纸票的时间。行调通知其他车站。自停止售卖纸票的时间起5min后,纸票售卖站可以停止纸票的进站检票工作。其他车站接到控制中心行调有关车站停止售卖纸票时间的通知后,从纸票售卖停止时间起120min后可以停止纸票的检票工作。

(4)纸票售卖站与其他车站的检票程序见正常纸票售检票程序。

(5)停止纸票的检票工作后,如当天仍有乘客持纸票乘车时,按正常纸票售检票程序操作。

3.5 一卡通在AFC系统的应用

一 国内主要城市一卡通

乘客在整个轨道交通路网内,使用一卡通从一条线路到另一条线路无需二次检票,可自由换乘,乘客在换乘站不需要先出站进入非付费区,后再进站到另一条线的付费区,而是直接在换乘站的付费区换乘到另一条线路。

一卡通是利用先进的计算机、通信、信息处理、IC 卡技术及安全保密等技术手段建立的以售卡、充值、结算为中心业务的服务平台,该系统采用非接触式 IC 卡作为支付介质,应用于市政、公共交通等领域。一卡通是轨道交通自动售检票系统中的车票介质,按照统一规则、统一卡片类型及统一管理模式在轨道交通各线路中使用。

随着国家对信息化建设投入的不断加大,“数字城市”的概念越来越清晰。特别是在国内的一些大、中型城市里,数字化、信息化已逐渐地渗透到市民的日常生活当中,并能做到与世界同步,跟全球信息化、数字化接轨。

一卡通系统是信息化城市的一个重要组成部分,真正的一卡通应该是覆盖城市居民生活各个领域的支付和支持身份认证,能够完成公用事业的预收费,以及金融、旅游、医疗等多个领域的快速结算和支付,保证各领域的身份认证和信息存储查询。国内一些大城市如北京、上海、香港、广州、深圳、南京等地都已广泛应用。

1 上海公共交通卡(图 3-25)

上海公共交通卡股份有限公司于 1999 年就投入试运行一卡通“sptcc”, 2002 年已经累计发行 475.9 万张,经过五年多以来的建设和完善,上海市的一卡通系统现已通过验收,并进入正式运营阶段。“sptcc”的应用层面虽然也是在交通运输方面占了绝大多数(地铁、轻轨、公交等),但市场运作策略紧贴潮流,很好地掌握消费者心理,于 2003 年就推出了第一批手表异型卡,取得了良好的市场反映。后来陆续扩展至其他行业,包括商店、餐饮、停车场等业务,而且还不断推出了一些个性化服务,如市民可以随心所欲 DIY 自己喜欢的一卡通图案,而且还可以用自己的照片合成。

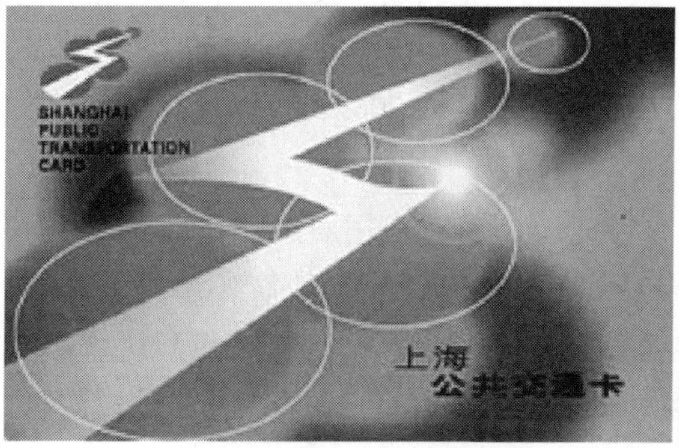

图 3-25　上海公共交通卡

2 香港“八达通”(图 3-26)

八达通是香港通用的电子收费系统。芯片内置在信用卡大小的塑胶卡片中,替卡片充值后放在接收器上即能完成付款过程。八达通在 1997 年 9 月 1 日开始使用,最初只应用在巴士、铁路等公共交通工具上,后来陆续扩展至其他行业,包括商店、餐饮、停车场等业务,也用作学校、办公室和住所的通行卡。充值的方法也由最初的充值机,扩展至商店付款处和以信用卡、银行账户自动转账。

图 3-26　香港“八达通”卡

八达通是全世界最早也是最成功的电子货币之一，普及程度也是全世界最高。截至2005年，香港总共流通1 240万张八达通，每日交易宗数也超过800万。八达通卡公司凭此经验取得在荷兰和中国长沙发展电子收费系统的合约，并计划未来与深圳地铁的深圳通互相通用。八达通的非接触式智能卡设计，令使用者只需接近八达通读卡器即可进行交易，并不需要直接的物理接触。

八达通几乎适用于香港所有的公共交通工具（九广铁路、地铁、轻轨、轮渡、巴士等）以及大型连锁店（便利店、快餐店、超市等）。香港许多新款自动售卖机亦接受八达通付款，包括收费电话亭及自助摄影机。此外，部分自助影印机也支持使用八达通收费，包括大部分香港大专院校的图书馆。就连前往中国大陆旅游的旅游保险也可以在九广东铁部分车站使用八达通购买。

3 广州“羊城通”（图 3-27）

广东也是全国最早投入一卡通建设的地区之一。尤其是广州的“羊城通”，自2001年12月正式投入使用以来，经过四年多的发展，已初具规模。发卡460万张，使用率平均日增6.67万人次，月增206.6万人次，增长势头迅猛。

图 3-27　广州“羊城通”卡

目前羊城通的应用面覆盖广州市内所有的公交汽（电）车、轮渡、地铁各站以及部分电信业务，同时还拓展到连锁便利店、菜市场、电影院、饼屋等商务小额消费领域，应用区域从广州市区扩大到增城、花都、番禺、从化、佛山五区（南海、顺德、禅城、高明、三水）等，成为集“公交通、电信通、商务通”等功能于一体的多功能电子支付媒介，让广大市民真正享受了电子付费的便捷。

4 北京市政交通一卡通（图 3-28）

北京一卡通，本是只指“北京市政公交车一卡通”，后来，商家为了竞争，提供使用一卡通可以消费的方便服务。于是，公交一卡通便成了真正的“北京一卡通”，不仅可以乘公交使用，还可以在超市等商店消费，在电影院看电影消费。北京市政交通一卡通是一张集成电路卡，每张卡内只有高科技芯片，该芯片具有电子钱包及其他功能，可储存多次付款记录，亦可反复充值使用。

2006 年 4 月 1 日起北京市政交通一卡通开始预售，2006 年 5 月 10 日，一卡通全面正式启用，限乘次数，每月每卡限乘 140 次。截至 2007 年 12 月 10 日，一卡通系统共计发卡 1 463.45 万张，日均交易 1 100 万笔，最高达 1 216 万笔，系统累计处理交易达 49.7 亿笔。就交通领域的使用情况看，刷卡交易量居全国第一位。随着发卡量的不断增加，持卡人群不断扩大，为广大持卡人提供更广泛的用卡支付领域是广大持卡人的需求。一卡通用卡消费范围：公交、轨道交通、出租车、停车场、加油站加油、公园景点领域、北京联通公用电话亭、电影院、医院、超市、便利店、餐饮、书店、药店等多种场合。

图 3-28　北京市政交通一卡通

2010 年 5 月 17 日，北京联通与北京市政交通一卡通公司联合推出了“联通手机一卡通”服务，让联通的手机用户可以持手机刷公交、地铁、小额支付等，如同刷一张普通的北京市政一卡通卡。“联通手机一卡通”具体包括一部联通定制手机终端、一张智能 SIM 卡以及 30 元一卡通账户使用费。与市面上普通手机不同的是，这种定制手机根据手机支付的需求进行了少许改造，在后背加装了一个天线。手机里的 SIM 卡则是握奇 SIMpass 双界面卡。“联通手机一卡通”服务已于 2010 年 12 月 31 日起开始施行。

5 深圳“深圳通”(图 3-29)

深圳最初推出的“深圳通”是为了让市民方便地乘坐公共小巴而发行的，其只可以用来乘坐公交车。2004 年 12 月 28 日，深圳地铁公司发行了一种可以用来乘坐地铁的深圳通。截至 2005 年 10 月，深圳通的功能还仅限于公共交通方面。2005 年年底，深圳通由深圳通有限公司重新统一发行并启用，新型的深圳通是一张集地铁储值卡、公交 IC 卡、出租车和商场小额消费功能于一身的 IC 型储值卡，并可能与香港的八达通、广州的羊城通等周边城市储值卡互联互通。

图 3-29　深圳“深圳通”

6 其他地区

除以上两个经济中心区域外，国内的其他城市如南京、成都、厦门、沈阳等的一卡通系统都相继投入使用，并不断完善系统和逐步拓展应用领域。

图 3-30　南京“金陵通”

但是，就目前国内的情况而言，一卡通还处于初级阶段，应用领域非常有限。公共交通支付还是占绝对的比例。对于不久的将来，希望一卡通能发展成一张集电子支付、个人身份证明和社会医疗、保险信息储存于一身的多功能智能卡，真正做到“一卡在手，万事无忧”。

图 3-30 为南京“金陵通”卡。

二　一卡通在 AFC 系统中的一般要求

1　公交系统要求

公交系统对于一卡通的要求如下：

(1)交易处理快速、简单、快捷无误。

(2)可靠性高，交易准确；交易量比较大，交易终端使用频率高。

(3)终端要求维护简单、维护费用低；读写机具抗干扰性强。

(4)支付方式安全性高，防伪造、防攻击；系统效率高、管理和维护费用低。

(5)交易金额比较小。

2　系统安全性要求

(1)采用 PBOC 电子钱包，确保交易安全和正确。

(2)卡片支持 3DES 加密算法，确保数据的安全性。

(3)机具全封闭，抗破坏和抗干扰能力强。

(4)卡片支持防冲突机制，同时可处理多张卡片。

北京市政交通一卡通系统采用非接触式 IC 卡，选择了以 MIFARE 技术为基础，逻辑加密卡兼容 CPU 卡的技术系统方案，符合国家住房和城乡建设部 IC 卡领导小组和北京市“一卡通”建设要求，而且技术上先进，功能上易于扩展与兼容。系统建立了能够支持跨领域清算，兼具动态性和灵活性的清算网络系统。设计制定了标准化接口规范，不仅规定了一卡通系统清算所必需的数据域，还预留了对不同应用领域特殊管理数据要求的接口，并在接口规范的基础上设计了不同的通信方式。建立了完整有效的系统安全体系，采取了高效的密钥体系的关键技术措施，保证了系统的安全可靠运营，对密钥体系进行了大胆创新，针对非接触式智能卡的特点做到了“一卡一密，一扇区一密”。建立了安全、便捷的充值、发卡体系，系统的发卡体系和充值体系不仅具有足够的安全性，还具有足够的灵活性和多样性。

复习思考题

1. 票卡媒介有哪些?
2. 智能卡是怎样分类的?
3. 比较磁卡、接触式 IC 卡和非接触式 IC 卡的特点。
4. 什么是异形 IC 卡?
5. 车票的主要功能有哪些?

单元 4

自动售检票系统终端设备与操作

教学目标

1. 掌握自动售检票系统的概念；

2. 理解自动售检票系统应用技术组成；

3. 掌握自动检票机、自动售票机、半自动售票机、自动查询机的结构组成及其结构功能；

4. 掌握自动检票机、自动售票机、半自动售票机、自动查询机常用操作及基本故障处理方法。

建议学时

8 学时

教学导入

想一想

我们每次在乘坐地铁过程中，购票、充值、刷卡进站等操作都与哪些设备有关？

所谓自动售检票系统，是以磁卡（纸制磁卡和PET磁卡）或智能卡为车票介质，利用自动售票机、半自动售票机、自动检票机、查询机等终端设备，并通过计算机网络实现轨道交通运营中的自动售票、自动检票、自动收费、自动统计的封闭式票务管理自动化系统。

自动售检票系统通过计算机技术、现代通信网络技术、自动控制技术、智能卡技术、大型数据库技术、传感技术、统计和财务等专业知识的综合运用，特别是信息技术的运用，可以大大减少票务工作人员的劳动强度，使乘车收费更趋于合理，减少逃票现象，提高地铁运营效率和收益。同时，自动售检票系统还可以大大减少现金流通，避免人工售票、检票过程中产生的各种漏洞和弊端，并对客流量、运营收入等综合业务信息进行汇总分析，为决策者增强客流分析预测的能力，合理地调配资源，以提高运营单位的经营管理水平。自动售检票系统信息技术和知识领域如图4-1所示。

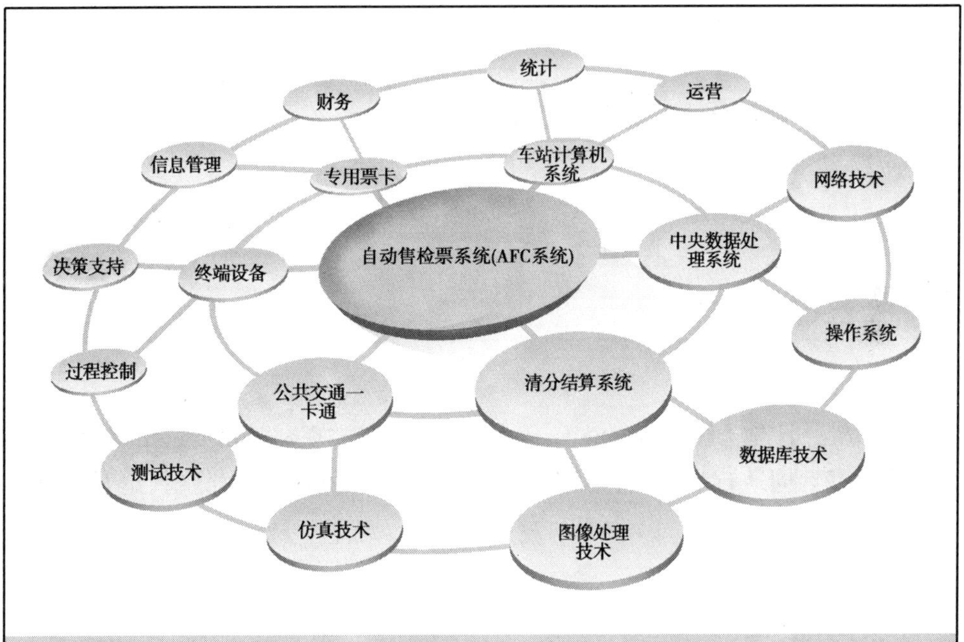

图4-1　自动售检票系统信息技术和知识领域

以北京地铁为例，北京地铁全路网自动售检票系统由三层架构组成，分别是：

第一层，线路中心系统（LC）；第二层，车站计算机系统（SC）；第三层，车站终端设备（SLE）。其系统结构如图4-2所示。

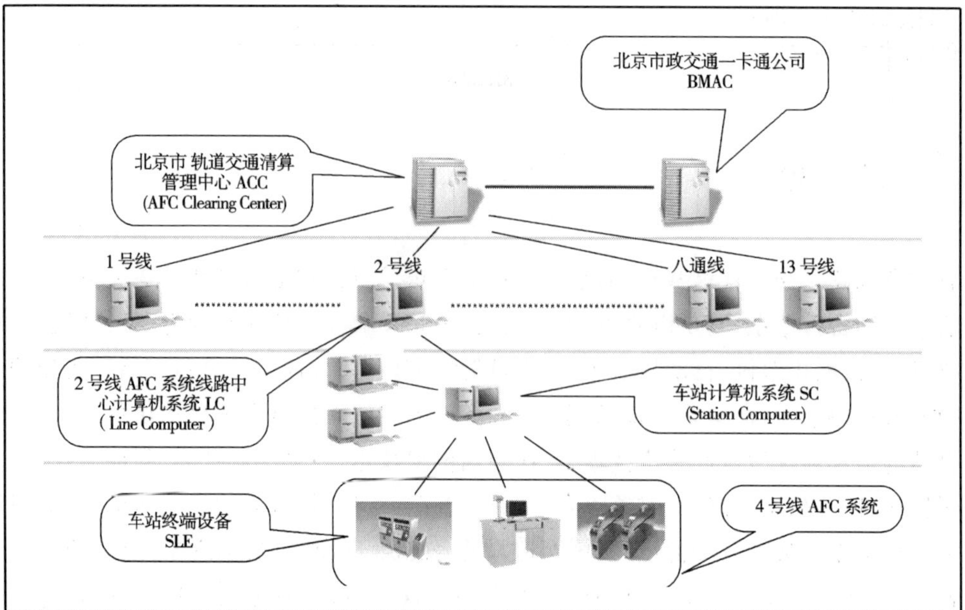

图 4-2 北京市自动售检票系统结构

4.1 自动检票机

自动检票机，简称闸机（Automatic Gate，简称 AG），是实现乘客自助进出站检票交易（在非付费区和付费区间通行）的设备，对有效车票，检票机通道阻挡解除（门扇开启或释放转杆），允许乘客进出站。

想一想

自动检票机安装在什么位置，它的使用环境如何？

自动检票机安装于车站付费区与非付费区的交界处，用于实现自动进出站检票。自动检票机应能适应地铁车站的强磁干扰、尘土、高温、振动等恶劣工作环境，具有防潮、放火、防酸的功能，如图4-3所示。

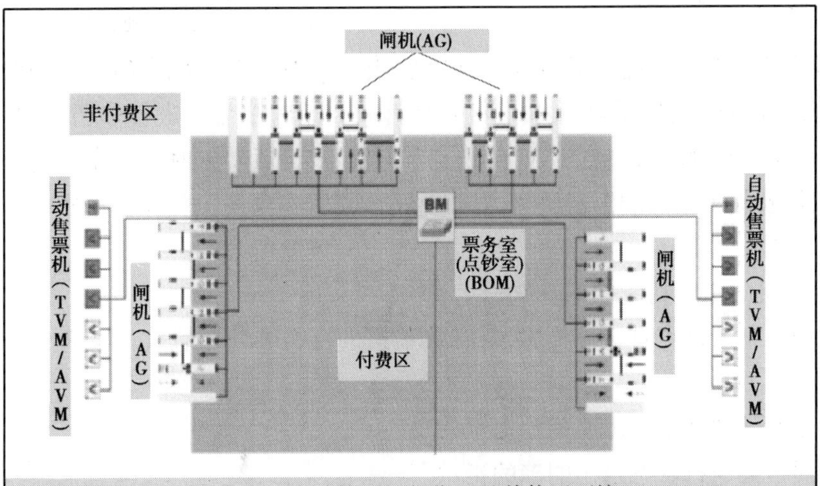

图4-3 自动检票机的位置及其使用环境

一 自动检票机分类与功能

1 自动检票机分类

自动检票机根据功能的不同，可以划分为进站检票机、出站检票机和双向检票机三种。进站检票机用于完成进站检票，检票端在非收费区；出站检票机用于完成出站检票，检票端在收费区；双向检票机既可完成进站检票也可完成出站检票，在非收费区和收费区可分别按照进站和出站的处理规则完成检票功能。

自动检票机根据阻挡装置的类型可以分为三杆式检票机、扇门式检票机（图4-4）和拍打门式检票机三大类型，根据通道宽度，可以分为普通检票机和宽通道检票机两种类型。

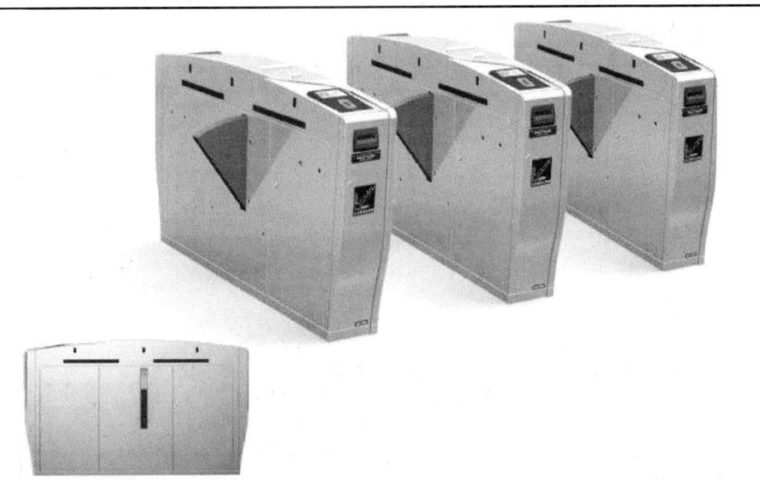

图4-4 扇门式检票机

2 自动检票机功能

自动检票机的基本功能是对乘客所持的车票进行检验,并完成进站或出站的交易处理。在计时计程的收费规则下,在进入收费区及离开收费区时都需要进行车票检验。进入收费区时检查车票的合法性并记录进入时的地点和时间;离开收费区时检查车票的合法性、进站信息的合法性及收费区内的停留时间,并根据进入位置和离开位置计算本次旅程的费用,完成车票扣款操作。

自动检票机的主要功能如下:

(1)自动对车票进行有效性检验,对有效车票进行相应处理后放行乘客,对无效车票拒绝放行。

(2)对车票处理结果给出明确的提示信息。

(3)对通道的通行状态给出明确的指示。

(4)对特殊车票的使用给出明确的提示。

(5)对需要回收的车票执行回收操作。

(6)对各部件的工作状态进行自动监测,并向车站计算机系统上报工作状态。

(7)接受车站计算机系统下发的参数和控制命令,并执行相应的操作。

(8)存储并上传交易信息。

(9)接受紧急按钮信号并控制设备的操作。

二 自动检票机结构组成

自动检票机以主控单元为核心,辅以阻挡装置、车票处理装置、声光提示装置等模块。主控单元一般选用高可靠性、低功耗的通用型嵌入式计算机设备或工业级计算机设备,需要具有丰富的外部接口以支持外部设备的连接,并需要保留部分接口以支持未来设备的扩展。自动检票机的总体布局和结构,如图 4-5、图 4-6 所示。

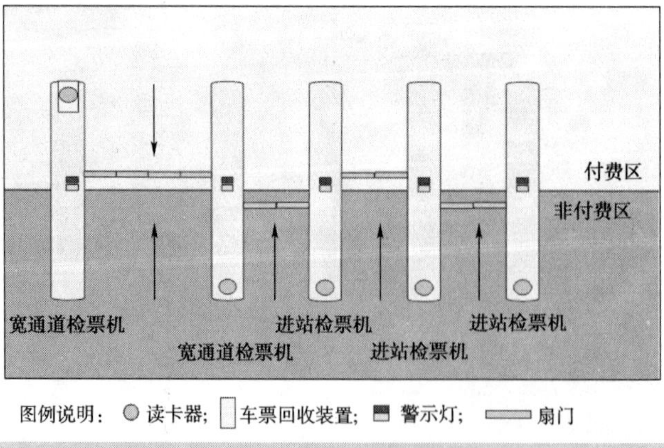

图 4-5 自动检票机总体布局图

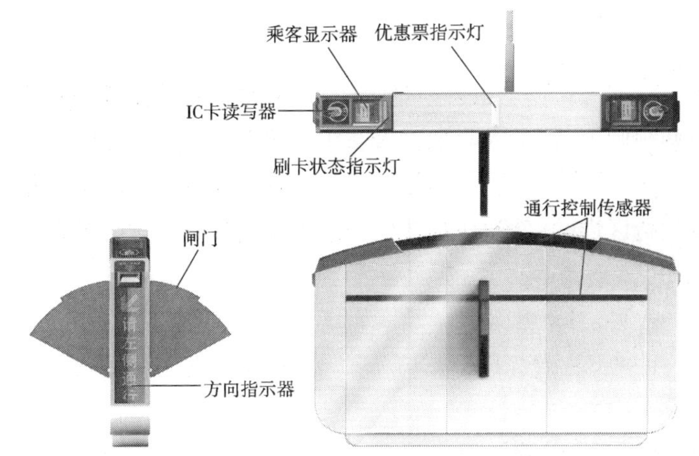

图4-6　扇门式自动检票机外观结构

1 自动检票机上部结构

自动检票机上部外观结构如图4-7所示。

(1)读卡器

票卡读写器的安装位置符合乘客右手持票习惯,在检票机安装读卡器的位置有醒目的标识指示乘客刷卡位置。

票卡读写器提供高级应用程序编程接口,支持对ISO 14443 A/B标准卡片的读写操作。读写器设计有4个安全认证模块(SAM)卡座,支持多密钥应用,提供读卡器与安全认证模块(SAM)之间的接口和数据传输。扩展安全认证模块(SAM)不会造成读卡器性能的降低。

针对不同的设备应用,相应的票卡读写器执行充值和消费操作。读写器有效读写距离为10cm,交易速度为200～1 000ms。读卡器对票卡的操作满足一卡通对票卡应用流程标准要求、安全认证模块(SAM)的安全保密处理要求和交易数据处理要求。

图4-8为读写器及天线。

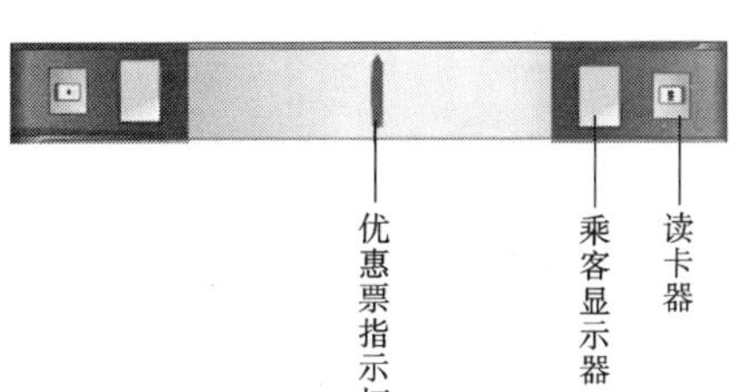

图4-7　自动检票机上部外观结构

图4-8　读写器与天线

(2)乘客显示器

乘客显示器(图4-9)为可变显示,能够显示中文、英文、数字及图形,以引导乘客正确使用检票机。

2 自动检票机侧向结构

自动检票机侧向外观结构如图 4-10 所示。

图 4-9 乘客显示器

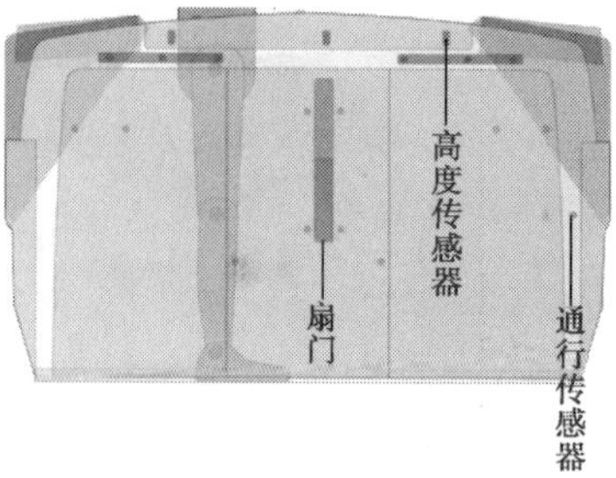

图 4-10 自动检票机侧向外观结构

(1)通行传感器

通行传感器能够监控乘客通过自动检票机的整个过程以及监测通过自动检票机的人数。自动检票机一般采用两种传感器:透过型传感器和漫反射型传感器。

每对(个)传感器都不是单独使用的,通行控制单元对一组或者所有传感器的检测反馈信息进行分析处理,保证通行控制的准确性和安全性。自动检票机通行传感器分布和主要功能如图 4-11 所示。

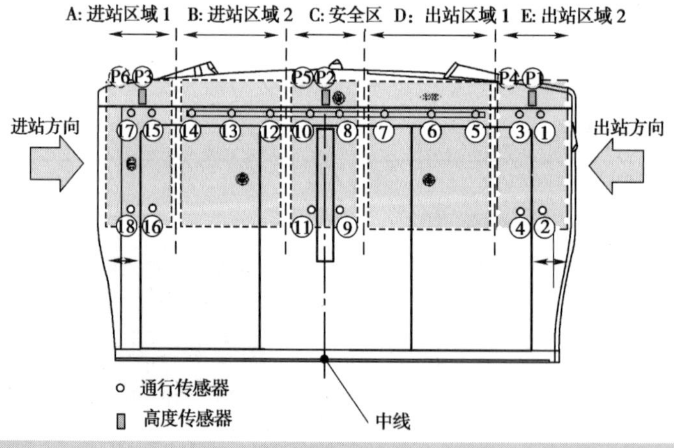

图 4-11 通行传感器分区示意图

A:进站区域 1 组传感器采用透过型传感器,主要监测是否有乘客进入通道。

B:进站区域 2 组传感器采用透过型传感器和反射型传感器组合使用,判断无票乘客的通行行为。

C:安全区传感器采用透过型传感器,安装于不同的高度,监测通行情况,反馈信号控制闸门,保护已进入通道的乘客,防止闸门夹住乘客。

D:出站区域1组传感器采用透过型传感器,检测乘客是否已经通过闸门,如果发现乘客已经通过闸门,如有跟随通行行为,反馈信号控制闸门关闭,以防止第二个乘客通过。

E:出站区域2组传感器采用透过型和反射型传感器的组合,检测与自动检票机设定方向相反进入通道的乘客,如有逆行通行行为,检票机将关闭闸门并报警。

(2)高度传感器

自动检票机上装有检测身高的反射型传感器,用于检测通过的乘客是否是身高为1.2~1.4m(高度可调)以下的儿童。从检票机中部呈向斜上方的反射型传感器,可以检测到约1.2~1.4m以上位置的物体。当这个反射型传感器未检测到任何物体时,即使其他的传感器检测到有物体通过,也不认为是通过的乘客。因此,身高约1.2~1.4m以下的儿童即可以安全地通行。但是在实际通行当中,由于乘客通过时身高变化较大,所以不能非常精确地利用身高作为识别儿童乘客的依据。儿童安全检测示意图如图4-12所示。

(3)扇门

扇形门装置是另一种得到广泛应用的检票机阻挡装置。扇形门装置由扇形门、机械控制结构和控制板组成。

扇形门由软性塑胶和内置钢板组成。门的边缘部分采用软性塑胶材料生产,从而能最大限度地减小强行通过时对人体的损害。其内部的钢板可保证扇形门有效地快速关闭和阻止强行推动扇形门。扇形门为三角形,由可吸收能量的软性材料制成,当受到冲击时发生变形并自动恢复到原来状态。

当扇门需要动作时,控制板驱动电动机,通过减速齿轮提供动力给转换器,在操作杆连接处产生力矩,通过电磁铁传递运动,带动扇门运动。控制板负责对机械的控制功能及传感器信号的管理。扇形门装置示意图如图4-13所示。

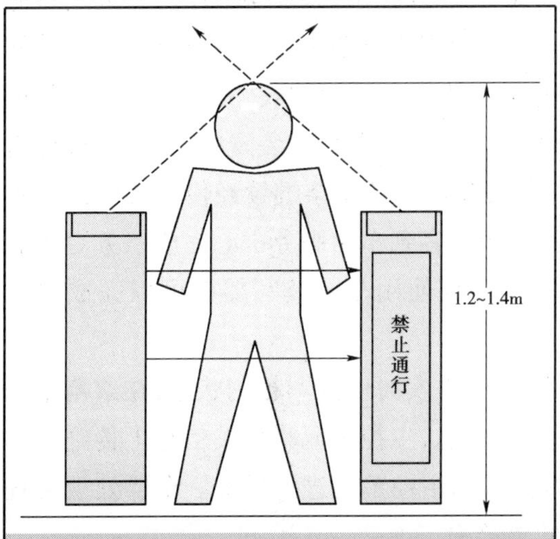

图4-12　儿童身高检测示意图

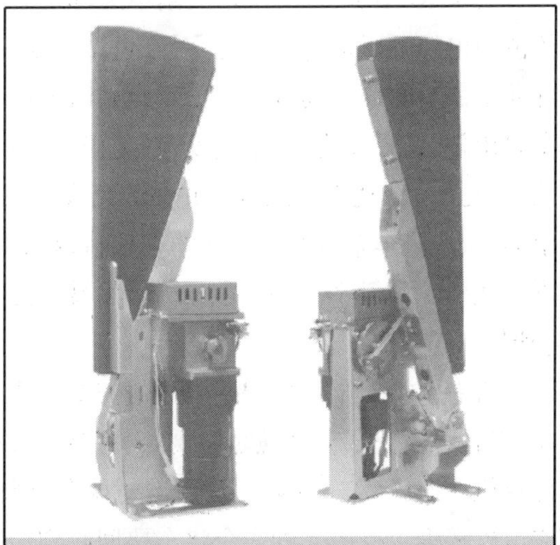

图4-13　扇形门装置示意图

3 自动检票机立面结构

自动检票机立面结构如图 4-14 所示。

(1)方向指示器

方向指示器位于检票机面向乘客的前面板上,显示通道的通行方向标志,远距离指示乘客通道的通行状态。方向指示器的设计确保乘客在 30m 外的距离可以明辨标志的内容和含义。

方向指示器及乘客显示器关于“通行”与“禁行”的标志统一,采用国际通用的标志,且配有中文说明文字,以图形加文字的形式提示乘客,如图 4-15 所示。

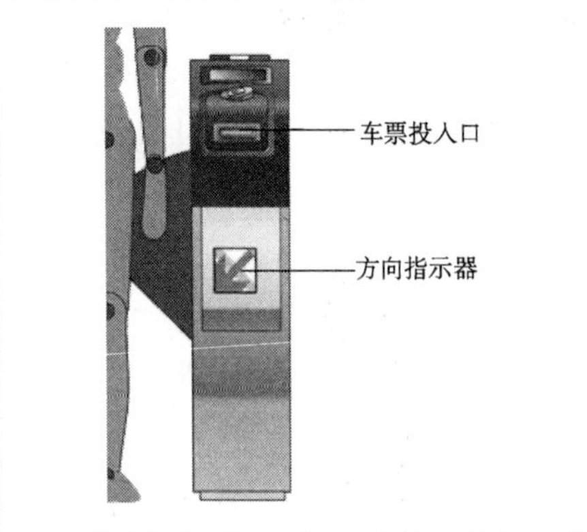

图 4-14　自动检票机立面结构图

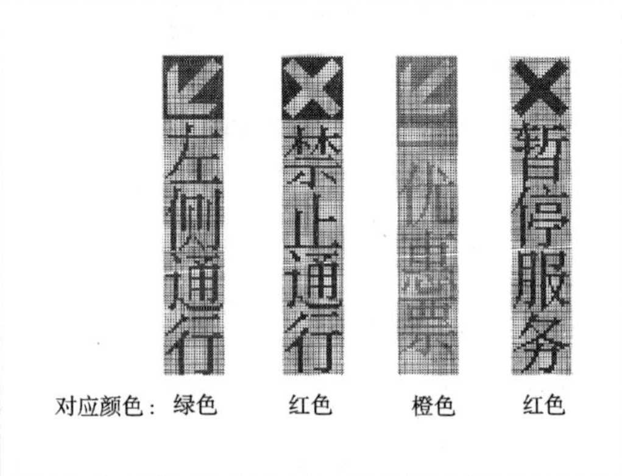

图 4-15　方向指示标志

(2)车票处理装置

车票处理装置是自动检票机的另一个关键部件,车票处理装置负责完成车票读写、传送及回收处理。车票处理装置主要包括两大部分:车票读写设备和车票传送装置。

对于 IC 车票,目前使用的基本上都是非接触式 IC 芯片车票,只要车票停留在天线感应的范围内都可以读写。因此,对于进站交易而言,只需要使用车票读写器就可以完成进站处理而不需要配置传动装置。由于出站时单程使用的 IC 车票都需要回收,因此当使用单程 IC 车票出站时,必须将 IC 车票投入(筹码型)或插入(方卡型)车票处理装置中,车票通过传送装置(通道)到达天线感应区并在此完成车票读写,交易成功的车票继续经传送装置回收到票箱中,非法车票或交易失败的车票将返回给乘客,由乘客到车站服务中心完成票务更新后再次使用。对于不需要回收的 IC 车票,与进站类似,仅使用车票读写器就可以完成出站处理。

带有票箱的车票处理装置通常需要配置两个票箱,并实时监控票箱的状态,在票箱未安装、票箱将满或票箱已满时需要向主控单元发送相关信息,主控单元将相关信息上传到车站计算机系统(SC)。票箱通常还需要具有计数功能,或由主控单元进行计数。车票处理装置应可以根据主控单元的命令将车票回收到指定的票箱中。

自动检票机车票回收模块如图 4-16 所示。

图4-16　自动检票机车票回收模块

三 自动检票机界面显示描述

自动检票机的界面主要是指面向乘客的提示信息，包括乘客显示器、方向指示器、语言提示、警示灯等（表4-1）。

自动检票机界面　　表4-1

类　型	作　用	示　例
乘客显示器	向乘客显示车票处理结果，显示设备运行模式、状态等提示信息	 
方向指示器	提示通道进出方向是否可用	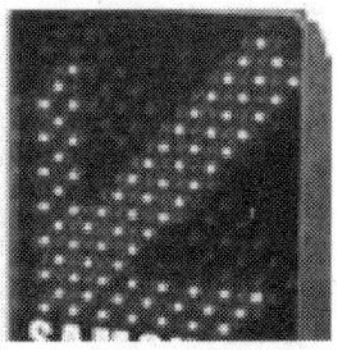 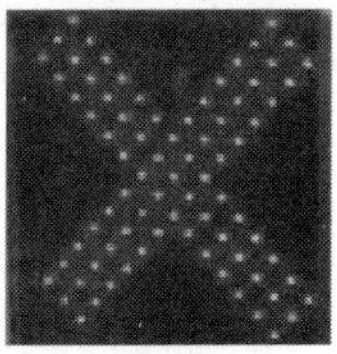
警示灯	报警、无效票	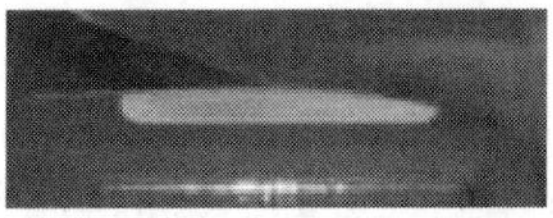
员工票灯	使用员工票时显示	

续上表

类 型	作 用	示 例
优惠票灯	当乘客使用优惠类车票(例如福利票)时显示	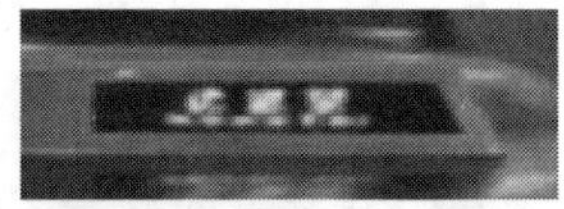
刷卡指示灯	根据模式显示	
语音提示	乘客正确使用车票、正确过闸等语言提示信息	例如:“请您通知工作人员”

四 自动检票机常用操作

1 自动检票机上电与下电操作

在日常运作中,一般的自动检票机软件故障均可通过重启设备进行处理(即下电再上电的过程),重启工作可由站务员完成。具体的操作顺序为:打开维修门→关闭配电盘的开关→打开通道维修门→打开配电盘的开关。

下电时,将钥匙沿顺时针方向转动,打开维修面板,输入操作员号(ID)和密码,将配电盘的开关关闭,如图4-17所示。

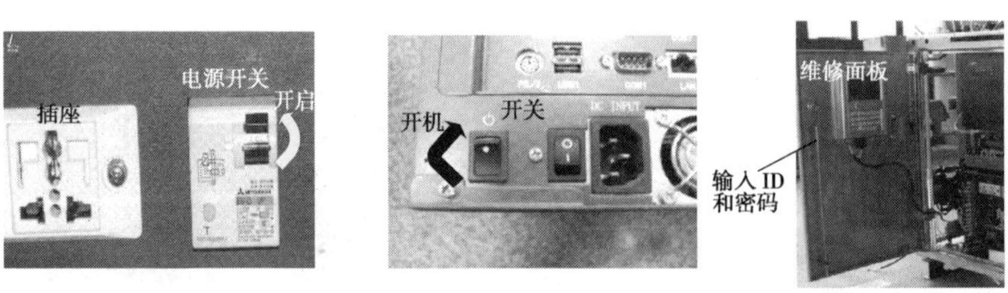

a)上电　　b)打开开机开关　　c)在维修面板输入ID和密码

图4-17　自动检票机开关机操作

开机时,将钥匙插入并沿顺时针方向转动,向上、向外倾斜提起并打开维修门,将电源开关打向ON方向,将配电盘的开关打向ON方向。

2 自动检票机更换票箱操作

更换自动检票机票箱时,打开自动检票机的维修门后,按维修面板显示要求输入正确的操作员号(ID)和密码,验证成功登录后,选择运营服务中的更换票箱操作,在更换票箱操作中选择取下票箱,当票箱电动机完全降下后,双手取出票箱,如图 4-18 所示。

拆卸票箱的工作过程如下,与安装方法一样要按顺序进行,在完成当前动作之前不能进入到下一个动作。

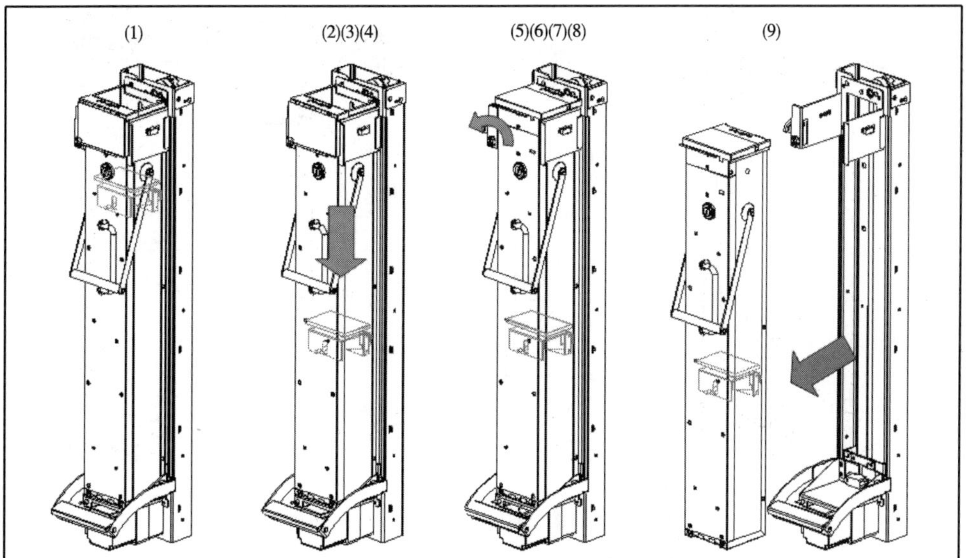

注:图中(1)~(9)编号对应拆卸票箱工作过程的顺序号

图 4-18　拆卸票箱的操作流程

(1)接收来自上位机的票箱更换命令。

(2)托盘向下移动。

(3)检测车票的最高位置,当检测到车票的最高位置低于指定的位置时,停止移动托盘。

(4)关上顶盖。

(5)打开工作锁(顶盖被锁上)。

(6)托盘被固定。

(7)拨动开关至"OFF"。

(8)托盘移动机构下降。

(9)拆卸票箱。

将装满单程票的票箱拆卸下后,更换上空的票箱,如图 4-19 所示。安装票箱的工作过程如下,要按顺序进行,在完成当前动作之前不能进入到下一个动作。

(1)安装票箱:利用票箱前面的把手,以水平方向把票箱小心地安装在 ID Connector 上。

(2)检测票箱安装到位(检查票箱 ID)。

(3)拨动开关到"ON"。

(4)托盘移动机构带动托盘向上移动。

(5)检测车票最高位置:当检测到车票最高位置到达指定的位置时,停止移动托盘。

(6)锁上工作锁(顶盖锁机构松开)。

(7)固定托盘的机构松开,打开顶盖。

(8)回收或售模块初始化。

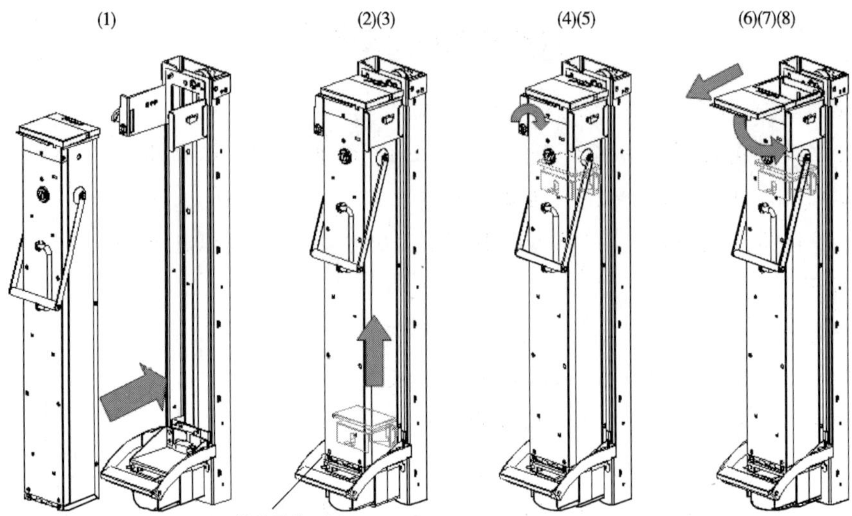

注:图中(1)~(8)编号对应安装票箱工作过程的顺序号

图4-19　安装票箱流程

(9)票箱安装完毕后,在维修面板中选择安装票箱,退出维修面板并注销,推进并关好维修门。

设备读到不同的票箱ID后计数器清零,完成票箱更换工作,随后站务员将换出的票箱运回票务室(点钞室)进行清点。

小贴士

安全注意事项

1. 运营安全

(1)更换AG票箱时,尽量考虑在非运营时间或客流较少的运营时间进行。

(2)更换时注意安放警示标识,隔离闸机,不要让乘客围观。

2. 设备安全

(1)按照规定的操作流程执行,禁止野蛮操作。

(2)卸下和安装票箱时尽量用双手,并避免刮碰到票箱和设备。

3. 人员安全

(1)采用合适的人力抬举方式,避免伤到自己。

(2)更换票箱时是带电作业,注意不要触电。

知识拓展

自动检票机定期维护

1. 自动检票机内部、外部清扫、检查和测试

(1)擦掉所有灰尘并清洁机架内部,移除任何闸机内部的外来物品。

(2)擦洗机箱外部,对内部用吸尘器进行清扫。

(3)检查机架、结构框架以及底座上松动、丢失的螺钉、螺帽以及配件。

特别提示:

(1)不能使用磨蚀性、酸性、碱性或氯化清洁剂。

(2)清洁时要谨慎,避免水滴入模块的电路板上。

(3)在作各项清扫前,一定要将其所涉及的模块断电。

2. 自动检票机传感器清扫、检查和测试

(1)卸下盖板及树脂盖,用清洁棉布和棉棒对人体检测传感器、高度检测传感器、传感器过滤器进行清洁。

(2)打开维修门及中央通道盖,用清洁棉布和棉棒对人体检测传感器、传感器过滤器进行清洁。

(3)通过自动检票机本身测试软件,检查测试各传感器工作状态是否良好。

特别提示:

清洁传感器时,动作要尽量轻微,不要扭转其所处位置,清洁后检查对射传感器是否发射、接收正常。

4.2 自动售票机

一 自动售票机概述

自动售票机(Ticket Vending Machine,简称TVM),TVM机设于车站非付费区,用于乘客

自助式购买地铁单程票和对储值票进行充值。自动售票机摆放位置如图 4-20 所示。

图 4-20　自动售票机站厅布局图

二 自动售票机功能与操作界面

1 自动售票机的功能

自动售票机的基本功能是通过乘客的自助式操作完成自动售票。自助购票的基本过程包括购票选择、接收购票资金、自动出票及找零等过程，在必要时还可以打印充值凭证等。自动售票机可接受硬币和纸币购买单程 IC 票卡，自动售票机也具有对"一卡通"卡和地铁专用储值票进行充值的功能。同时自动售票机预留银行卡的数据接口和电气接口及物理空间，方便支付方式的扩展。

自动售票机主要实现如下功能：

(1) 接受乘客的购票选择，并在购票过程中给出提示信息及操作指导。

(2) 可以接受乘客投入的现金（或储值票、信用卡等其他付费介质）并自动完成识别，对无法识别的现金（或储值票、信用卡）予以退还。

(3) 自动计算乘客投入的现金数量及购票金额，自动找零。

(4) 自动完成车票校验、车票发售及出票。

(5) 对各部件的工作状态进行自动监测，并向车站计算机系统上报工作状态。

(6) 接受车站计算机系统下发的参数和控制命令，并执行相应的操作。

(7) 存储并上传交易信息。

(8) 对本机接收的现金及维护操作进行管理。

2 自动售票机的操作界面

(1) 自动售票机主界面

自动售票机是自助型系统设备，城市轨道交通车站内会有部分乘客对该系统的操作不熟练，站务员应主动、热情地提供操作指引服务。因此，站务员应熟练掌握自动售票机的购票操作。指引乘客使用自动售票机购票、充值时，通过乘客操作界面实现点选操作。常见的自动售票机乘客操作界面如图 4-21 所示。

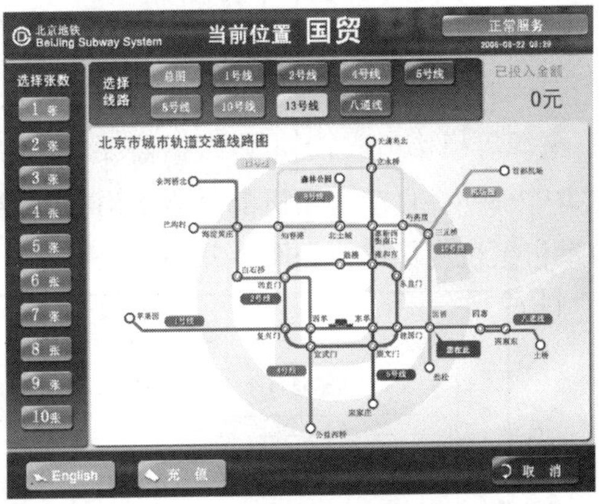

图 4-21　自动售票机乘客操作界面

地图区域能清晰显示线网地图，能实现地图的缩小、扩大及水平移动，当乘客点击某车站时，以该车站为中心的附近几个车站会被放大显示，以便于乘客正确选择目的地站购票。

选择线路区域提供了按线路分类的按钮，当乘客点击选择要乘坐的线路时，该线路在地图区域放大，方便乘客快速、准确地点选目的地站。运营及票卡选择区域可以实现按票价直接购票，对熟悉轨道交通票价的乘客提供了便利。

时间区域能实时显示当前的日期与时间。功能选择区域提供了供乘客选择或确认的按钮，如中、英文切换按钮和充值操作按钮等，实现相应的功能选择。信息提示区域主要用于向乘客显示相应情况下的信息。状态区域显示了 TVM 当前运营状态的信息。

(2) 自动售票机的充值界面

乘客使用现金在自动售票机上进行储值票充值时，自动售票机通常可接收第五版 10 元、20 元、50 元和 100 元人民币币种充值。具体操作流程大致分为：在主界面选择充值按钮→插入储值票→支付储值票充值金额→设备对储值票充值→返还储值票等几个步骤，储值票充值界面如图 4-22 所示。乘客从开始充值后至支付充值金额之前都可以取消交易，点击取消按钮或者一定时间内没有任何操作时返还投入的储值票并返回初始界面。

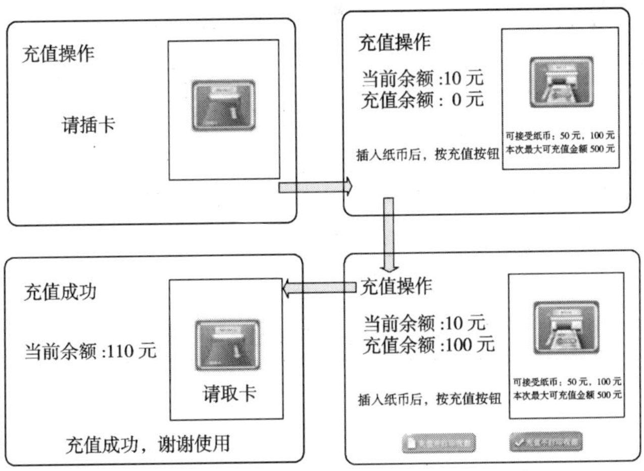

图 4-22　自动售票机储值票充值流程

三 自动售票机结构组成

自动售票机以主控单元为核心，辅以现金处理装置、车票处理装置、乘客显示器、打印机、电源等模块组成，还可以根据需要，配置触摸屏、运营状态显示器、银行卡读写器及密码键盘等部件。自动售票机的总体架构，如图4-23所示，自动售票机外观结构如图4-24所示，自动售票机内部结构如图4-25所示。

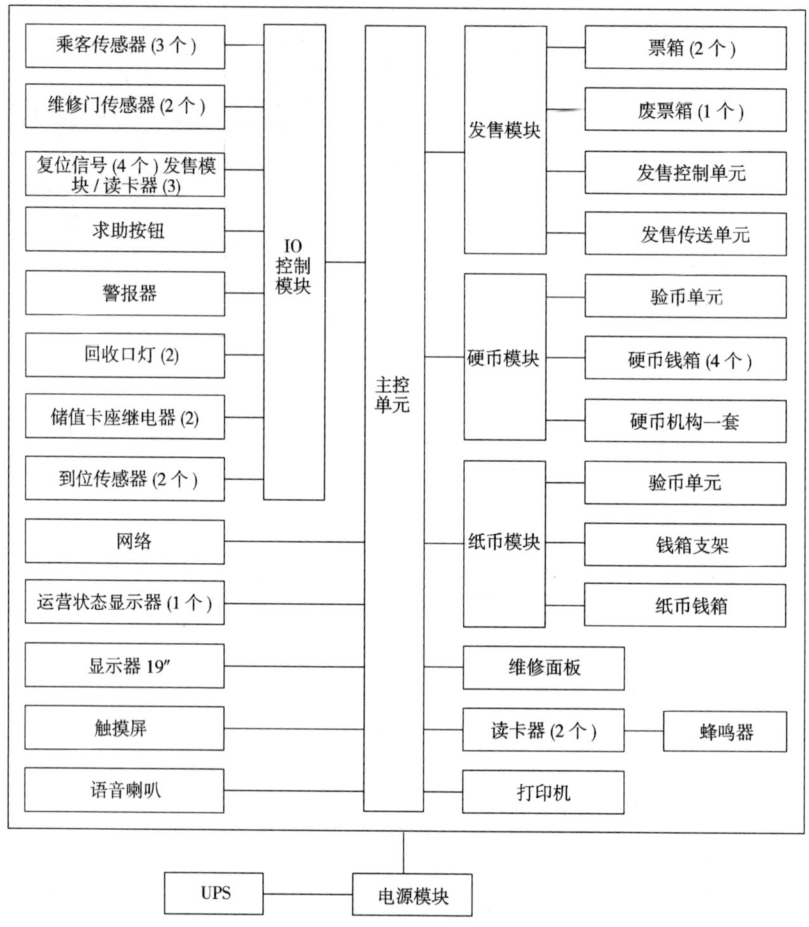

图4-23 自动售票机的总体架构

1 主控单元

TVM机主控单元(也称为工控机)采用32位工业级微处理器，阻抗电磁噪声的性能良好(VCCI Class A)，能一天24h工作，并能提供充分的指定功能。即使电源中断，数据也不会丢失。主控制器主控制单元采用嵌入式工控机来实现，有良好的抗电磁干扰性能，能保证整机全天24h不停机地稳定运行。主控制器负责运行控制软件,完成车票处理、现金处理显示、数据通信、状态监控等功能。

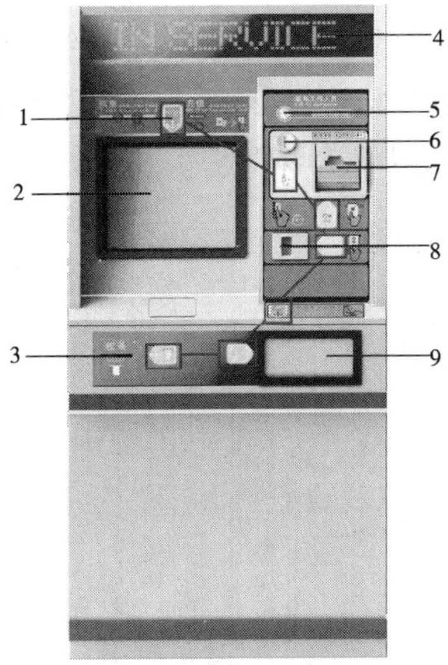

图4-24　自动售票机外观结构

1-操作指示灯;2-乘客显示器;3-收条出口;4-状态显示器;5-求助按钮;6-硬币投入口;7-纸币投入口;8-储值票插入口;9-找零、取票口

图4-25　自动售票机内部结构

1-固定照明装置;2-硬币模块;3-纸币模块;4-凭条打印机;5-电源模块;6-UPS;7-维护面板;8-LED状态显示器;9-票卡发售单元;10-工控机

知识链接

北京地铁使用某型号自动售票机,其主控单元主要参数见表4-2。

自动售票机主控单元主要参数表　　表4-2

自动售票机	TVM机
主控单元:POS-1711VNA	工控机
工控机箱	Rack
主板	POS-1711VNA(Celeron 2GHz)
电子硬盘	Disk on Module (256 MB)
硬盘	HDD(40GB/7 200转)
内存	512MB DDR
PCI接口板	8408

2 现金处理模块

自动售票机内的现金处理设备将关系到发售资金的安全,是自动售票机安全管理的最重要的部件。现金处理设备按照功能划分,可以分为两大类,即现金识别设备和现金找零设备;如果按照现金的类型划分,还可以进一步划分为硬币识别设备、纸币识别设备、硬币找零设备和纸币找零设备。

纸币识别设备一般至少可以识别六种以上的纸币(同一面值但不同版本的纸币将被认为是两种纸币)。纸币识别设备通常包括入币口、传输装置、识别模块、暂存器和钱箱等部件。当纸币通过入币口被送入识别器后,纸币传输装置将纸币输送到纸币识别模块,识别模块将对纸币进行面额和防伪标记的识别,合法的纸币将被送入纸币暂存器,不合法(无法识别)的纸币将被退回给乘客。当乘客取消交易时,纸币暂存器内的纸币可以从退币口(也可能是入币口)返还给乘客。当乘客确认交易后,纸币暂存器内的纸币将被转入纸币钱箱内。纸币钱箱采用全密封的结构,通过两把安全锁来保证现金安全。当纸币钱箱从安装座上拆下时(即固定用安全锁打开时),钱箱入口将自动关闭,从而保证更换钱箱的工作人员无法直接接触到纸币。只有使用另一把钥匙才能将钱箱打开,清点收到的现金。

纸币处理模块如图 4-26 所示。

硬币找零设备比较复杂,一般至少应包括循环找零机构、补充找零机构、清币机构及硬币回收机构。硬币找零设备一般会与硬币识别设备采用一体化的设计方法,以提高处理速度和优化硬币模块的结构。所谓循环找零机构,是可以使用乘客投入的硬币来补充找零的找零机构,而补充找零机构需要人工添加硬币,通常在循环找零机构内的找零硬币不足时使用。当循环找零机构已满时,乘客投入的硬币将通过硬币回收机构回收到硬币钱箱中。当运营结束时,可以使用清币机构将循环找零机构(也可能包括补充找零机构)中保存的硬币清空,被清出的硬币将被硬币回收机构回收到硬币钱箱中,以便车站管理人员进行清点。

自动售票机硬币模块示意图如图 4-27 所示。

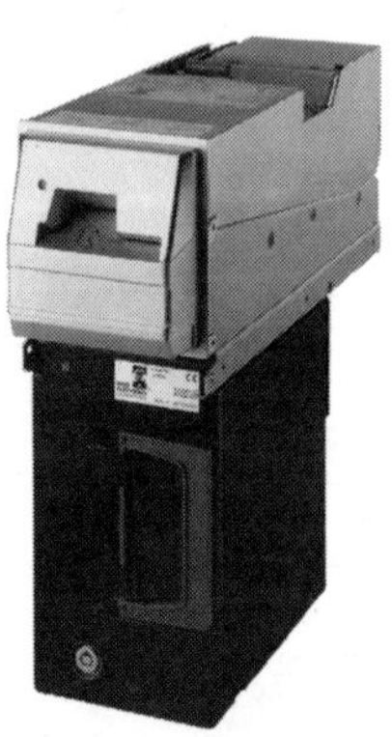

图 4-26　纸币处理模块

图 4-27　自动售票机硬币模块示意图

四 自动售票机操作与常见故障处理(表4-3)

自动售票机常见故障处理 表4-3

序号	故障现象、原因分析与解决办法
1	故障现象:开机无显示
	原因分析: (1)无电源输入; (2)部件连接异常
	解决办法:检查电源及显示器、部件连接,若无异常则联系专业维护人员
2	故障现象:提示暂停服务(非上一级系统控制)
	原因分析: (1)单程票处理单元异常; (2)硬币处理单元、纸币处理单元异常; (3)维修门在打开状态或维护门状态检测传感器异常
	解决办法:检查部件电源及通信连接,并检查关闭维修门,若无异常,联系专业维护人员
3	故障现象:自动售票机启动后显示“只收纸币”
	原因分析:硬币处理模块有卡币或者硬币箱没有正确安装
	解决办法: (1)启动设备后机器内部逻辑会对硬币模块进行测试,如果测试失败会进入“只收纸币”状态。这种问题一般是有硬币识别模块被硬币或其他异物堵塞导致,请检查硬币识别模块并重新启动设备。 (2)正确安装硬币箱
4	故障现象:自动售票机屏幕显示“网络连接失败”
	原因分析:网络出现故障
	解决办法: (1)请检查自动售票机和服务器之间的网络连接是否正常; (2)请检查系统服务器软件是否正常运行
5	故障现象:自动售票机屏幕显示“只收硬币”
	原因分析:纸币识别模块有卡币或者纸币钱箱没有正确安装
	解决办法: (1)纸币识别模块被纸币或其他异物堵塞导致,请检查纸币识别模块并重新启动设备; (2)正确安装纸币钱箱
6	故障现象:自动售票机屏幕显示“无找零”
	原因分析:硬币识别模块内没有放入找零用硬币或者硬币找零钱箱没有正确安装
	解决办法: (1)放入找零用硬币; (2)正确安装硬币找零钱箱

续上表

序号	故障现象、原因分析与解决办法
7	故障现象:自动售票机屏幕显示"只充值"
	原因分析:单程票发售模块内没有放入车票或者票箱没有正确安装
	解决办法: (1)放入发售用车票; (2)正确安装票箱
8	故障现象:自动售票机启动后显示"暂停服务",不能进入工作状态
	原因分析:可能是由于维修门没有关上
	解决办法:检查维修门并将维修门全部关紧上锁
9	故障现象:自动售票机屏幕显示"只发售"
	原因分析:储值票读卡器有故障或连接错误
	解决办法:联系厂家更换储值票读卡器,或检查连接线缆
10	故障现象:自动售票机启动后乘客显示器没有显示
	原因分析:自动售票机内部工控机没有开机或显示器处于关闭状态
	解决办法:打开工控机电源或打开显示器电源

4.3 半自动售票机

半自动售票机(Booking Office Machine,简称 BOM 机),通常安装在售/补票房或车站服务中心内,采用人工方式完成票务处理、车票发售、加值、车票分析(验票)、退票及其他票务服务,因此,BOM 机又称为人工售/补票机或票房售/补票机。

根据应用需求,可按功能分离设置成单独的半自动售票机或半自动补票机,也可设置成半自动售票和补票功能结合的设备。

功能单一的半自动售票机应部署于非付费区,而半自动补票机则用于付费区内服务。功能结合的 BOM 机可以同时为非付费区与付费区服务,兼顾售票及补票功能,使用同一车票处理设备,但需对两个区域分别设置单独的乘客显示器,适应处理不同区域乘客票务。

半自动售票机如图4-28所示。

一 半自动售票机功能

BOM机是在车站中以人工方式为乘客提供服务的售/补票设备,放置于车站售票和补票室内。BOM机的主要功能包括:售票、补票、充值、更新、替换、退票、车票挂失、车票分析、车票处理、车票查询、收益管理、设备操作等。

图4-28　半自动售票机

BOM机与车站AFC控制系统相连,可以接受车站AFC控制系统下达的各种参数及指令,同时向车站AFC控制系统以及线路AFC控制系统传送各类数据。

BOM机的运行模式由车站AFC控制系统进行设定和更改,并通过系统参数数据下载到BOM机上实现工作模式的自动切换。

同时,BOM机还具备离线/在线状态自动检测切换的能力。根据当前的线路状态,动态提供能够处理的功能。在线状态下,能够实时从车站AFC控制系统下载各种参数、接受车站AFC控制系统的控制指令,能上传监控数据,根据预先设定的方式上传所处理的各种交易数据,与车站AFC控制系统进行对账处理。离线状态下,除了提供需要的功能外,还要保存本地运行数据的备份,在检测到网络恢复以后,进行数据的上传和续传,并进行数据账目的核对。

二 半自动售票机结构组成

BOM机以主控单元为核心,辅以车票读写器、乘客显示器、打印机、电源等模块;还可以根据需要配置触摸屏、车票处理装置、银箱等部件。主控单元一般选用高可靠性工业级计算机设备,也可以选用高档的商用计算机,需要具有丰富的外部接口以支持外部设备的连接,并需要保留部分接口以支持未来设备的扩展。

BOM机可以使用键盘、鼠标等通用输入设备,也可以配置触摸屏。半自动售票机还可以配置支持自动发售车票的车票处理装置以完成车票自动发售功能。自动发售车票的车票处理装置与自动售票机中的车票处理装置类似,在接收到主控单元的命令后,可以自动完成供票、车票读写及出票功能。

半自动售票机系统主要设备构成见表4-4。

半自动售票机主要设备　　表4-4

序号	名　称	说　明
1	主控单元 MCU	BOM 专用主机,采用工业型计算机
2	电源模块	为 MCU、TIU 及 MCU 外围设备提供电源
3	IC 卡发售单元 TIU	发售单程 IC 卡地铁票
4	操作员显示器	触摸式液晶显示器,方便售票员操作
5	票据打印机	为购票、充值乘客打印收据
6	IC 卡读写器	读写、取 IC 票
7	乘客显示器	为乘客提供文字信息

1 主机

主机由主控单元和电源模块组成,其结构如图 4-29 所示。

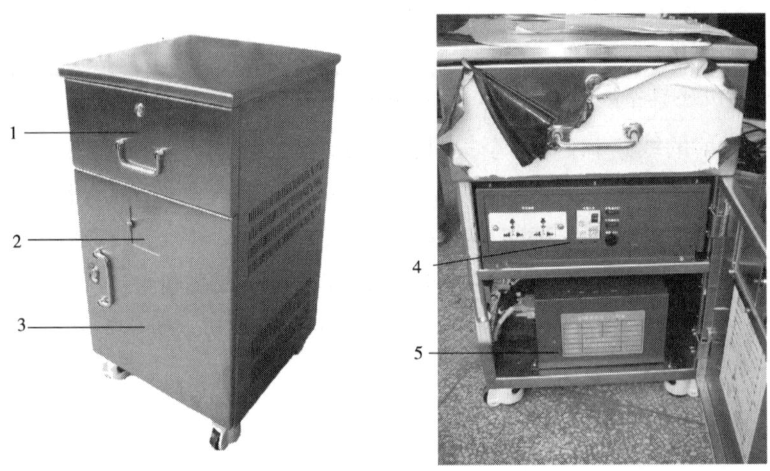

图 4-29　半自动售票机的主机结构图

1-抽屉;2-维护门 A;3-维护门 B;4-电源模块;5-主控单元

2 IC 票发售模块

IC 票发售模块由对车票进行读写的票卡读写器和用于发售 IC 车票的车票处理模块组成,如图 4-30 所示。

3 操作员触摸屏显示器

操作员触摸屏显示器为操作员提供人机对话的界面显示,带有红外触摸屏,如图 4-31

所示。

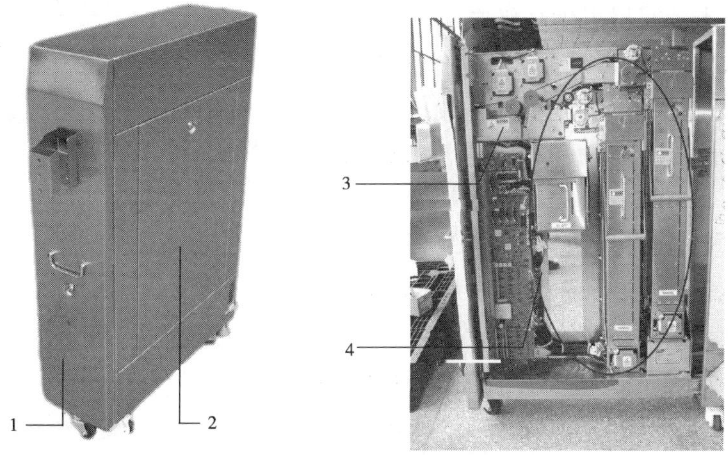

图4-30 IC票发售模块
1-维护门A;2-维护门B;3-票卡读写器;4-车票处理模块

4 乘客显示器

每套BOM机配置1个或2个乘客显示器,分别安放在付费区、非付费区靠近窗口、方便乘客阅读的地方;为乘客提供相关信息的显示(显示中文或英文信息,可以通过操作员选择来实现);并且带有一定的语音提示,如图4-32所示。

图4-31 操作员触摸屏显示器

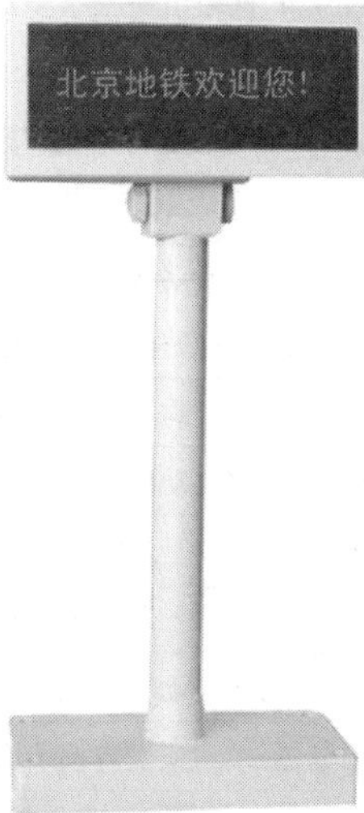

图4-32 乘客显示器

5 桌面IC卡读写器

桌面IC卡读写器提供高级应用程序编程接口，支持对ISO 14443 A/B标准卡片的读写操作。读写器设计有4个SAM卡座，支持多密钥应用，提供读卡器与安全认证模块(SAM)之间的接口和数据传输。扩展SAM不会造成读卡器性能的降低。

针对不同的设备应用，相应的IC卡读写器执行充值和消费操作。读写器有效读写距离10cm，交易速度为200～1 000ms。读卡器对票卡的操作满足一卡通对IC卡应用流程标准的要求，满足SAM安全保密处理要求和交易数据处理要求。桌面IC卡读写器如图4-33所示。

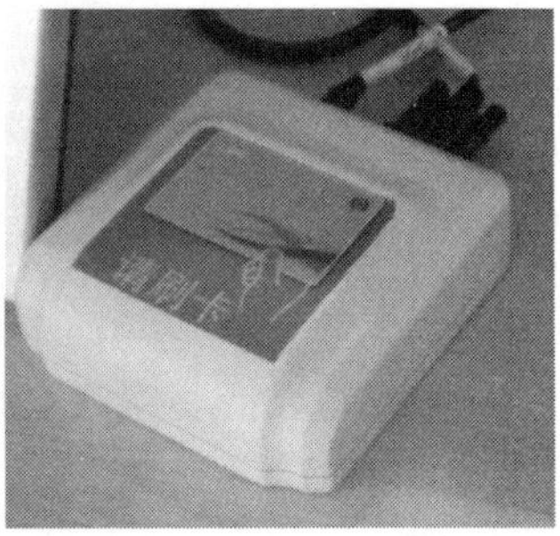

图4-33　桌面IC卡读写器

三 半自动售票机操作故障及其分析

下面介绍几种常见半自动售票机操作过程的故障现象和解决办法。(表4-5)

常见半自动售票机故障与解决办法　　表4-5

1	故障现象：半自动售票机无法正常充值
	原因分析：储值卡读卡器没有正确连接
	解决办法：正确连接储值卡读卡器
2	故障现象：半自动售票机屏幕显示“网络连接失败”
	原因分析：网络出现故障
	解决办法： (1)请检查半自动售票机和服务器之间的网络连接是否正常； (2)请检查系统服务器软件是否正常运行
3	故障现象：半自动售票机乘客显示器没有显示
	原因分析：可能是由于乘客显示器电源没有打开或者连接错误
	解决办法：打开乘客显示器电源或者检查线缆连接
4	故障现象：半自动售票机不能打印凭条
	原因分析：可能是由于打印机电源没有打开或者打印纸已经用尽
	解决办法：打开打印机电源或者正确安装打印纸
5	故障现象：半自动售票机无法发售单程票
	原因分析：单程票发售模块内没有放入车票或者票箱没有正确安装
	解决办法： (1)放入发售用车票； (2)正确安装票箱

续上表

6	故障现象:半自动售票机启动后显示“暂停服务”,不能进入工作状态
	原因分析:可能是由于维修门没有关上
	解决办法:检查维修门并将维修门全部关紧上锁
7	故障现象:半自动售票机打印的凭条没有内容
	原因分析:打印机色带没有安装或者已经用尽
	解决办法:正确安装色带或更换色带
8	故障现象:半自动售票机启动后操作员显示器没有显示
	原因分析:半自动售票机内部工控机没有开机或显示器处于关闭状态
	解决办法:打开工控机电源或打开显示器电源

四 半自动售票机日常维护方法

为了保证半自动售票机能够长期安全、有效地运行,应该定期对机器进行维护,在日常维护中应注意以下方面:

(1)触摸显示器保持洁净,没有灰尘或其他异物附着。

(2)出票口不可异物遮挡。

(3)不锈钢机壳表面定期进行清洁,应使用不锈钢保养油。

(4)机器表面防止硬物划伤,保持表面光洁,擦拭时应使用柔软清洁材料。

(5)电源插头防止氧化、玷污、损毁以致漏电伤人。

(6)勿折网线,避免接头损伤。

(7)避免硬物撞击售票机。

4.4 自动查询机

一 自动查询机概述

自动查询机简称 TCM 机(Ticket Checking Machine,简称 TCM),它安装在非付费区,供乘客自助查看车票的信息及有效性。读取过程不修改车票上的任何数据。自动查询机的操作方式采用触摸屏。自动查询机应可显示乘客服务信息，由线路AFC控制系统下载。自动查询机如图4-34所示。

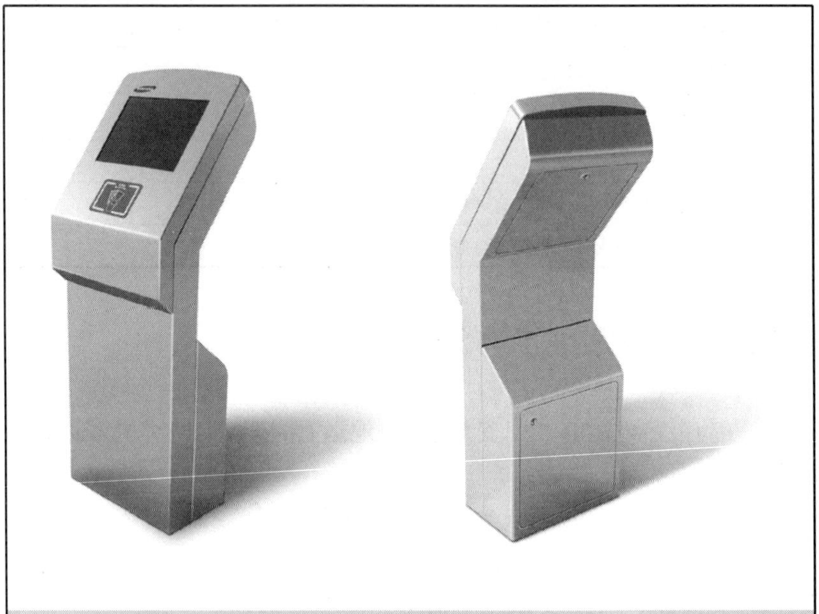

图4-34　自动查询机

二　自动查询机组成结构与功能

自动查询机主要由主机、电源、读卡器和触摸显示器等结构组成。

自动查询机具有车票查询和乘客服务信息查询等功能。车票查询是读取票卡信息，不具备写票功能，工作人员将车票在阅读器/天线出示后1s内，能显示车票的查询内容：

(1)车票逻辑卡号。

(2)车票类型。

(3)余额/使用次数，即显示该车票当前所剩余额及使用次数。

(4)车票有效期，即显示该车票的有效期限。

(5)车票无效原因(如安全性检查，出入顺序检查，黑名单票检查，超乘，超时等)。

(6)交易历史等。

乘客服务信息查询的信息由后台定制下载，可以接受Flash、图片、文本文件。提供的乘客服务信息力求最方便适用。乘客服务内容分类可定制，当一屏显示不完时，使用垂直滚动条翻页，内容包括：AFC系统介绍，AFC系统使用指南和地铁公告等。

三 自动查询机操作界面(图 4-35)

图 4-35　自动查询机操作界面

实训任务

任务一　认知自动检票机 AG 的基本构成

(1)认知自动检票机 AG 的外部基本构成

自动检票机主要由读写装置、显示装置、乘客通行检测装置、扇门、报警提示装置、车票投入口(仅出站检票机和双向检票机有)等组成。

如图 4-36 所示,请写出自动检票机各外部结构的名称。

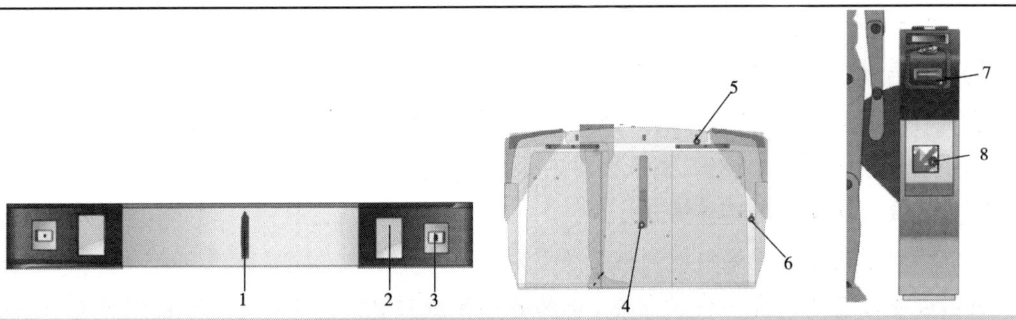

图 4-36　自动检票机各外部结构

(2)认知自动检票机 AG 的内部基本构成

如图 4-37 所示,请写出图中自动检票机内部结构的名称。

图 4-37 自动检票机内部结构

任务二 重启自动检票机操作

(1)下电与上电

打开闸机主维修门,找到空气隔离开关(电源开关)(图 4-38),将开关打到向上位置。

(2)开机与关机

在设备上电的情况下,将主控制器的电源开关打到"打开"位置(图 4-39),如果上次是正常关机,则还需要按一下主控制器的"reset"开关。

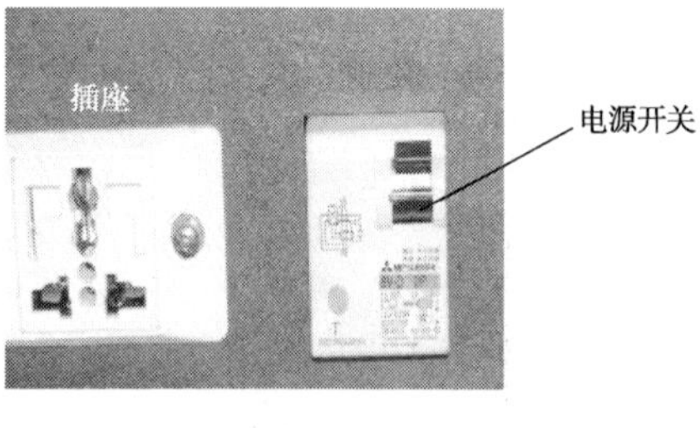

图 4-38 自动检票机空气隔离电源开关

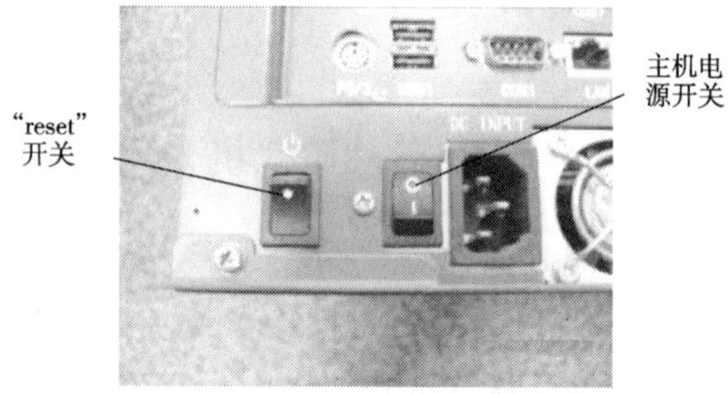

图 4-39 自动检票机主机电源开关与重置按钮

(3)开关机操作使用注意事项

①闸机启动时,必须保证所有维修门关闭,通道畅通。

②进行操作前,请确保所有刷卡的有效乘客都已过闸。

③不要插拔设备的连接线,如果必须要插拔,请先退出系统,关机断电后再进行。

④请不要互换模块的连接端口。

⑤打开维修门后在规定的时间内必须登录。

⑥在登录维修面板前不要动票箱;登录维修面板后,在系统规定的时间内没有任何操作,则自动签退。

任务三　自动检票机更换票箱操作

(1) 卸下自动检票机 A 票箱的流程

卸下自动检标机 A 票箱的具体流程如下。

①维修面板操作。

如图 4-40 所示,更换 A 票箱的维修面板操作流程为(位于左侧维修门上):

a. 输入员工 ID 及密码;

b. 选择"卸下 A 票箱";

c. 操作结束要签退。

②卸下 A 票箱操作。

卸下 A 票箱的操作流程为:

a. 选择卸载票箱命令之后,对应票箱的指示灯闪烁(图 4-41)。

图 4-40　自动检票机维修面板及其操作

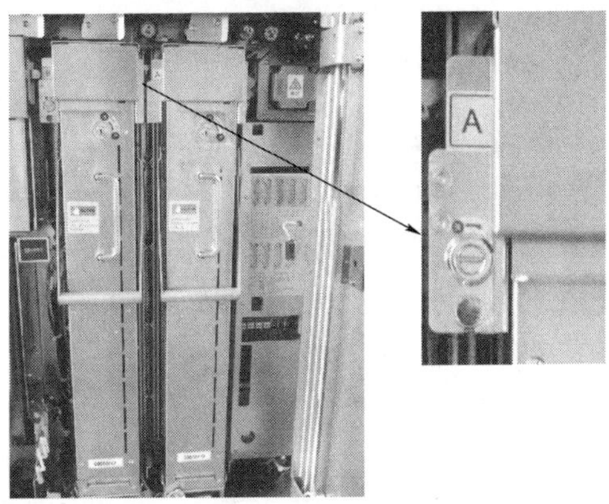

图 4-41　卸下 A 票箱的票箱指示灯

b. 推回及拉出票箱盖,操作如图 4-42 所示;插入钥匙,顺时针扳动至"开"的位置;逆时针扳动至"关"的位置。

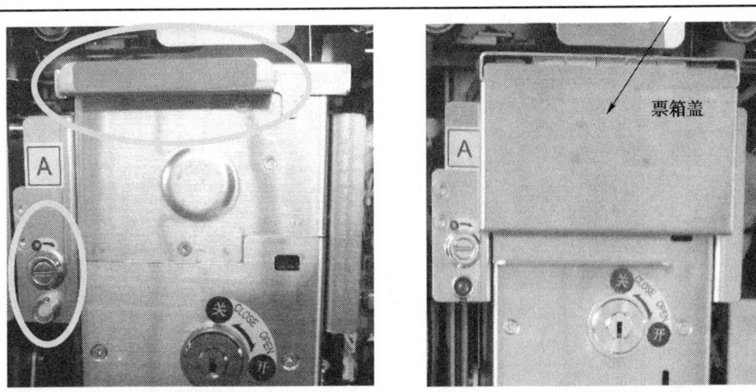

a) 票箱盖被推回状态　　b) 票箱盖被拉出状态

图 4-42　卸下 A 票箱的盖板操作

c. 拨动开关位于底端，向上拨动使升降托槽上升，向下波动使其下降杠杆位于票箱底部，如图 4-43 所示。

d. 右手拉住箱体正面的把手，左手托住票箱，卸下票箱，如图 4-44 所示。

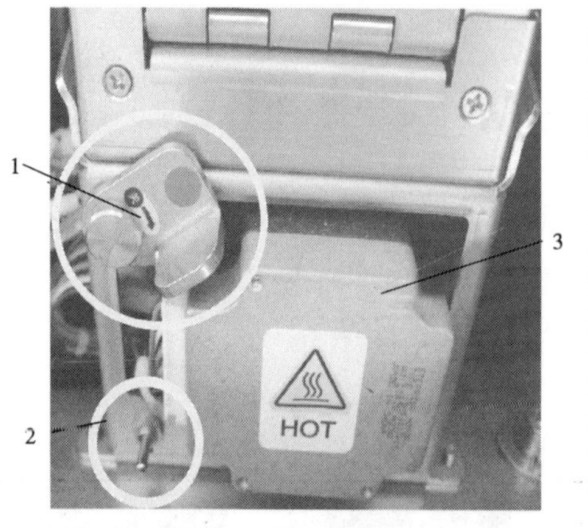

图 4-43　卸下 A 票箱的拨动开关操作
1-杠杆;2-拨动开关;3-电机

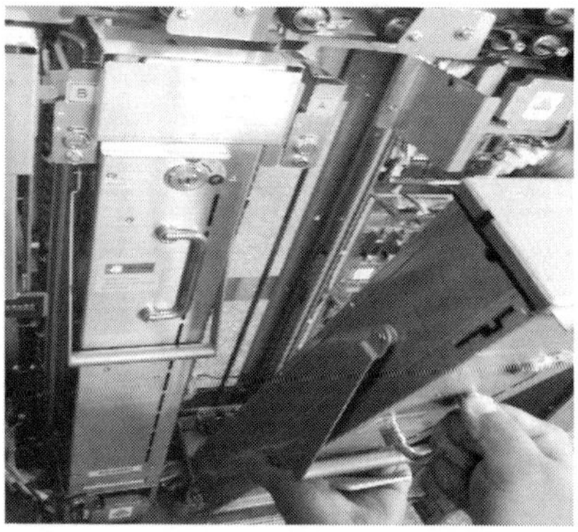

图 4-44　双手卸下 A 票箱操作

(2) 装载自动检票机 A 票箱的流程

装载自动检票机 A 票箱的流程，是卸下该票箱的逆过程。但是注意，在装载过程中，首先应先在维修面板中选择“安装 A 票箱”。

任务四　出站闸机卡票的处理

自动检票机处理卡票的操作流程如图 4-45 所示。

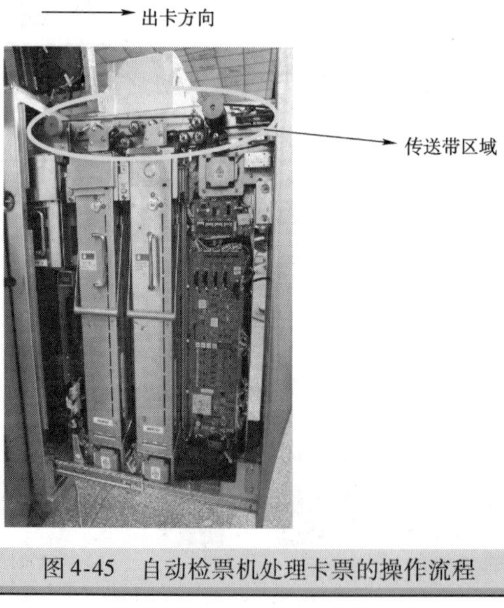

图 4-45　自动检票机处理卡票的操作流程

(1)卡票位置

卡票现象会发生在票箱顶部的传送带区域。

(2)卡票操作

①打开右侧维修门,拉出车票回收模块。

②从票卡卡住的位置处左手边最近的绿色转盘开始,按照出卡方向旋转,依次旋转各转盘,直至票卡移至方便取出位置即可。

任务五 认知自动售票机(TVM机)的内外部结构

(1)认知自动售票机(TVM机)的外部结构

如图4-46所示,请写出图中TVM机的外部结构名称。

(2)认知自动售票机的内部结构

如图4-47所示,请写出图中TVM机的内部结构名称。

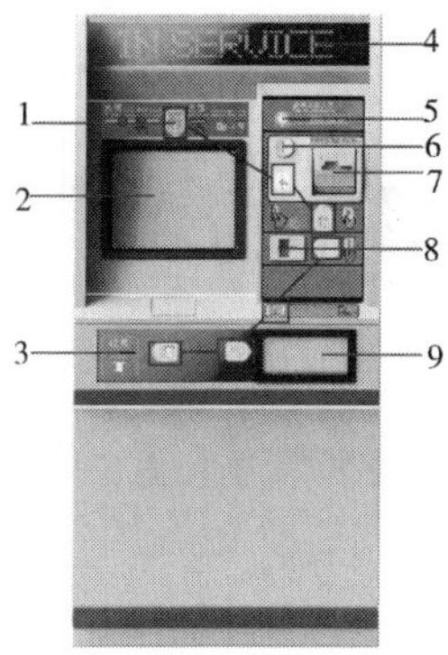

图4-46 TVM机的外部结构

图4-47 TVM机的内部结构

任务六 更换自动售票机(TVM机)票箱

(1)卸下自动售票机某主流型号票箱A的具体操作流程

①在自动售票机背面,用专用钥匙开启维修门。

②登录挂在维修门上的维修面板,输入员工卡号和密码,并在维修面板上选择“运营服务”—“更换票箱”—“更换A票箱”,点击确认。操作时间控制在1min以内,如图4-48所示。

③待票箱A指示灯变为绿色闪烁后,拉出单程票箱模块。TVM机票箱模块拉出操作如图4-49所示。

④向下按动拨动开关,使票箱A的卡槽降至票箱底部,实现退槽,如图4-50所示。

⑤待卡槽退槽完毕,逆时针拨动卡锁杠杆至开位。

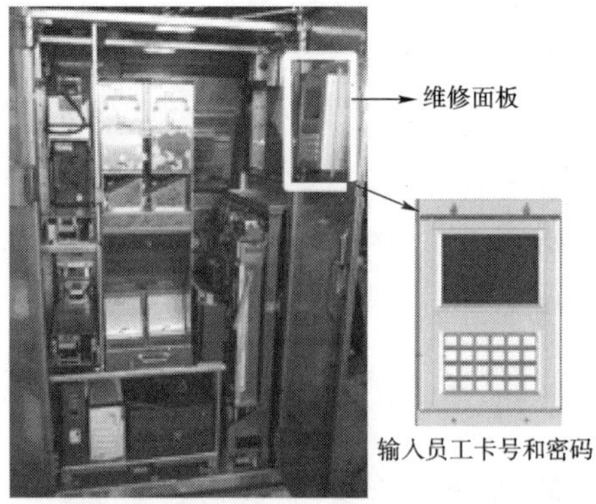

图 4-48　TVM 机维修面板操作

图 4-49　TVM 机票箱模块拉出操作

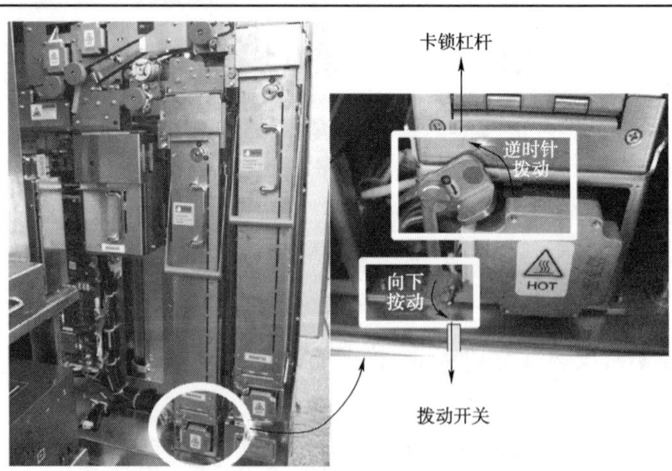

图 4-50　TVM 机退槽操作

⑥手动将票箱盖板抬起，并推入票箱箱体，如图4-51所示。

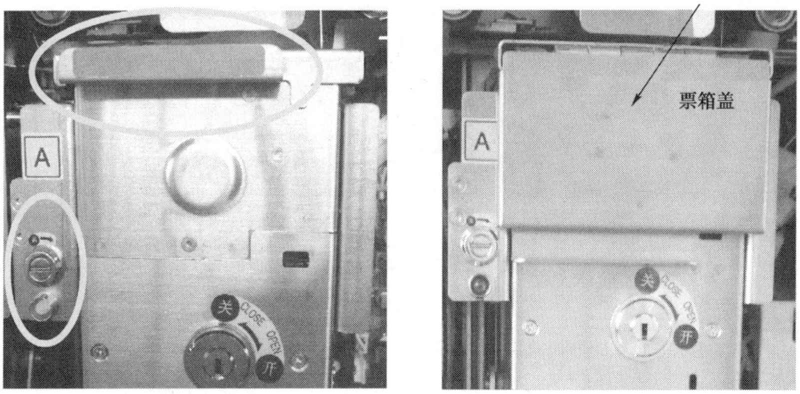

a) 票箱盖被推回状态　　b) 票箱盖被拉出状态

图4-51　TVM机票箱盖板的操作

⑦用钥匙将开关由“横位”打至“竖位”，如图4-52所示。

⑧右手拉动箱体正面的把手，左手托住票箱，卸下票箱A，如图4-53所示。

(2) 装载自动售票机某主流型号票箱A的操作流程

装载自动售票机某主流型号票箱A的过程，是卸下该票箱的逆过程。但是注意，在装载过程中，首先应先在维修面板中选择“安装A票箱”，最后装载完毕后，在维修面板中输入新添加单程票卡的数量。

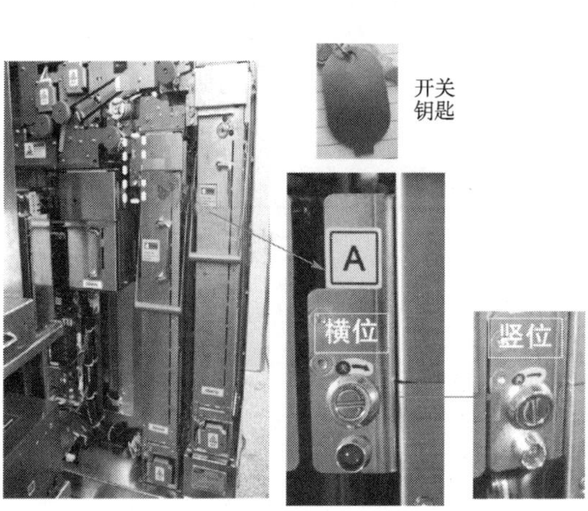

图4-52　TVM机票箱盖板上锁操作

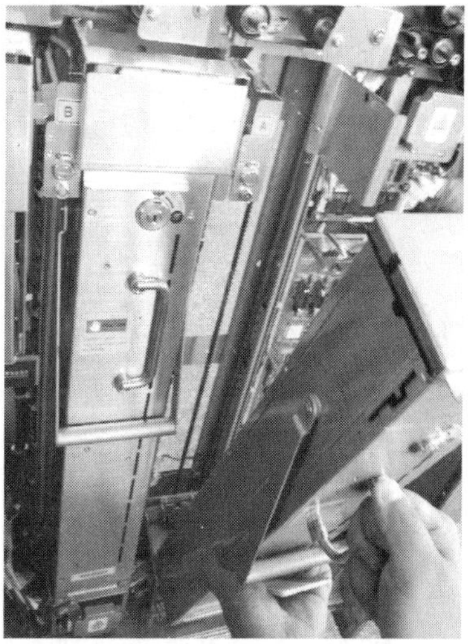

图4-53　双手卸下TVM机票箱操作

任务七　认知半自动售票机的结构组成

(1) 认知半自动售票机的外部结构

如图 4-54 所示,请写出图中 BOM 机的外部结构名称。

图 4-54　BOM 机的外部结构

(2)认知半自动售票机的内部结构

如图 4-55 所示,请写出图中 BOM 机的内部结构名称。

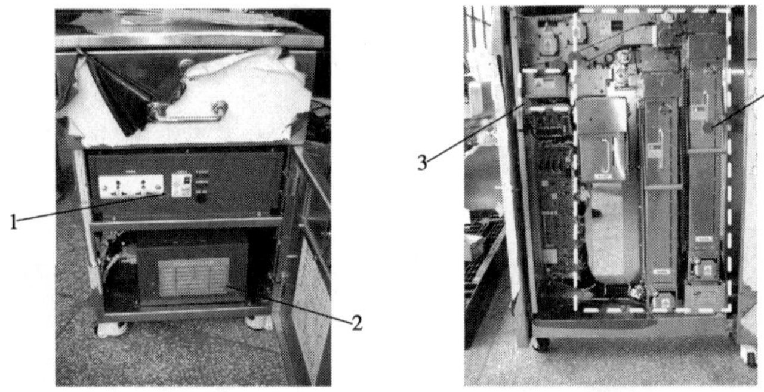

图 4-55　BOM 机的内部结构

任务八　发售单程票操作

单程票发售有如下两种选择方式:

(1)直接选择票价和张数;

(2)通过选择起点和终点得到票价,之后选择张数。

发售单程票卡的操作过程如下:

(1)输入实收金额就可自动得到找零金额,此实收金额可添也可不添,不作为系统对账的依据;

(2)点击小键盘的确定按钮后弹开钱箱;

(3)选择完成后,点击发售按钮完成发售。

发售单程票卡操作界面如图 4-56 所示。

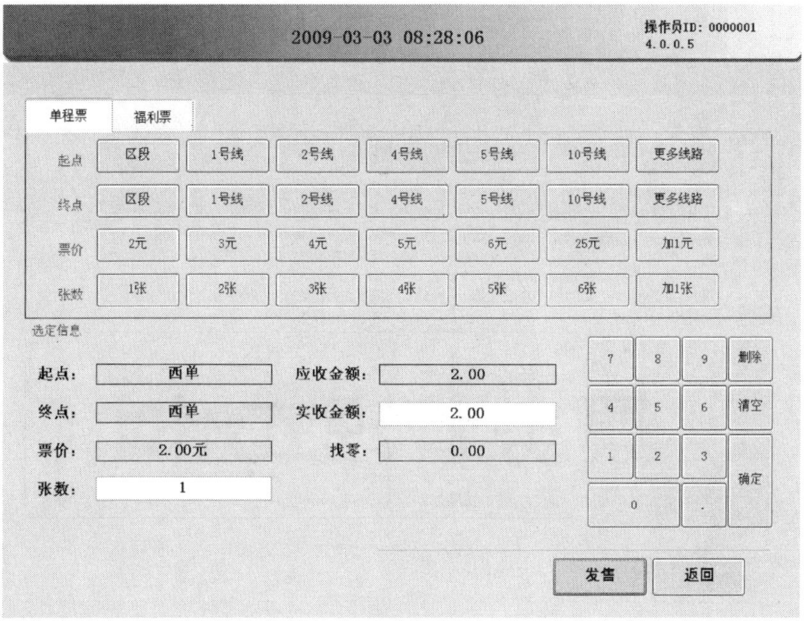

图4-56　发售单程票操作界面

小贴士

注意:发售福利票时,首先选择起点区段和终点区段,再选择张数。选择完成后,直接点击发售按钮完成发售福利票。

复习思考题

1. 简述自动检票机结构组成及其结构功能。
2. 简述自动售票机结构组成及其结构功能。
3. 简述半自动售票机结构组成及其结构功能。
4. 简述自动检票机、自动售票机和半自动售票机基本故障处理方法。

单 元 5

票务管理工作

教学目标

1. 理解票务管理模式,熟悉并掌握票务管理各岗位工作职责;
2. 掌握票务管理各岗位工作流程,能在模拟场景里按照各岗位作业流程标准作业;
3. 掌握票务管理工作交接、核对及检查制度。

建议学时

6 学时

教学导入

车站各岗位管理工作职责及工作制度是职业教育的重点知识。随着城市轨道交通车站设备设施的不断发展变化,我国各大中城市车站的设备设施及岗位设置也不尽相同,对于客运岗位的职责及作业流程设计也有很大的差别。本单元所列的各岗位票务工作职责及相应工作制度均是以某些地铁公司车站的岗位职责及工作制度标准为例引用的。

5.1 票务管理模式

所谓“模式”即指在不同状况、条件下,为达到某些特定效果所采用的方式。模式管理就是针对不同的运营状况、条件所作出的相应操作行为的选择和实施,包括正常运营模式、降级运营模式以及相配套的运营管理。

一 正常运营模式

通常情况下,自动售检票系统在正常运营模式下自动运行。正常模式主要包括正常服务状态、关闭状态、暂停服务状态、设备故障状态、测试(维修)状态及离线运行状态等。

1 正常服务状态、关闭状态、暂停服务状态

在每日运营开始时,自动售检票系统可根据时间表设置,自动将各车站终端设备(TVM、BOM、AG、TCM)设置为正常服务状态;每日运营结束时,系统也同样按顺序关闭终端设备,将其设置为关闭状态。同样,运营操作人员可以通过车站计算机系统SC,将车站终端设备设置为正常服务状态或关闭状态。

当设备由于钱箱满、票箱满、票箱空等原因,或设备门被非法打开时系统会自动进入暂停服务状态,在此状态下终端设备不会对车票作出任何处理。

2 设备故障状态

在自动售检票终端发生故障时,设备将自动进入设备故障状态,并自动向车站上一

级报告(如终端设备故障,向车站计算机报告故障信息;车站计算机故障,向中央计算机报告故障信息);故障消除后,设备再自动向上一级系统报告后自动进入正常服务模式或关闭模式。车站计算机和中央计算机系统会保存相关的故障和维护信息并形成相应的报表。

3 测试(维修)状态

通过本地控制,车站维护人员应将车站终端设备设置为维修状态,对终端设备进行测试及维护。在维修状态下,车站终端设备不能进行车票及现金的处理,但在特定命令下可以测试车票。车站终端设备的乘客显示屏或状态显示器会显示"暂停服务"及相关的维修信息。

维修人员及管理人员经登录后才能进入维修状态。通过维修界面输入命令,对主要的部件和模块进行测试。

4 离线运行状态

车站设备应能在本机上保存相关的参数设置,并由车站计算机系统定期更新。当车站终端设备与车站计算机之间、车站计算机和中央计算机之间、中央计算机模块之间的网络通信中断或无网络连接时,设备可在离线状态下运行。

小贴士

离线状态信息储存情况

在离线状态下运行时,车站终端设备应能保存不少于7天的运行数据(包括交易数据、寄存器数据、设备运行状态信息等);车站计算机能保存不少于30天的业务数据;线路层计算机能保存不少于6个月的业务数据等。当网络恢复正常时,可自动检测未上传/下载的信息数据,并自动上传/下载相关数据。

二 降级运营模式

降级是指针对不同的运营状况、条件所作出的相应操作行为的选择和实施。一般包括运营故障模式、进出站次序免检模式、时间免检模式、日期免检模式、超程免检模式、紧急放行模式及其他模式等。

1 运营故障模式

当列车出现运营故障而使部分车站暂时中止运营服务时,暂停服务的车站需根据相关规定通过中央计算机系统、车站计算机系统将车站终端设备设置为"运营故障模式",由值班站长在车站计算机上进行设置。

2 进出站次序免检模式

当车站的进站闸机全部故障无法立即修复，或由于车站出现突发大客流、进站闸机能力不足、大量乘客在非付费区聚集并等候进站的情况下，可以允许乘客不通过进站闸机进入付费区。为便于此部分乘客能正常离开车站，值班站长需要在车站计算机上设置“进出站次序免检模式”，允许乘客使用一张未编进站信息的车票出闸机。

在进出站次序免检模式下，当对某个车站的车票实行免检时，对于所有未编上进站信息的储值票，系统均认为它是由指定车站进站的车票，出站闸机将自动扣除相应的费用，而单程票则检查购票车站，如果是指定车站，则不检查进出站次序，并回收(但票值必须相符，否则也要补交相应的费用)。当对于所有车站的车票实行免检时，对所有车站都不检查进出站次序，储值票将被扣除最短程车费，单程票将被收回并不检查票值。

想一想

进出站次序免检模式和应急编码车票的应用表现有什么相同点和不同点？

3 时间免检模式

由于列车延误或时钟错误等地铁原因导致乘客手中的车票超时而无法出站时，应及时设置时间免检模式。

设置此模式的车站，出站检票机对所有车票不检查车票上次的进站时间，但仍要检查车票的票值、进站码、日期等，所有车票按正常票价扣费。

4 日期免检模式

由于地铁原因导致乘客手中车票过期，根据运营工作的需要及相关规定的要求可设置日期免检模式。

设置此模式的出站检票机对所有的车票不检查车票上的有效日期，但是仍要检查车票的其他信息，如进站码、车票票值，时间等信息，所有车票按正常票价扣费。

5 超程免检模式

由于某个车站因为事故或者故障而关闭，导致列车越过该站后才停车(“跳停”)，可根据相关规定设置超程免检模式。

设置此模式的出站检票机不检查车票的余值，但是仍要检查车票的其他信息，如进站码、日期、时间等信息，储值票扣最低票价，乘次票扣一个乘车，单程票回收。

知识链接

列车"跳停"后的处理

(1)当列车越站时,控制中心行车调度员应及时通知列车越站后运行前方的第一个车站。车站接到控制中心行车调度员的通知后,安排车站员工引导乘客出站。

(2)对越站列车上受影响的乘客应进行如下处理:

①单程票超程:回收车票并记入当天站存车票,引导乘客从边门出站。

②储值票、一卡通超程:给车票进行免费超程更新,填写乘客事务处理单,记为负差额,乘客从闸机出站。

③在付费区持票乘客强烈要求退票时,值班站长及以上级别员工确认车票与当天发生特殊情况的时间相符,单程票按车票实际票价即时退票,填写乘客事务处理单,记为负差额;储值票则转到非付费区模式下免费更新后给乘客发放免费出站票出站,填写乘客事务处理单,记为负差额。

④除以上情况外的其他车票应按规定办理。

6 紧急放行模式

当车站或设施发生紧急情况并危及乘客人身安全时,要设置紧急放行模式。设置该模式的要求如下:

①决策人:车站客运值班员(客运综控员)及以上人员。

②设置地点:出现紧急情况的车站。

③设置方法:通过车站 SC 或站控室的紧急按钮设置该模式。

④取消方法:通过车站 SC 取消该模式或确认紧急按钮复位。

设置此模式时,半自动售票机可正常运作,但操作员显示屏上显示紧急状态的信息,自动售票机处于暂停服务状态。检票机都处于"常开"状态,保证乘客无阻碍离开付费区。另外,所有检票机不对车票进行写处理,如有车票放于读卡器上,不对车票进行写操作,轨道交通专用票不回收。

7 其他模式

除上述六种模式之外,有时候会出现模式组合,具体如下:

①超程免检模式 + 时间免检模式(相互独立运作,出站检票机扣费方式按照超程免检下的扣费方式处理)。

②超程免检模式 + 日期免检模式(相互独立运作,出站检票机扣费方式按照超程免检下的扣费方式处理)。

③超程免检模式 + 进出站次序免检模式(相互独立运作,出站检票机扣费方式按照超程

免检下的扣费方式处理)。

④时间免检模式+日期免检模式(相互独立运作)。

⑤时间免检模式+进出站次序免检模式(相互独立运作)。

⑥日期免检模式+进出站次序免检模式(相互独立运作)。

⑦超程免检模式+时间免检模式+日期免检模式(相互独立运作,出站检票机扣费方式按照超程免检下的扣费方式处理)。

⑧超程免检模式+日期免检模式+进出站次序免检模式(相互独立运作,出站检票机扣费方式按照超程免检下的扣费方式处理)。

⑨时间免检模式+日期免检模式+进出站次序免检模式(相互独立运作)。

⑩超程免检模式+时间免检模式+日期免检模式+进出站次序免检模式(相互独立运作,出站检票机扣费方式按照超程免检下的扣费方式处理)。

在组合模式下,车票的处理按照模式的并集方式处理,即各个模式情况均单独作用。

5.2 各岗位票务工作职责

一 站区长票务工作职责

以国内某市城市轨道交通运营管理为例,站区长票务管理的主要工作职责如下:

(1)监控值班站长行车、客运和票务工作,总体负责车站的票务管理工作,确保车站的票务运作顺畅。

(2)组织车站行车、客运和票务工作,编制、执行车站行车、票务和客运组织方案。

(3)每天按规定时间,在班前组织中心站内各站值班站长召开接班会。

(4)负责车站的车票、现金以及票务备品安全。

(5)监督、检查、指导车站员工的票务工作。

(6)保管部分备用票务钥匙。

(7)处理票务紧急情况。

(8)必要时,处理乘客的票务纠纷。

二 值班站长票务工作职责

值班站长的主要票务工作职责如下：

(1)具体负责本班的车站票务管理工作,确保本班的票务运作顺畅。

(2)具体负责本班的车票、现金、票务备品安全。

(3)负责安排票务巡查工作。

(4)负责监控自动售检票 AFC 系统车站级系统的运作。

(5)负责补币的监督工作。

(6)处理票务紧急情况。

(7)检查、监督、落实本班员工的票务工作。

(8)必要时,处理与乘客的票务纠纷。

(9)保管部分票务钥匙,紧急按钮钥匙及钱箱钥匙由值班站长携带保管。

(10)负责跟踪自动售检票 AFC 系统设备的运作,并做好记录。

(11)负责定时(每 2 小时一次)监控自动售检票 AFC 闭路电视监控系统(图 5-1)的运行情况;每次清点钱箱之前须确认 AFC 监控仪的工作状态,发现问题应及时做好记录;负责站长室内监控系统的表面清洁工作及设备故障报修、维修跟进工作;负责监控仪录像带的定时更换、保管工作。

图 5-1 车站闭路电视监控系统

知识链接

值班站长工作职责

以国内某市城市轨道交通运营管理为例,值班站长主要工作职责是负责本班全站日常的行车、客运、票务管理、乘客服务、事故处理、设备日常管理、安全管理、员工管理与培训、执法管理等工作。

(1)行车、客运和票务管理

①服从行车调度员指挥,执行行车调度员命令;

②监督值班员接发列车;

③监督操作LOW(联锁站);

④按客运方案组织乘客购票乘车;

⑤组织突发、紧急情况下的车站运作;

⑥根据需要巡站检查和指导各个工种的工作;

⑦确保车票、现金安全;

⑧监督票务流程的执行,监督票务系统运作情况。

(2)乘客服务

①处理乘客的服务需求,如帮助生病乘客、处理失物等;

②处理乘客投诉、来访、乘客纠纷等;

③根据服务标准解决与乘客有关的问题,提供优质服务;

④处理、汇总当班的服务事件、服务问题,并及时向站长汇报;

⑤运营时间内每2小时巡视一遍出入口,并在巡视牌上作记录;

⑥对站内服务设施、站外导向、告示牌等进行巡视、管理。

(3)本班组的员工管理

①按规定在班前、班后组织召开接班会和交班会;

②合理安排岗位,协调岗位工作;

③对当班人员进行监督、检查和考核;

④对当班员工进行培训、教育,掌握员工思想状况。

(4)安全管理

①确保行车、车站员工及乘客的安全;

②确保车站收益安全和设备运行安全;

③监督车站治安安全和消防安全工作;

④处理违反《某市地下铁道管理规定》的行为;

⑤进行车站各项安全检查;

⑥及时向站长汇报安全情况。

(5)员工培训

①组织实施车站培训工作,检查评定培训效果;

②定期总结培训工作,提出改进意见或建议;

③负责本班业务培训。

(6)执法管理

①佩戴执法证件上岗,按规定程序执法;

②负责执法证件、文书、票据的管理交接；

③填写相关票据、上交罚金和上报处罚情况。

三 车站自动售检票 AFC 综合作业员票务工作职责

以国内某市轨道交通运营管理为例，车站自动售检票 AFC 综合作业员主要负责车站票务管理工作，包括车站自动售检票 AFC 系统设备的运营监督、票务类报表统计、配票及钱款等工作。具体职责如下：

(1)负责 TVM 钱箱更换、补币、清点以及票箱的补票工作。

(2)负责车站票款的解行、车站与银行打包返纳的工作。

(3)安排并监督站务员的票务工作，负责给售票员配票、配备用金以及结账的工作。

(4)完成相关票务报表、台账的填写；负责每月报表的装订和存档。

(5)负责车票/报表的接收、上交等工作。

(6)保管车站票务管理室的车票、现金、报表、单据、票务备品、票务钥匙等，并负责其安全。

(7)处理与乘客相关的票务事宜。

(8)协助值班站长处理票务紧急情况。

(9)负责监控自动售检票 AFC 系统车站级系统的运行状态。

(10)负责监控车站自动售检票 AFC 系统设备的运行状态，并做好报修及记录工作。

(11)负责在票务紧急情况下设置紧急模式。

(12)保管部分票务钥匙。

知识链接

车站自动售检票 AFC 综合作业员工作流程

(1)班前

①检查车票、现金、钥匙、票务设备备品情况；

②检查《值班员交接班本》是否按要求填写；

③检查票务、乘客服务的文件通知是否有要注意的重点工作；

④与交班值班员交接清楚后签名；

⑤检查上一班次的票务报表。

(2)班中

①审核报表，准时做车站报表、车票申报计划；

②检查售票员工作情况，进行必要的复核、查账、监督票务政策的执行，每班至少详细抽查一次各售票/问讯处的工作；

③及时交报表、更换钱箱和票箱，开钱箱、结账，按时完成解行或准备好解行尾箱；

④协助值班站长处理车站内务；

⑤巡视车站，检查指导站务员工作；

⑥负责票务室（点钞室）卫生，交班时与接班值班员进行交接；

⑦统计好本班的车票、现金、发票及票务设备备品情况，并在《值班员交接班本》上做相应的记录；

⑧停止运营后做报表，按要求封好要加封的车票、现金；

⑨运营结束后到售票/问讯处检查对讲设备、乘客求助按钮、电器电源等；

⑩检查售票/问讯处卫生，是否有遗漏的车票、现金；

⑪首班列车到站前15分钟配好票，并检查售票员到岗情况。

（3）班后

①签阅文件；

②注销退出车站自动售检票AFC系统计算机系统SC。

四 票务员工作职责

我国各城市轨道交通系统对票务员的具体岗位描述有所差异，票务员的工作基本上涵盖售票、检票、监票等方面，具体负责的是车站最基层的票务工作，有些城市轨道交通运营企业将负责这些基层工作的车站人员统称为站务员，也有些城市轨道交通运营企业则按车站人员具体担当的工作内容各自定义岗位为售票员、售检票员、AFC作业员等。在此主要介绍售票员工作职责如下：

（1）售票员须严格按票务制度和有关规定出售车票、处理车票，确保票、款、账的安全和准确。

（2）及时处理乘客的无效票和过期票。

（3）售票员应按照有关服务要求向乘客提供优质服务。

售票员工作场景如图5-2所示。

图5-2　售票员工作场景

小贴士

售票员工作注意事项

(1)当班期间未经许可,不得擅自离岗。

(2)当班期间必须保证车站售票/问讯处现金、车票、备品以及设备的安全。

(3)严禁收取乘客拾获、自动售检票 AFC 系统维修人员或车站员工上交的现金。

(4)严禁携带私款、私人车票(员工卡和特殊工作卡除外)进入车站售票/问讯处。

(5)当班过程中,当有任何需上级确认的问题,应立即通知相关人员处理。

(6)车票及现金往返售票/问讯处(见图 5-3)或临时售票/问讯处时,必须将现金或车票放入上锁的售票盒中,并放入上锁的小推车中(加封的硬币可直接放入上锁的小推车中),由售票员和另一名员工负责安全运送。

图 5-3　车站售票/问讯处

小贴士

售票员班前注意事项

(1)了解当天工作注意事项和票务、服务通知后,到票务室(点钞室)领票,并预计车票、备用金、报表等数量是否足够。

(2)首班客车到站前 12 分钟到售票/问讯处,做好开窗准备。

(3)检查对讲设备、乘客求助按钮能否正常使用。

(4)检查票务设备、备品的状态、数量(如验钞机、分钞盒、发票等)。

(5)检查售票/问讯处卫生、售票/问讯处外栏杆、立柱的摆设。

(6)检查售票/问讯处内有无来历不明的现金、车票,如有问题应立即上报值班站长或值班员。

(7)检查、填写《售票/问讯处交接班本》。

知识链接

售票员工作流程

售票员工作流程如图5-4所示。

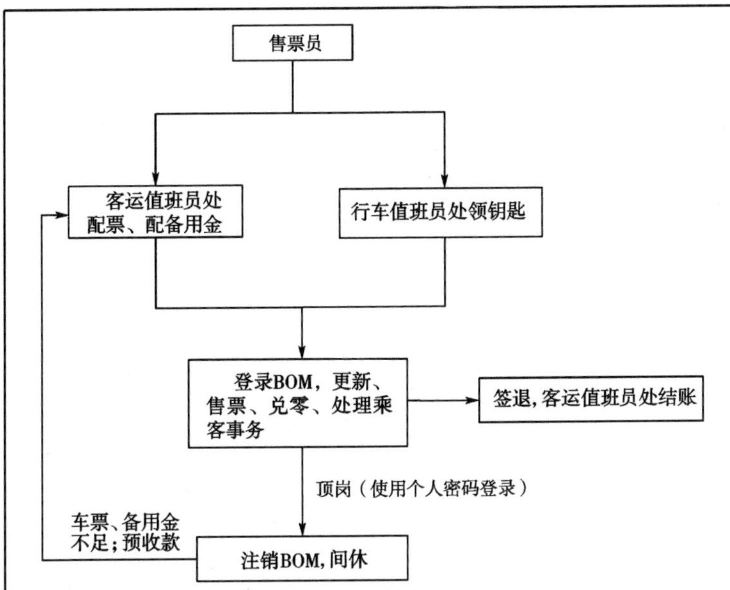

图5-4 售票员工作流程

(1) 班前

①售票员在客运值班员处领取各种车票、备用金，并与相应的《售票员结算单》(见表5-1)上的数量核对无误后签收。

②售票员在行车值班员处领取车站售票/问讯处钥匙，并做好相关登记。

(2)班中

①售票前必须使用自己的密码、操作号登录。

②售票时必须遵守“一收、二唱、三操作、四找赎”；车票在交给乘客之前，必须使用BOM进行分析，确保每一张车票的有效性，并通过显示屏请乘客确认。

③不接受外币和支票。

④当班期间锁好门，不得让非当班人员随意进出，保持售票/问讯处的整洁，票证、报表、钱袋摆放整齐。

⑤若售票员中途离开车站售票/问讯处时可不注销BOM，但必须在视线范围内，且随时监控售票/问讯处情况。否则必须退出BOM。

⑥若车票、备用金不足时，售票员必须及时通知客运值班员，要求补充，并在《售票员结算单》、《客运值班员(客运综控员)交接班本》注明，做好交接工作。

⑦需要有人顶岗时，不允许借用车票、现金，顶岗人必须使用自己的密码、操作号登录。

(3)班后

①售票员签退(临时顶岗或他人顶班时也要进行此项操作)。

②按照结账程序的要求，客运值班员(客运综控员)与售票员结账。

a.售票员售票结束后，应立即携带本班所有现金、车票及各类报表回车站票务室(点钞室)。

b.售票员与客运值班员一起清点所有的现金，并将实收总金额(实际清点金额+预收款金额-所配备用金)填在《售票员结算单》上。实收金额需更改时，须值班站长确认。

c.售票员和客运值班员共同清点各票种车票，填写《售票员结算单》及其他相关报表。

d.客运值班员(客运综控员)检查售票员当班的所有报表是否全部交回且填写正确、完整。

e.客运值班员(客运综控员)顶替售票员时，由当班值班站长负责为其结账。

售票员结算单 表 5-1

站 年 月 日

时间		从 至		配备用金金额									
BOM 机				值班员签名									
票种＼项目		开窗张数	关窗张数	出售				票种＼项目		开窗张数	关窗张数	出售	
				张数	其他	押金	金额					张数	金额
地铁IC卡车票	学生 SVT						—	纸票	1 元				¥
	老年人 SVT						—		2 元				¥
	老免卡								3 元				¥
	免费更新凭证						—		4 元				¥
								小计金额(3)					¥
	乘客事务差额	—	—	—	—	—	¥	预制票	3 元				¥
	单程票退款	—	—	—	—	—	¥		4 元				¥
	IC 卡退款	—	—	—	—	¥	¥		5 元				¥
小计金额(1)						¥	¥		6 元				¥
一卡通	预赋值					¥	¥		7 元				¥
	零值					¥	¥		8 元				¥
小计金额(2)		—	—	—	—		¥	小计金额(4)				—	¥

预收款金额	¥	收款人姓名		预收款金额	¥	收款人姓名		实收总金额(5)	¥

续上表

<table>
<tr><td>结算及备注</td><td colspan="3">长/短款￥________元；</td></tr>
<tr><td>售票员</td><td></td><td>值班员</td><td></td></tr>
<tr><td>售票员员工号</td><td></td><td>值班员员工号</td><td></td></tr>
</table>

知识链接

售票员岗位服务技巧

(1)排队超过5人，必须站立服务，提高兑零、售票速度。

(2)排队超过8人时，请示值班站长加人实施双人兑零方案。

(3)在兑零空余时间尽可能把点币盘摆满硬币。

(4)所兑硬币不散放在票务凹斗，而是垒成柱形，使乘客取币方便，快捷，不得有丢、抛的动作。

(5)减少售票/问讯处交接班时对乘客服务的影响，如：

①交接班时间安排在车站非高峰期；

②交班前做好有关准备；

③接班人先准备好一盘硬币；

④售票员应事先处理付费区内乘客，并要礼貌地让非付费区的乘客稍等。

知识链接

售票员补短款的相关规定

(1)车站收到清分中心ACC票务室下发的《售票员短款通知书》后，由客运值班员(客运综控员)告知当事人。当事人须在7天内将短款上交车站，车站随当日票款解行。

(2)若售票员对《售票员短款通知书》有疑义，在车站收到《售票员短款通知书》后的3

日内到清分中心ACC票务部票务室进行复核；若经车站票务室（点钞室）复核，短款金额确定少于《售票员短款通知书》中的金额后，车站票务室（点钞室）在收到《售票员短补款更正通知书》后，通知售票员按《售票员短补款更正通知书》的记录进行补短款。

（3）客运部票务管理主办跟踪车站长短款补交情况，并完成《售票员长短款补交情况表》，在短款通知书下发的第8天将该表以电子邮件形式发至车站票务室（点钞室）。

（4）对售票员短款拒不补交的，客运部向人力资源部发《扣款通知书》，在该售票员的月度绩效工资中扣发。

小贴士

某市地铁车站员工工作标准

某市地铁车站员工工作标准见表5-2。

工 作 标 准　　表5-2

序　号	标　准	内　　容
1	三高	高素质、高起点、高效率
2	三和	和衷共济、和气生财、和睦共处
3	三严	严密的制度、严格的管理、严谨的作风
4	三力	凝聚力、创新力、文化力
5	三魅力	人格魅力、目标魅力、形象魅力
6	三自	自律、自治、自洁
7	三效益	社会效益、乘客效益、员工效益
8	三勤	勤学习、勤思考、勤总结
9	三不	不迟到、不早退、不缺勤

想一想

售票员每天要收付多笔现金，当日班次结账难免会出现账实不符。当现金实存数大于账面数即为长款，现金实存数小于账面数即为短款。大家想一想，售票员在班次结算中出现长款的现象时，应如何处理？

5.3 票务管理工作内容

一 车站交接班工作

1 车站交接班工作基本原则

（1）清晰、详尽。要做到接班人能从《当班情况登记本》中了解上一班发生的重要事务，不要有遗漏。

（2）重点突出、主次分明。重要的事情须详尽，一般事情要简明扼要。

（3）有跟进，有落实。上一班交班的事情已完成的或仍须下一班接手的应填写在《当班情况登记本》上注明情况，包括是否完成或目前处理的进度，或下一班须作出一些怎样的跟进措施。

2 车站交接班工作注意事项

（1）交接工作本着“交不清不走，听不明不接”的原则进行交接。

（2）交接时接班人需检查相关报表、文件、备品的状态、数量等，在接班中模糊、有疑点的问题要问清楚。

（3）交接时不能出现交接者与接班者在岗上利用交接时间交谈私事，岗上聊天等现象。

（4）完成全部交接后，接班人需要在交接班记录中签字，交班人到综控室的“车站工作人员签到簿”上签字。

3 车站交接班工作内容

车站的交接班工作主要指各岗位工作人员之间的交接，运营过程中会涉及车票的交接及现金的交接等内容，本单元以车票的交接为例，学习相关注意事项：

(1)车站内部车票的交接

①车站进行车票交接时,应做好交接记录。

②客运值班员(客运综控员)之间的车票交接。

a. 接班客运值班员应依据《客运值班员交接班本》上的记录与交班客运值班员当面清点车站票务管理室内所有车票的数量以及编号、当日的车票上交单、车票配送单,确认无误后进行签收。

b. 交接时若发现车票数量或信息有误,应及时报当班值班站长,当班值班站长须到车站票务室(点钞室)确认,按实际数量进行签收。由接班客运值班员在《客运值班员交接班本》和《车站车票库存日报表》记录相关情况,交班客运值班员、接班客运值班员和当班值班站长三方签章确认,并将情况立即上报站长,及时组织调查并在5个工作日内将调查情况报清分中心ACC票务部。

③客运值班员(客运综控员)与售票员之间的交接。

a. 开窗前车票交接。客运值班员与售票员当面清点和交接车票,确认车票信息后,填写《售票员结算单》的"开窗张数"栏。

b. 结账时的结余车票交接。客运值班员与售票员当面清点和交接车票,确认车票信息后,填写《售票员结算单》的"关窗张数"栏。对于BOM机不能正常发售的车票须及时加封,封条上注明BOM机无法发售、车票票种、数量、加封人、加封日期等,交给当班客运值班员。

c. 结账时无效票及与乘客事务处理单有关的车票交接。经售票员回收的其他种类的车票,由本人将车票分类扎好,根据加封的车票数量封入票务专用信封或钱袋,注明票种、数量、加封车站、加封人和加封日期,由客运值班员根据信封封面的张数与"无效/过期票处理记录表"所填写的张数进行核对,确认无误后上交票务室(点钞室)。

④售票员之间的交接(售票员之间换岗时,必须在BOM机上办理注销和登录操作)交班程序:

a. 退出BOM,报告站控室;

b. 将抽屉里的钱和车票整理放入票盒;

c. 将硬币清理好装回硬币袋;

d. 将本班验钞机关闭;

e. 领取本班的钱袋;

f. 填写《售票/问讯处交接班本》;

g. 回票务室(点钞室)结账。

⑤售票员之间的交接(售票员之间换岗时,必须在BOM机上办理注销和登录操作)接班程序:

a. 登记进入BOM;

b. 摆放好车票;

c. 叠放好一盘硬币,将备用金放入抽屉;

d. 将本班验钞机投入使用。

e. 最后一趟载客列车到站前5分钟停止兑零和售票。

f. 清站后,摆好“服务停止”牌,整理售票/问讯处内务。

g. 退出BOM。

(2)车站与清分中心ACC票务部票务室的交接

①配票。

a. 配票程序。车票配收员到达车站后,客运值班员在车站票务室(点钞室)根据《配送明细单》当面交接各种车票,确认无误后签名,并在《车站车票库存日报表》和《客运值班员交接班本》上做好记录。

b. 配票时各种车票的交接规定。

储值票:必须在监控仪点币状态下当面清点车票数量无误后签收交接。若发现车票信息有问题则及时报清分中心ACC票务部票务室。

预制单程票:当班客运值班员与车票配收员负责将预制单程票按售出期限、票价分开摆放后,在监控仪点币状态下用点票机逐盒进行清点交接。每开封清点完一盒并及时加封后,方可清点下一盒车票。

单程票:对已加封的单程票交接时,接收人确认加封正确完好后凭加封数量交接。

纸质车票:凭加封数交接,车站在10日内自行完成数量和信息的确认,确认过程中若发现数量和信息有误应立即通知清分中心ACC票务部票务室。

c. 交接车票数量有误时的规定。车站按实点数接收车票,客运值班员应在《配送明细单》上注明问题车票的票种、数量、相关车票的加封人、加封时间和加封内容,同时由客运值班员与车票配收员签名确认。相应的《车站车票库存日报表》按车站实际接收的车票填写。

②车票上交。

车站回收的车票包括:售卖剩余的预制单程票(由客运值班员与站务人员按编码日期加封)、车站设备废票、待清洗车票等指定回收的车票,由车票配收员到车站回收。

由清分中心ACC票务部票务室通知车站需回收车票的种类、数量,客运值班员按要求提前准备好车票,并填写《车票上交单》。车票配收员到站后根据《车票上交单》清点各车票的加封数量,确认无误后签收。

③车票借用。

a. 车站借票仅限自动售检票AFC系统设备故障临时测试使用;

b. 车站自动售检票AFC系统设备发生临时故障需借票测试时只能借用闸机回收票;

c. 测试借票需填写《车票借出记录表》,作为借票记录;

d. 借票人员应在当天将车票交还车站。已被出站闸机回收的车票除外,但需在《车票借出记录表》上注明原因;

e. 归还有值车票时，借票人员需与客运值班员一同将车票用信封加封，连同《车票借出记录表》随当日报表上交清分中心 ACC 票务部票务室；

f. 测试完毕，若自动售检票 AFC 系统专业人员需带走车票，需要在《车票借出记录表》上注明。

二 核对工作

1 车票的盘点

(1)盘点工作由客运值班员和值班站长双人进行。

(2)每月最后一天运营结束后对站存各票种车票，分票种、票价进行全面盘点。盘点时除清分中心 ACC 票务部票务室加封、车票配收员与车站人员共同加封、站长与值班站长共同加封的车票不需拆封、按加封数量盘点外，其他车票需清点实际数量。盘点结束后，盘点人员在《车站车票库存日报表》上记录盘点情况。

(3)若发现车票的实际盘存数量与当天的《车站车票库存日报表》的本日结存数不符，车站对账实不一致情况应立即上报客运部，客运部应及时组织调查并在 5 个工作日内将调查情况书面报清分中心 ACC 票务部。

2 车站票务室(点钞室)内的车票开封、清点

(1)车票开封、清点原则。

①所有车票的开封、清点须由当班客运值班员与车站站务员工双人共同完成。

②开封后，发现车票数量或信息有误，开封人员及时报当班值班站长到车站票务室(点钞室)确认，并在相关台账或交接本上做好记录；车票、封条封存待核查清楚后方可使用。车站需要用票时可开另一包封口完好的车票。同时车站当班值班站长应立即将情况上报客运部，客运部及时组织调查并在 5 个工作日内将调查情况书面报清分中心 ACC 票务部。

(2)运营结束后站存单程票的清点。

车站运营结束后须将每台 TVM 票箱中的单程票、BOM 票箱中的单程票、AGM 票箱中的单程票及车站回收箱内的单程票全部回收后用点票机清点，该清点数量与车站票务室(点钞室)内站存的单程票的数量等都填写在《车站车票库存日报表》中。

(3)点票机故障，车站又无备用点票机时，可到其他车站借用。

三 票卡清洗工作

轨道交通车站中的所有票卡，经过长时间使用都会出现不同程度的污损，尤其是单程

票，回收使用的次数越多，污损越严重，票卡上面的污渍细菌等也会对乘客的健康带来威胁。因此，车票都定义了其有效期。在运营管理过程中，超过有效期的单程票卡会全部回收，对于有效的单程票卡要进行清洗消毒，再度投入使用。票卡的清洗一般由专门的票卡清洗机完成。

需要进行清洗的票卡包括以下几类：

(1)经过一段时间使用，回收回来状态良好的单程票。

(2)经过售票/问讯处办理退卡业务的储值票。

票卡清洗机(见图5-5)由洗涤水槽、漂洗水槽、消毒水槽、出卡装置、烘干箱和收卡装置排列成一线，在墙板立面安装滚轮组合和刷轮组合而形成一条输送道，每一组合由主动轮和被动轮组成并相切，各水槽前部滚轮组合切点连线露出液面并呈前高后低倾斜；后部滚轮组合切点连线露出液面并呈前低后高倾斜；中部刷轮组合切点连线没于液面以下呈水平状；卡票被滚轮组合夹持着，一起一伏向前移动，刷轮组合对其正反两面刷洗，直至进入烘干箱快速干燥。清洗效果好，大部分污渍都能被一次清洗掉；清洗效率高，可连续作业，每个通道2200张/小时；清洗成本低，每个通道功耗只有1000W。所述的输送道可以方便地扩展到两根、四根、六根等，满足洗卡量多的需要。

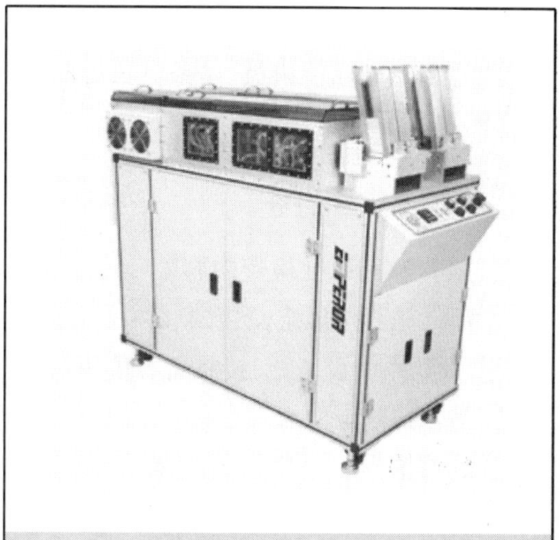

图5-5　票卡清洗机

四 票务检查工作

1 检查人的要求

(1)对车站的票务检查应以不影响车站的正常运作为前提，车站人员应尽量配合接受检查。

(2)检查人需进入现金安全区域时，要得到当班值班站长或以上人员的同意，检查完后应及时将检查情况通知当班值班站长，并请值班站长确认。

(3)检查人如在检查过程中发现严重的违规情况和重大的隐患必须马上向上级报告。

(4)检查人检查时要求对照检查表逐项认真检查、记录，严禁应付了事。

(5)如被检查人拒绝配合检查或拒绝执行改进意见，检查人应主动沟通，必要时应向上级报告。

2 检查工作

(1)车站车票、现金、自动售检票 AFC 系统设备钥匙的管理情况(包括使用、保管、交接、调配、账实情况等)。

(2)各种票务备品的管理情况(包括使用、保管、交接、调配、报修、账实情况等)。

(3)单程票流失控制措施的执行情况。

(4)设备操作、票务规章、票务操作程序执行情况。

(5)票务知识、票务政策、票务文件学习掌握情况。

(6)节假日大客流情况下车站票务组织情况。

(7)各类台账填写情况。

(8)值班站长、值班员、站务员执行规章情况。

(9)其他票务运作情况。

3 各类检查内容

(1)售票/问讯处检查内容

①定岗是否按规定交接票、款;交班售票员票盒是否上锁加封;接班人是否用自己的密码登录 AFC 系统设备;交接是否有值班员或以上级别人员到场监控;

②是否按规定发放车票;

③是否执行“一收、二唱、三操作、四找赎”;

④充值、发售车票有否让乘客确认显示屏,是否打印小单;

⑤是否有多余车票、是否带私票、私款上岗;

⑥台账、报表填写是否完整、规范;

⑦是否按规定办理乘客事务;

⑧是否按规定办理免费出站票、付费出站票、退票;

⑨非当班员工或本部门人员是否经过值班站长同意才进入票厅,有否值班员陪同,有否进行登记;

⑩检查备品情况(数量、状态);

⑪其他(卫生、物品摆放等)。

(2)票务室(点钞室)检查内容

①票务室(点钞室)是否上锁,非当班票务工作人员进入是否得到当班值班站长以上人员许可并登记;

②发票存根是否有按规定整理加封,票务台账填写情况,报表底单装订情况;

③车票是否破封、开封车票是否双人加封;

④发票、车票是否放在相应的票柜、是否上锁,是否账实相符;

⑤现金是否放在上锁的保险柜内,备用金和票款是否分区存放;

⑥钥匙使用、交接情况，是否有记录，备用钥匙是否加封；
⑦是否按规定结账、交接；
⑧是否存有多余的车票、现金，是否存有非当班员工私章，是否按规定清点钱箱；
⑨备品（数量、状态）是否账实相符，送修物品是否有及时记录在相应的台账上；
⑩随意抽检已加封的硬币，是否存在加封数与实际数不符的情况；
⑪其他（卫生、物品摆放等）。

（3）日班检查内容

①厅巡、引导员是否检查闸机退票口，是否及时制止钻闸、跳闸、不投票出站乘客；
②运送车票、现金的手推车是否上锁，是否双人运送（闸机回收单程票除外）；
③更换钱箱是否有客运值班员及一名站务员进行；
④非现金、车票安全区域是否有车票、现金遗留；
⑤是否按规定执行边门管理；
⑥是否按规定借用钥匙，是否违规使用员工票；
⑦售票员顶岗、交接班是否按程序进行，客运值班员是否到现场监控；
⑧员工是否未经值班站长同意擅自进出售票/问讯处；
⑨票务文件的传达学习情况，有否记录，抽问员工的学习情况；
⑩售票盒是否存在加封交接；
⑪车票、备用金账实情况，票务钥匙、工器具账实情况；
⑫其他情况。

（4）夜班检查内容

①售票/问讯处、TVM、GATE、点票机、单程票回收箱是否遗留车票、现金；
②BOM 是否退出、关闭显示屏；
③票务室（点钞室）、售票/问讯处是否正常、是否关闭；
④售票/问讯处钥匙是否加封；
⑤运营结束后，自动售检票 AFC 系统监控仪是否定在监控保险柜的位置；
⑥现金是否放在保险柜，车票是否放在相应的票柜，柜门是否上锁；
⑦是否存有非当班人员私章；
⑧是否按规定进行补币、钱箱更换；
⑨备品情况（数量、状态）
⑩车票、备用金是否账实相符；
⑪其他（卫生、物品摆放）。

复习思考题

1. 票务管理模式有哪几种？

2. 各岗位票务职责有哪些?
3. 值班站长工作职责有哪些?
4. 车站自动售检票 AFC 综合业务员工作职责有哪些?
5. 售票员的作业流程和工作注意事项有哪些?
6. 站厅巡视员的工作职责有哪些?
7. 车站交接班有什么要求?
8. 票务检查有哪些规定?

单 元 6

票务管理程序

教学目标

1. 了解票据及台账的种类，掌握票据及台账管理的基本内容及流程；
2. 掌握自动售检票 AFC 系统现金日常管理及交接管理的各种方法、流程及注意事项；
3. 掌握备用金管理的办法，能够正确处理票务工作过程中遇到的假钞；
4. 掌握福利票的类型及换发流程；
5. 了解车站票务备品的种类及其简单的使用方法。

建议学时

6 学时

教学导入

票务工作是城市轨道交通客运组织中一项重要的经济工作，是企业管理工作的重要组成部分，票务工作涉及面广，既有服务方面的，又有管理方面的。企业的经济效益很大一部分来源于票款收入，因此，做好票务工作对于企业的平稳发展意义深远。

票务管理的主要内容有票据与台账管理、自动售检票 AFC 系统的现金管理、福利票的换发工作及车站各种票务备品的管理。本单元以国内某城市轨道交通票务管理程序为例介绍票务管理程序。

6.1 票据与台账管理

一 票据管理

城市轨道交通线路中使用的一票通报销凭证由公司自行印制，一卡通发票由一卡通公司提供。报销凭证和发票的保管，应由专人负责，妥善保管，不得丢失。各站应视报销凭证和发票的库存情况，于每月定期向票务室（点钞室）申报次月需求和上交计划。申报数量应保证车站一个半月的用量，并确保发票存根全部上交。

车站在接收配发的报销凭证和发票时，须认真核对凭证种类、数量，确认无误后，方可在《票卡、报销凭证及发票调配单》上签字；接收报销凭证和发票的同时，填写《票卡、报销凭证及发票调配单》，将发票存根交回；领取报销凭证和发票后，应及时在《车站票据及管理卡库存管理台账》上填写相关记录。

对于报销凭证和发票的管理，各岗位人员应对交接、库存变化和开具情况进行登记。车站下发报销凭证和发票时，应及时在《车站票据及管理卡库存管理台账》上填写相关记录，由值班站长或车站督导员签字确认；车站应根据乘客购买车票面值或 IC 卡的售卡、充值水单开具报销凭证或发票，同时收回水单，不得虚开凭证。车站上交发票存根时，应按面值分箱封装。并在相应的管理台账上及时记录。

票务室（点钞室）与车站间报销凭证、发票的配发、接收及上交管理流程及车站间报销凭证及发票调配管理流程如图6-1及图6-2所示。

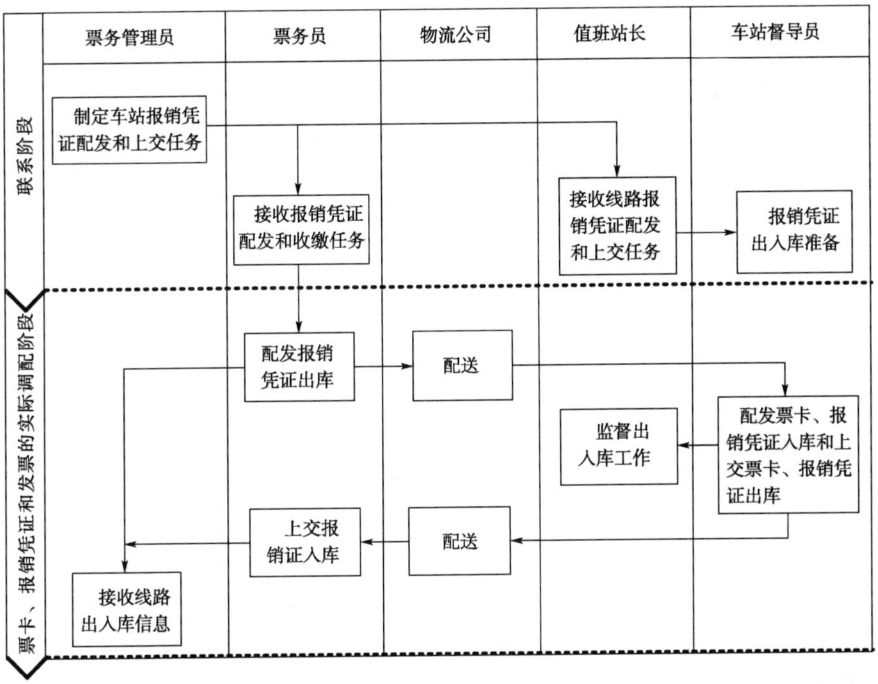

图6-1　票务室(点钞室)与车站间报销凭证、发票的配发、接收及上交管理流程图

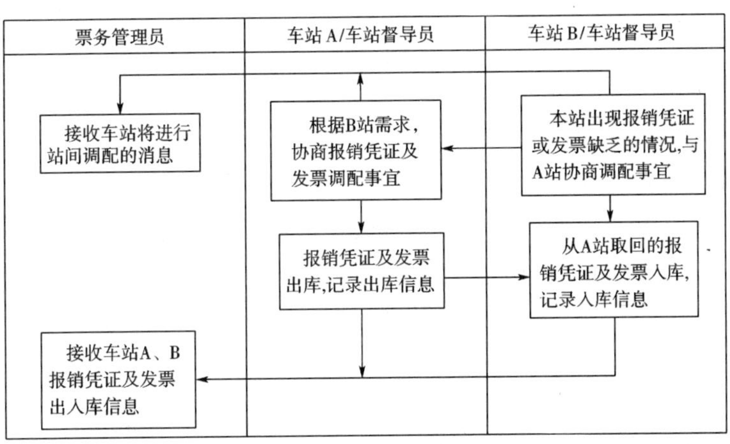

图6-2　车站间报销凭证及发票调配管理流程

城市轨道交通运营企业所使用的票据有定额发票和手写发票两种，因定额发票方便、快捷，故使用最为频繁。

1 定额发票

定额发票的发放、管理主要由车站站长及票款员负责，由票务员申领。一般来说，票务员领用定额发票须凭原发票存根与之调换，并做好登记等管理工作。"一卡通定额发票"，在交易时，由票务员按交易金额主动提供给乘客。购票时，站务员应按票面金额主动提供"车票报销凭证"给乘客；出站时，如乘客需"车票报销凭证"，站务员可按其乘坐的距离，给予其相应票价的单程票发票。若乘客事后索取一卡通发票，站务员原则上不应给予，并告知乘客可在各地铁站充值(购卡)时主动索取。

一般城市轨道交通运营企业使用的定额发票及车票报销凭证见表6-1。

定额发票及车票报销凭证 表6-1

发票类别	面 值
一卡通充值定额发票	10元、50元、100元、200元、500元共五种
车票报销凭证	1元、2元、3元、4元、5元、6元、7元、8元、9元

2 手写发票

由于手写发票使用不便，城市轨道交通运营企业较少使用手写发票。手写发票由车站站长负责管理，领用手写发票须凭原发票存根联到客运主管部门调换，并做好交接工作。开票人员需要按照手写发票的具体填写要求正确、真实、如数填写，做到填写内容完整，大小写金额一致。手写发票如需作废，应在四联一起写上"作废"字样，不可撕下丢弃(已撕下发票也应重新贴上)。车站对用完的发票应保证整本发票联号，不得缺号、缺张。发票作为票卡报销凭证，不得开具与票卡销售无关的报销内容。

二 台账管理

城市轨道交通运营企业的票务工作纷繁复杂，每天都需要整理当天的票务工作，填写相应的台账报表。票务报表是记录车站现金交接、收益汇总、车票交接、发售、站存的原始台账，也是作为结算部门对站务员进行收益结算的原始依据，在车站票务工作中起着非常重要的作用。

1 报表的种类

由票务员或值班站长填写的相关报表主要有：《票务员日营收结算单》、《钱箱清点报告》即《TVM日营收结算单》、《车站营收日报表》、《AG回收记录单》、《单程票(应急票)储耗日报表》、《票卡收发柜存账》、《编码室票卡、物品收发台账》、《票务员票款、卡差异明细》和《乘客票务事务处理单》。

(1)《票务员日营收结算单》

《票务员结算单》是票务员在结算过程中最常用的报表。当客运值班员给票务员配发车票、票据、备用金或追加车票、备用金，客运值班员预收款或与站务员结账时，需要填写票务员结算单，以便记录票务员售票的现金变动情况，从而核算票务员实际票款收入。《票务员结算单》主要包括票务员和客运值班员班次、自动售票机设备号、配备备用金金额以及各类车票配出张数、回收张数、发售张数、实收金额等内容。车票发售张数根据配出张数与回收张数的差额计算填写，实收金额根据票务员回票务室（点钞室）后清点所有的现金所得金额减去所配备的备用金金额后填写，作为站务员实际收益结算的依据。售票过程中出现的一些异常现象可在备注栏说明。国内某城市地铁的《票务员日营收结算单》见表6-2。

（2）《钱箱清点报告》

《钱箱清点报告》由车站客运值班员在每次更换完自动售票机TVM钱箱进行钱箱清点时填写，用于记录自动售票机TVM钱箱收益，每天所有自动售票机TVM钱箱实点金额扣除车站补币金额就是车站当日自动售票机TVM票款收益。客运值班员需要填写的内容主要有自动售票机编号、钱箱号码、机器金额、实点金额、差额、清点人员等。《钱箱清点报告》见表6-3。

（3）《车站营收日报》

《车站营收日报》由每班客运值班员根据《钱箱清点报告》、《票务员结算单》、《自动售票机TVM打印的补币单》等记录填写，用于体现车站每日的运营收入情况。客运值班员需逐项填写钱箱票款、钱箱差额、补币金额、半自动售票机BOM票款、乘客事务差额等来计算自动售票机TVM收入和票务员收入，形成车站营收总金额，并记录票款解行情况。

（4）《乘客票务事务处理单》

《乘客票务事务处理单》一般用于车站发生自动售票机TVM少找零、卡币、卡票、发售无效票等特殊情况，需在半自动售票机上进行相关乘客事务处理时填写，用于记录票务员进行的有关乘客事务的处理情况，与票务员结算单一起构成票务员收益结算的依据。《乘客票务事务处理单》包括票务员班次、具体事件详情、处理结果、涉及金额等内容，分为现金事务栏和非现金事务栏。现金事务栏主要是发生自动售票机TVM少找零、卡币、卡票、发售无效票等乘客事务时，票务员须在半自动售票机上进行涉及现金的操作，如不收取乘客现金，但在半自动售票机BOM上为乘客发一定面额的车票或退还一定金额的现金时填写；非现金事务栏则主要是在进行不涉及现金的操作时填写。

2《现金结算报表》流程

票务工作中，《现金结算报表》的使用流程如图6-3所示。

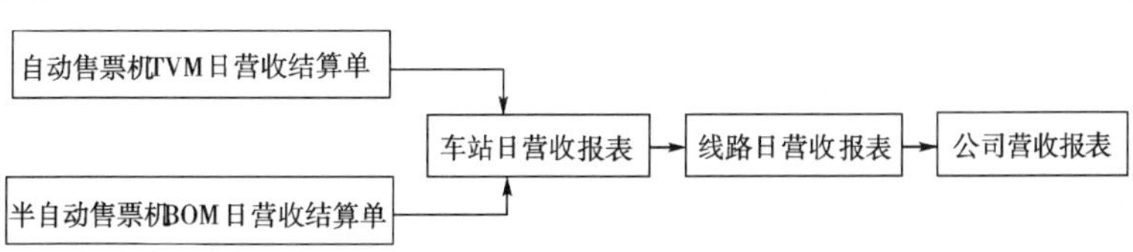

图6-3　《现金结算报表》使用流程

票务员结算单

表 6-2

A 站　　　　No：　　　　年　　月　　日

时间		从 12:00 至 22:00 点			配备备用金金额（元）		5000	中途可追加					
半自动售票机 BOM 机编号		01			值班员签名								
票种＼项目		配出张数	回收张数	出售				票种＼项目		配出张数	回收张数	出售	
				张数	遗失	押金（元）	金额（元）					张数	金额（元）
IC 卡储值票	普通储值票	50	40	10	0	200	1500	单程票	普通单程票				
	学生储值票	10	8	2	0	40	100		单程福利票				
	老年人储值票	5	4	1	0	20	50						
	储值福利票			配出与回收差									
	小计金额（元）					260	1650		小计金额（元）				
实收总金额（元）	［根据站务员回票务室（点钞室）后清点所有的现金所得金额减去所配备的备用金金额后填写］												
备注	（售票过程中出现的一些异常情况可在此进行备注说明）												
票务员								值班员					
票务员员工号								值班员员工号					

（第一联——票务分部　第二联——车站）

钱箱清点报告

表 6-3

No：

A 站　　　　单位：元　　　　年　　月　　日

清点硬币					清点硬币				
自动售票机（TVM 机）号码	钱箱号码	机器金额	实点金额	差额（+/-）	自动售票机（TVM 机）号码	钱箱号码	机器金额	实点金额	差额（+/-）
01	001	1 000	998	-2					
合计		1 000	999	-2	合计				
钱箱总数		1	清点时间	22:00	钱箱总数				
清点人员	签章		员工号		备注： （清点钱箱过程中发现假币等异常情况时，可在此处进行备注说明）				
值班员									
清点人员									

（第一联——票务分部　第二联——车站）

3 报表的填写及保管

车站在报表的填写、保管等方面都需严格执行相关收益安全管理规定，避免因报表填写不规范和保管不当而对票务收益安全造成影响。车站的报表有车票管理和现金管理两类。目前城市轨道交通运营企业通常使用的报表包括《票务员结算单》、《乘客事务处理单》、《钱箱清点报告》、《车站营收日报》、《车站售票》、《存票日报》、《车票上交单》及《现金缴款单》等。其中，《票务员结算单》和《乘客事务处理单》主要由票务员填写，《钱箱清点报告》、《车站营收日报》、《车站售票》、《存票日报》、《车票上交单》及《现金缴款单》则由车站客运值班员填写。

报表的填写必须真实、准确、完整、及时，即报表的填写必须如实反映票务情况，不得捏造事实，弄虚作假，必须按报表所列事项填写，确保所填数据真实可靠，并且必须在规定期限内填制完毕，按规定时间上交结算部门，不得无故拖延。报表必须用蓝色或黑色笔填写，字迹清晰、工整，不得潦草。

因票务报表是作为车站现金交接、受益汇总、车票交接、发售与站存的原始台账及站务员收益计算的原始依据，一经相关当事人填写完毕，原则上不得更改。当报表填写发生错误确需更改时，须通知相关当事人确认，按规定当面进行更改。必须用画线更正法进行更改，即在报表中错误的文字或数字上划一红线，以示注销，然后在该处盖上更改人员名字修正章或者签字以示负责；不得刮擦、挖补、涂抹或用化学药水更改字迹。

报表需在一定期限内留存，以备结算部门、审计部门提取相关数据。车站应定期按报表分类，整理并装订报表，检查报表是否完整；并设立专门的报表保管室对报表进行统一保管，确保报表的安全，不同的城市轨道交通运营企业对具体的保管期限有不同的要求，一般是按照统计范畴的规定执行，保管期限满后，由所属部门统一注销、销毁，严禁私自将报表注销、销毁，以防泄漏商业机密。

6.2 自动售检票 AFC 系统现金管理

轨道交通车站现金来源主要有两类，即备用金和票款。备用金指由上级部门配发给车站，专用于给乘客兑零、找零、自动售票机补币、与银行兑零等用途的周转资金。票款指车站通过自动售票机、半自动售票机或临时售票/问讯处人工向乘客发售车票及办理票卡充值、更新等售、补票业务过程中收取的现金。由车站具体负责对备用金及票款的安全管理。

一 自动售检票 AFC 系统现金日常管理

1 现金管理流程

备用金配发到车站后，主要供车站流通使用。自动售票机及售票/问讯处的票款经车站清点后，需及时存入企业在银行的专用账户。现金的管理流程如图 6-4 所示。

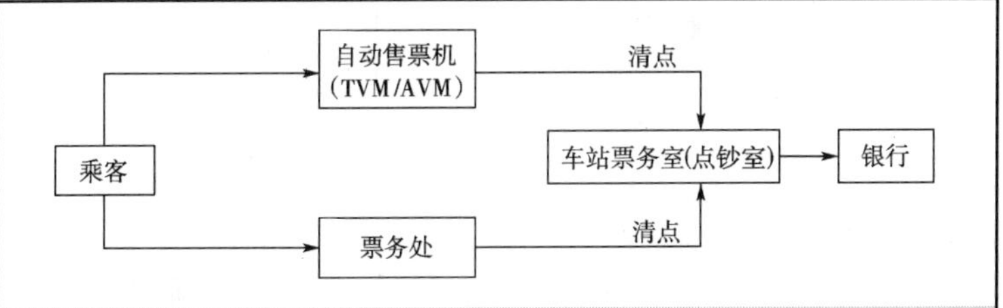

图 6-4　现金的管理流程

2 现金的安全管理

车站备用金及票款收入作为城市轨道交通运营企业现金收益的重要部分，其安全管理直接影响到企业收益安全。以保证现金安全为目的，原则上车站现金只能存放于专门的安全管理区域，主要包括票务室（点钞室）、售票/问讯处、临时售票/问讯处和自动售票机。

票务室（点钞室）、售票/问讯处应设有防盗门，并随时保持锁闭状态，门钥匙由专人保管及使用。室内应配置监视设备，能对所有现金操作环节进行实时监视和录像，并留存一定时间段的录像可供回放查看。除车站当班票务工作人员及其他指定票务工作人员外，其他人员不得随意进入票务室（点钞室）、售票/问讯处，确需进入时，必须得到当班值班站长或以上级别人员的许可，并由当班客运值班员陪同方可进入。车站需设立台账，记录批准人员和进入人员姓名、进入原因、进入时间以及离开时间等，当班客运值班员离开票务室（点钞室）或站务员离开售票/问讯处时，票务室（点钞室）、售票/问讯处内所有人员必须随同离开，不得逗留。除现金交接、钱箱清点之外，其他时间票务室（点钞室）内的所有现金只能保管在保险柜、补币箱、待清点钱箱或已锁闭的尾箱内，站务员在处理现金时，应将现金放在乘客接触不到的地方，存放于临时票务处的现金须做好防盗工作。

3 票款的收缴及核对

车站所有的票款结算、封包及票款交接工作都必须在编码室监视器下进行。

票款收缴及核对管理流程如图6-5所示。

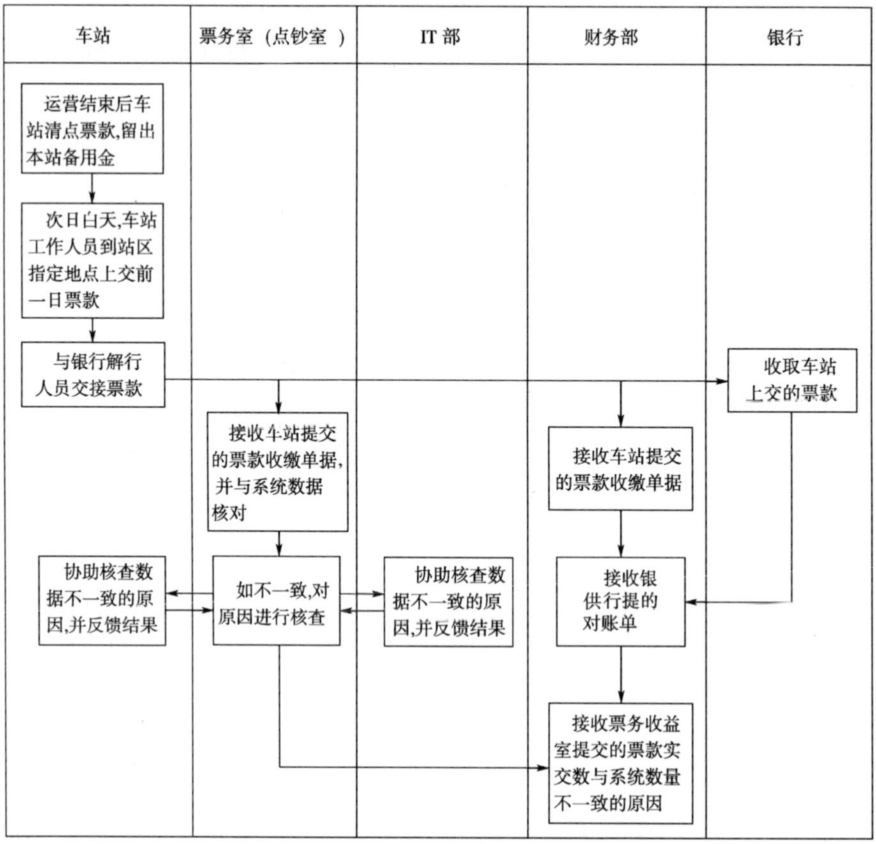

图6-5　票款收缴及核对管理流程

4 票款结算

票务员下班后将当天的车票出售、补票收入、公共交通卡售卡、充值等票款情况填写在《票务员票款结算单》上,凭《票务员票款结算单》结交当日票款。车站站长及票款员根据各票务员结账情况和《TVM日营收结算单》填写《车站日营收报表》。

车站站长、票款员结账后须将当班现金清点准确,并填写解款单(解款单金额与现金必须一致)封包,银行每日下午收取当日早班与上日中班票款。当班客运值班员除按现金安全管理相关规定做好对售票/问讯处、票务室(点钞室)现金的监控和管理工作外,还负责对自动售票机补币和清点钱箱,负责对票务员配票、结账,计算车站每日运营票款收益,并将票款存入银行专用账户及与银行沟通兑换零钱等工作。

在采用自动售检票系统的城市轨道交通运营企业,车站票款收益主要来源于两个方面:一是由自动售票机出售车票以及对储值票充值所得的收益;二是由票务员在售票/问讯处操作半自动售票机发售、处理车票所得的收益。客运值班员须在每天运营结束后,将所有自动售票机票款收益和票务员票款收益进行清点规整,计算每日运营总收入,并将其存入城市轨道交通运营企业在银行的专用账户。

(1)自动售票机收益结算管理

每天运营开始前,车站客运值班员需将一定金额的硬币补充到自动售票机储币箱内,用于给购票乘客购票时提供找零,乘客投入的购票纸币或硬币则通过相应的处理模块存入到自动售票机的纸币钱箱和硬币钱箱内。

每天运营结束后,客运值班员需对车站所有自动售票机进行结账操作,更换自动售票机内纸币、硬币钱箱(具体操作见单元7.3),并回收到票务室(点钞室)进行清点。

(2)票务处收益结算管理

客运值班员(或者AFC综合作业员)对票务员票款收益的管理主要通过给票务员配票和结账来实现。配票指客运值班员为票务员配备各种车票、备用金的过程。客运值班员需在票务员到岗前配置一定数量的车票、备用金,填写票务员结算单,并签名确认,放置到专用售票盒内,待票务员到票务室(点钞室)后,监控票务员进行清点,确认所配的各类车票、现金数量与票务员结算单上记录的开窗张数、备用金数量一致后,监督票务员在票务员结算单上签收确认。

结账是指客运值班员在票务员售票结束后,在票务室(点钞室)监视系统下对票务员在票务处售检票工作中实际收取乘客的现金票款、回收的车票进行清点并记录在相关报表、台账中的过程。因报表中记录的实收票款金额将作为结算票务员实收金额与应收金额,确定票务员有无长、短款的唯一依据。因此,客运值班员在与票务员结账时,必须按照相关规定完成,确保报表记录的实收票款金额能如实反映票务员当班期间实际票款收入。

客运值班员结账的具体程序为:票务员售票结束后,需立即携带本班所有现金、车票回票务室(点钞室),离开票务处前,需全面检查票务处有无遗留车票、现金。在运送本班所有现金、车票从票务处回票务室(点钞室)的过程中,须将车票、现金放在上锁的售票盒中,确保运送途中无遗失。结账过程须在票务室(点钞室)监视区域进行,首先由票务员清点所有现金,确认总金额后,由客运值班员进行清点,达到双人清点、共同确认的目的。双人确认实收总金额后,在监视区域填写票务员结算单的实收总金额栏,因实收总金额栏记录直接影响到票务员结算,所以原则上不得更改,当发生填写错误或其他原因需更改实收总金额栏时,当事票务员、客运值班员须报当班值班站长,由当班值班站长调查核实后才能更改,并由值班站长、客运值班员、票务员三方共同盖章确认。然后客运值班员与票务员共同清点确认回收的各类车票数量,并填写到票务员结算单关窗张数栏。最后由票务员完成其他辅助类报表的填写,交客运值班员,客运值班员需检查票务员当班的所有报表是否全部交回且填写正确、完整,完成结账程序。

客运值班员每天需根据《钱箱清点报告》、《票务员结算单》等计算当日自动售票机票款收益及票务员票务处票款收益,填写《车站营收日报》,记录车站每日的运营收入情况,并按《车站营收日报》的数据将所有票款存入企业在银行的专用账户。

二 自动售检票 AFC 系统现金交接管理

自动售检票 AFC 系统的现金交接主要有客运值班员间的现金交接及车站与银行之间的票款交接等。为保证备用金、票款在交接过程中的安全,车站在进行备用金、票款交接时,需建立交接凭证和统计台账,交接人员依据交接凭证办理交接手续并做好书面交接记录;交接时若发现实点金额与交接凭证有误,交接双方需及时核查更正。对于不能及时查明原因的,应按实点金额进行签收,车站在交接记录本上记录相关情况,并将情况立即报告上级组织调查。

《值班员交接班本》是车站客运值班员之间交接班的记录凭证。交接班前,交班客运值班员须详细在《值班员交接班本》上记录反映票务室(点钞室)内所有现金、车票、票务钥匙、工具和器具的数量及状态,并在"交班值班员"栏内签名确认;接班客运值班员除对照《值班员交接班本》记录的情况,清点、检查票务室(点钞室)内所有现金、车票、票务钥匙、工具和器具的数量及状态与记录是否相符,确认相符后,在"接班值班员"栏内签名确认。

为确保半自动售票机能如实反映站务员当班期间涉及的现金、非现金操作,形成站务员本班次的后台结算数据,站务员上岗时需使用本人 ID 和密码登录半自动售票机进行操作,严禁使用他人密码进行操作。为确保站务员结账时清点的实收金额能如实反映当班期间的票款收益,除给乘客办理业务收取的现金外,严禁票务员收取乘客拾获、车站其他员工拾获后上交的现金,应通知当班客运值班员按规定收取。为避免票务员将自己的现金、车票与售检票工作中涉及的工作现金、车票混淆,影响实际票款收益结算,票务员在当班期间不得携带个人现金和除员工票以外的车票进入售票/问讯处。售票/问讯处票务员间进行换岗交接时,为避免现金、车票、设备交接不清,需由交班的票务员先检查并确认收好所有的现金、车票,放入上锁的票盒,退出半自动售票机后,方可安排接班的票务员携带现金、车票进入售票/问讯处,并登录半自动售票机。站务员结束本班售票工作后,需立即在半自动售票机上签退,确认退出半自动售票机。携带本班所有现金、车票及各类报表回票务室(点钞室)。按照结账程序的要求与客运值班员结账,并归还售票/问讯处门钥匙。站务员在售检票过程中需要严格执行相关的票务规章制度及设备操作规范,根据实际情况如实收取乘客票款,真实反映当班期间的票款收益,不得蓄意侵占公司票款收益或蓄意导致公司票务收益流失。

1 客运值班员间的现金交接

车站客运值班员间的现金交接主要是指各班客运值班员在交接班过程中对车站备用金、票款的交接。交接账实是否相符直接反映车站备用金、票款收益安全情况及客运值班员差额补交情况,因此,客运值班员交接过程必须严格按照现金交接管理规定执行。

交接前,交班客运值班员需根据相关原始报表记录核算交接时的票款收入金额及备用金金额,并记录在《值班员交接班本》和车站营收日报上,作为交接凭证;接班客运值班员须核算《值班员交接班本》和《车站营收日报》上记录准确,然后实际清点交接的票款、备用金,确保与《值班员交接班本》和《车站营收日报》上记录一致，在客运值班员交接班本上签名确认。

交班过程中，客运值班员如果发现实点金额与《值班员交接班本》和《车站营收日报》不一致时，若实点金额比报表金额小，则由交班人员补交相应差额，交接双方在交接台账和车站营收日报上做好记录说明；若实点金额比报表金额大，则多出金额作为其他票款，由接班人员计入营收，交接双方在交接台账和车站营收日报上做好记录，并对账实不一致情况立即组织调查。为避免客运值班员在交接过程中私自带走交接长款，侵占公司票款收益，车站客运值班员交接过程需在票务室（点钞室）监视区域进行，且由值班站长在现场监视，对交接中出现的长、短款情况，监视交接的值班站长需在交接台账和车站营收日报上做好记录说明。

2 车站与银行之间的票款交接

车站与银行之间的票款交接主要指车站将票款收益存入公司在银行的专用账户的过程，通常称为票款解行。解行操作时要求城市轨道交通运营企业根据车站特点及银行的服务时间确定解行时间，以保证车站能将票款尽可能多地存入银行，尽量减少留存在车站过夜的票款，降低车站收益保管风险。

三 备用金管理

票务室（点钞室）负责城市轨道交通运营企业所辖各站客服中心备用金的统计、申领，车站负责客服中心备用金的管理。票务室（点钞室）将各站首次申请汇总，提交财务部核准，并根据核准金额配发车站。车站客服中心备用金的使用应严格执行财务制度，遵循专款专用的原则。若车站需要对客服中心备用金数额调整时，须先向站务经理提出申请，批准后转交票务室（点钞室）汇总，提交财务部核准，并根据核准金额进行调整。

1 备用金的申领

由于各地硬币及零钞的使用及流通情况不同，备用金的获得途径也不一样。如上海、香港的硬币使用流通情况较好，市民广泛使用硬币，但北京、广州等硬币在市面上流通较少，市民习惯于使用纸币。当前情况下，各城市备用金使用最多的为备用硬币。票务室（点钞室）负责各车站备用硬币数量的测算和兑换工作的协调，车站负责备用硬币的管理。车站须在每周规定时间向票务室（点钞室）提交下周的备用硬币兑换计划。

收益管理员接收到车站上传的《车站备用硬币兑换申请及配发计划单》后，填写《各站备用硬币兑换申请及配发计划汇总表》，将车站硬币使用申请通知财务部；如发现申请数量不合理，需与车站协商调整。收益管理员根据财务部确定的硬币实配数量，完成《车站备用硬币兑换申请及配发计划单》的填写，于每周规定时间通知车站。《车站备用硬币兑换申请及配发计划单》左半部分由申请车站负责填写，右半部分由票务室（点钞室）负责填写。在车站硬币兑换计划确定后,票务室(点钞室)将本表单打印存档。

2 车站硬币库存的安全范围

车站硬币库存的安全范围为车站库存基数到库存基数×80%之间,车站库存基数是指车站维持运营的基本硬币保有量,为本站单日最高硬币用量×3。车站发现备用硬币数量接近或低于阀值时,应及时向票务室(点钞室)申请兑换。票务室(点钞室)定期组织车站进行备用硬币盘点。当发现硬币数量损失并在误差允许范围内时,车站应及时向票务室(点钞室)申请补足。当发现硬币损失量超出误差允许范围时,公司成立由站务室、财务部、票务室(点钞室)等相关部门组成的联合调查组,对硬币损失情况进行专项调查并最终得出调查报告,提出整改意见。

3 车站硬币兑换管理

车站客运值班员(AFC综合作业员)在收到银行返还的兑零硬币时,应检查硬币袋上的封签或封捆硬币的扎把带是否完好,同时按封签或封捆硬币的扎把带上的金额在双方的交接登记本上办理交接(应注明交接金额)。若交接时发现封签破损,在不影响车站硬币使用的前提下,车站拒收该硬币,并在双方的交接登记本上注明情况:车站也可当场进行该袋硬币的清点,若出现少币等情况,按实际清点金额入账,同时向银行书面说明情况,差额由银行补还。车站客运值班员收到兑零返还的兑零硬币后,原则上应在24h内与车站站务员在监视仪监视下共同清点,在清点过程中,发现长款、短款或假钞时,客运值班员应保留该批硬币袋上的封签或封捆硬币的扎把带(有名章部分),同时将封签或封捆硬币的扎把带(有名章部分)用信封加封后返还银行。如为长款,将长款硬币加封后返还银行,如为短款(即出现机币、假币、外币、少币等情况),由银行补还车站。

车站硬币兑换管理流程如图6-6所示。

四 假钞的处理

在日常票务工作中,难免碰到假币、错款等问题,为了预防此类问题的发生,除了给票务人员配备相应的钞票真伪辨别设备以外,最重要的是提高票务工作人员的整体素质及工作能力,这就要求所有票务工作人员在工作中能够细致谨慎、一丝不苟,正确使用钞票真伪辨别设备,掌握必备的票款收缴、鉴别、计算、找零等技能。

1 车站客服中心假币、错款处理原则

车站客服中心进行现金交易时,需要使用相关设备辨别钞票真伪,如发现假钞或无法确认真伪的钞票时,应予以拒收。结账、缴款过程中发现收到假币时,若假币无法被车站验钞机正常检出,则相应票款损失由公司承担。若假币能够正常检出,则损失由相应责任人承担。

一般情况下,当出现错款情况时,人工作业遵循"长款上交、短款自负"的处理原则。若

由于设备故障引起差款（例如：BOM 机车票批处理过程中应发行单程票 20 张，因设备故障实际只发出 10 张，而设备记录发行 20 张），则相应票款损失由公司承担。银行在票款清点过程中发现所收现金与应收票款存在差款时，相应损失由票款包封包人承担。

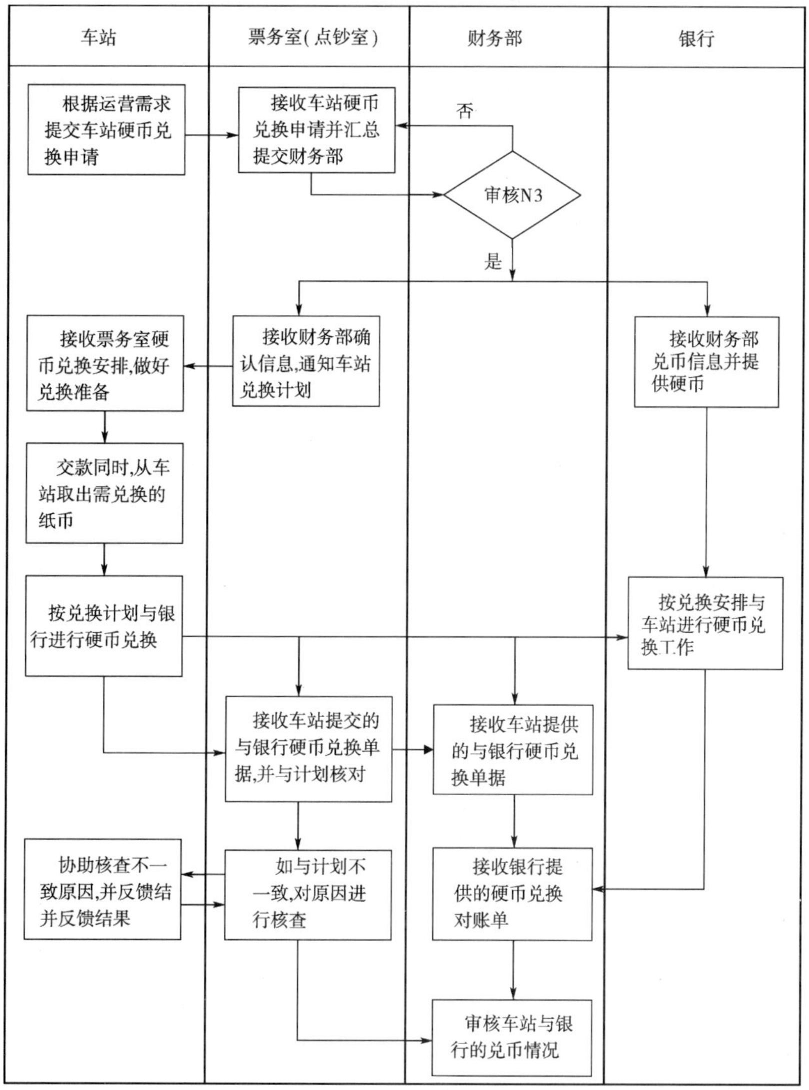

图 6-6　车站硬币兑换管理流程

2 自动售票机假币、错款处理原则

当设备收到假币时须立即停用，对于 TVM 收取的假币，必须是全过程在监控摄像头下清点，车站须做好相关记录，公司负责承担相应的票款损失。必要时公司将组织调查。

当 TVM 差款额在应收金额的 0.03% 以内时，可由公司承担相应损失。当超出规定范围时，公司成立由财务部、站务室、票务室（点钞室）、设施室等相关部门组成的联合调查组，对事件进行专项调查并提出处理意见。此外，设备所收长款上交。

3 鉴别真假人民币的传统做法

除了使用钞票真伪辨别设备来鉴别钞票的真伪外，为了以防万一，票务人员应当掌握鉴别真假人民币的传统四步骤如下：

“一看”：看钞票的水印是否清晰，有无层次感和立体效果，看安全线（假币常在纸张中夹入一条银白色塑料线，有时两头会露出来剪齐的断头）。

“二摸”：用手指反复触摸币面主要图景及“中国人民银行”字样，真币有凹凸感，假币则无。

“三听”：钞票纸张是特殊纸张，挺括耐折，用手抖动会发出清脆的声音。

“四测”：用紫光灯检测无色荧光图纹，用磁性仪检测磁性印记，用放大镜检测图案印刷的接线技术及底纹线条。

4 收到假币的处理

（1）收到你认为可能是的假币，请乘客换一张。

（2）乘客执意不换的，将其币种、编号抄录下来，请乘客确认、签字，并留下身份证上的地址、号码以及联系电话。

（3）向乘客说明此币明日交银行鉴别；如是假币，你必须前来付票款；如不是，我们会上门道歉并找零。

6.3 福利票换发管理

福利票是城市轨道交通运营企业免费给持有有效证件的相关人员发放的免费乘车的票卡，如北京、广州、上海等城市的城市轨道交通运营企业都有各种福利票，极大地方便了老人、残疾人等的交通出行。

一 福利票的换发方法

需要申领福利票的乘客，可持有效证件在车站售票处免费领取福利票卡一张。福利票仅限当日在换领站本人、单次进站使用，但需要申请人本人亲自领取，不得代领。使用福利票卡的乘客应当配合地铁工作人员对证卡核对检查。

乘客进站时使用福利票卡轻触进站闸机读卡区，闸机发出“嘀”声，黄色灯亮，提示刷卡成功，闸门开启，乘客可进站。

此外，持有《残疾人证》的视力残疾的盲人乘客可以有一名陪同人员免票乘车。

二　可换发福利票的证件

目前，我国有多类人群乘坐城市轨道交通可享受免票政策，以北京地铁为例，相关人员可凭借多种证件换发福利票，如《中华人民共和国残疾人证》（见图6-7）、《中华人民共和国老干部离休荣誉证》（见图6-8）、《中国人民解放军干部离休荣誉证》（见图6-9）、《中华人民共和国残疾军人证》（见图6-10）、《中华人民共和国伤残人民警察证》（见图6-11）、《中国人民解放军士兵证》（见图6-12）、《中国人民武装警察部队士兵证》（见图6-13）、《北京市盲人免费乘车证》（见图6-14）、《北京市不在职伤残军人免费乘车证》等。

图6-7　《中华人民共和国残疾人证》证样

封面及封底　　第一面

图6-8　《中华人民共和国老干部离休荣誉证》证样

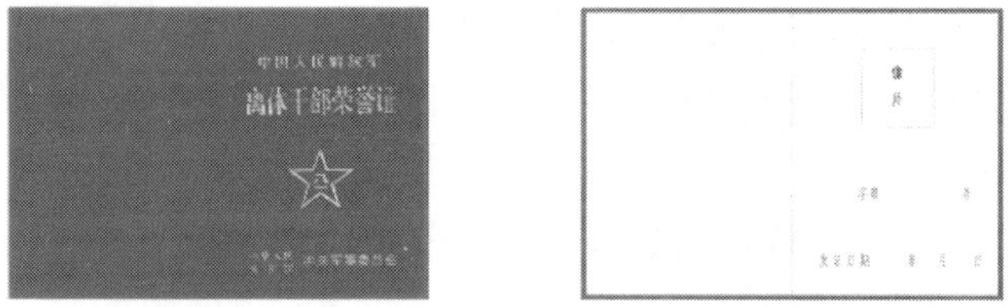

封面及封底　　　　第一面

图 6-9　《中国人民解放军干部离休荣誉证》证样

封面及封底　　　　第一面　　　　第二面

图 6-10　《中华人民共和国残疾军人证》证样

封面及封底　　　　第一面　　　　第二面

图 6-11　《中华人民共和国伤残人民警察证》证样

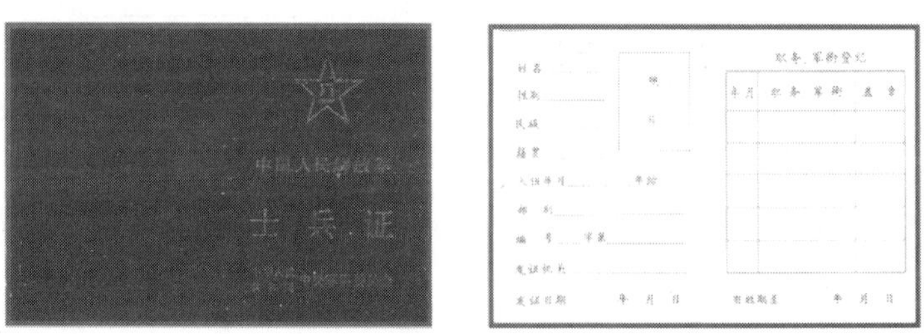

图 6-12　《中国人民解放军士兵证》证样

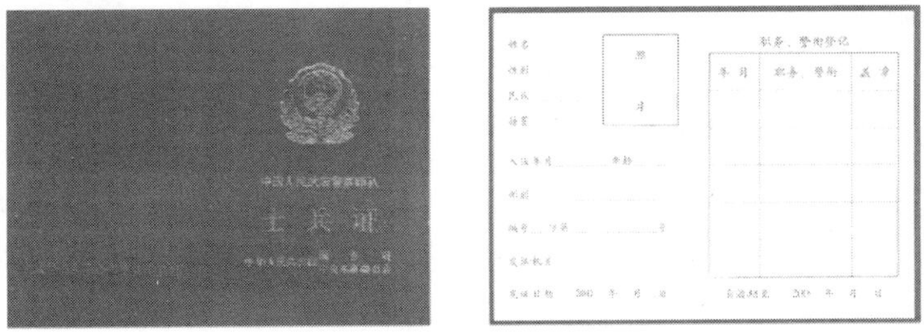

图6-13 《中国人民武装警察部队士兵证》证样

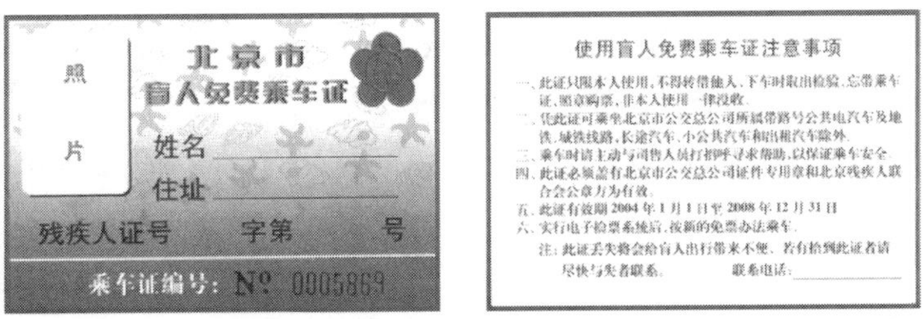

图6-14 《北京市盲人免费乘车证》证样

6.4 车站票务备品管理

城市轨道交通车站的票务工作流程复杂，手续严格，所需的备品种类繁多，并且需要专人看管，各种备品的申领使用，需要做好登记，借出须及时归还。车站中的票务备品主要有各种票务钥匙、验钞机、点卡机、电子计数器、硬币分拣计数机、便携式查询机PTCM（如图6-15）等。

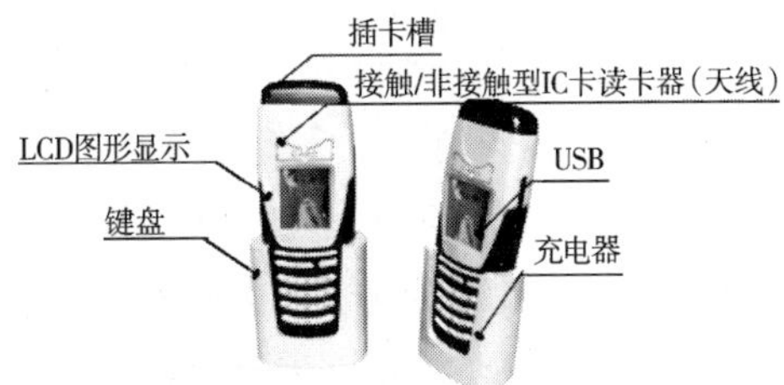

图6-15 便携式查询机PTCM

一 票务钥匙管理

票务钥匙指车站在开展票务工作时使用的钥匙。

票务钥匙主要有自动售票机 TVM 维护门钥匙、半自动售票机 BOM 维护门钥匙、闸机 AG 维护门钥匙、钱箱钥匙、票箱钥匙、回收箱钥匙、票柜钥匙、保险柜钥匙、票务室(点钞室)监视系统钥匙、票务室(点钞室)门钥匙、售票/问讯处防盗门钥匙等。

由于票务钥匙的安全管理直接影响到车站车票、现金、设备的安全,在日常工作中,车站需严格按要求加强对票务钥匙的管理。为保证票务钥匙在各岗位之间交接过程中的安全,票务钥匙在保管人之间或在保管人与使用人之间交接时,车站需设置台账记录交接情况,详细记录钥匙名称、数量、交接双方人员姓名、时间、原因等;交接人员需根据书面台账凭证当面清点钥匙种类、数量,确认无误后填写交接台账。若交接时发现钥匙有误,交接双方需及时核查处理,不能及时查明原因的,需立即报告上级组织调查;票务钥匙借出时,借用人应负责钥匙的使用安全和保管,使用完毕应立即归还,并遵循"谁借用、谁归还"的原则,不得随意转借他人使用,每天运营结束后保管人需对所保管的钥匙进行清点,并确认全部归还。

票务钥匙一般设有备用钥匙,以便在工作人员不慎遗失或损坏钥匙时,车站能使用备用钥匙正常开展票务工作;备用钥匙一般情况下不得使用,需由站长与值班站长共同清点加封后交给站长保管。根据实际工作需要及收益安全管理需要,对于一些直接涉及收益安全的操作环节,需由双人掌握不同钥匙共同完成操作,以达到互相监控的目的。另外,车站在对票务钥匙的保管过程中需注意防止折断、重压,以避免对钥匙造成损坏。

二 票务工具和器具的管理

在日常票务工作中,车站需要进行大量的现金和车票的清点及运送工作,为了提高车站票务工作效率,同时保障现金、车票清点工作的准确性,以及现金、车票及相关票务设备在运送途中的安全性,通常需要使用一些辅助工具和器具完成票务工作。

常见的票务工具和器具主要有保险箱(如图 6-16 所示)、票务手推车(如图 6-17 所示)、点票机[如图 6-18a)所示]、点钞机[如图 6-18b)所示]、点币机[如图 6-18c)所示]、验钞机(如图 6-19 所示)、配票、款箱(如图 6-20)等。

点钞机主要用于对车站所接收纸币的清点,可对所有面额的纸币进行清点,并能按照预先设置的数量自动停止清点,一般也具有验钞功能,当清点发现伪币时,能终止清点并发出报警提示。

验钞机一般具有多种验钞手段,如荧光检测、红外穿透检测、磁性检测、激光检测等,通过对人民币的纸质、油墨的颜色与厚度、磁性、荧光字等各方面进行检测,以达到辨别真伪的目的。

点币机和点票机分别用于对硬币及车票进行清点,具有速度较快、准确率高的特点。

票务手推车用于装运各种钱箱、票箱等贵重设备及现金、车票等有价证券,可锁闭,极大程度地保障了设备及有价证券运送的安全性和方便性。

图6-16 保险箱

图6-17 票务手推车

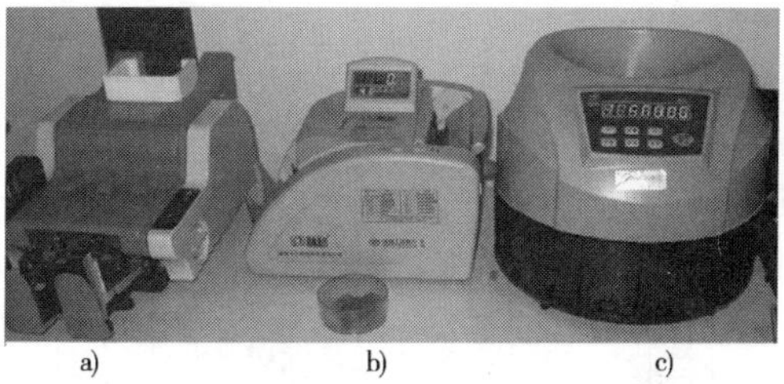

图6-18 点票机、点钞机、点币机(由左至右)

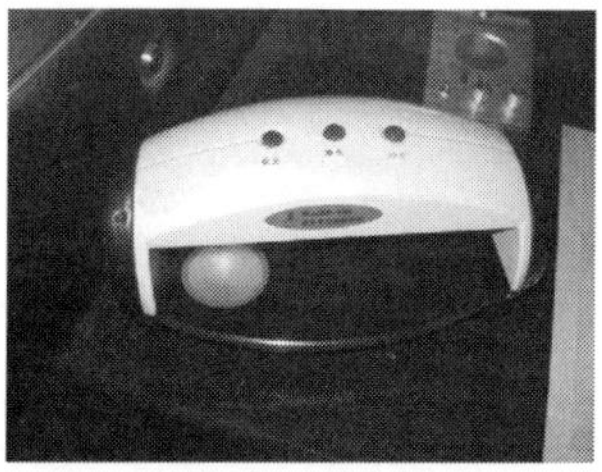

图6-19 验钞机

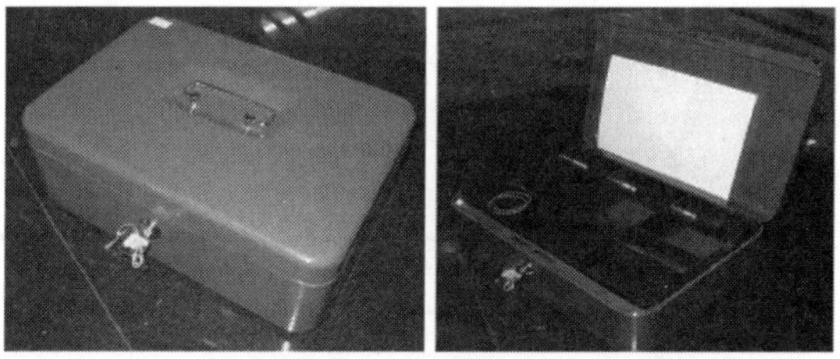

图6-20 配票、款箱

配票箱用于票务员日常工作中票卡、备用金、票款的收纳,票务员上岗前由票务室(点钞室)领出,下班前将其交还。

票务工具和器具的状态直接影响车站票务工作的安全、效率和质量,车站需按相关规定加强对票务工具和器具的管理,以保持工具和器具数量完整,状态良好。工具和器具配发到站后,车站需设置专门的工具和器具台账,用以记录工具和器具的保管、交接和使用情况,保管人员需根据书面台账凭证定期对所负责保管的所有票务工具和器具进行盘点,清点工具和器具的种类、数量,并检查确认状态是否良好,确保做到账实相符,状态良好。

票务室(点钞室)内的票务工具和器具由车站当班客运值班员全权负责保管。售票/问讯处的票务工具和器具由当班站务员全权负责保管。车站在使用工具和器具过程中需注意保持工具和器具的清洁,爱护票务工具和器具,并注意避免其受损。

实训任务

任务一 演练票务室(点钞室)与车站间报销凭证、发票的配发、接收及上交管理流程

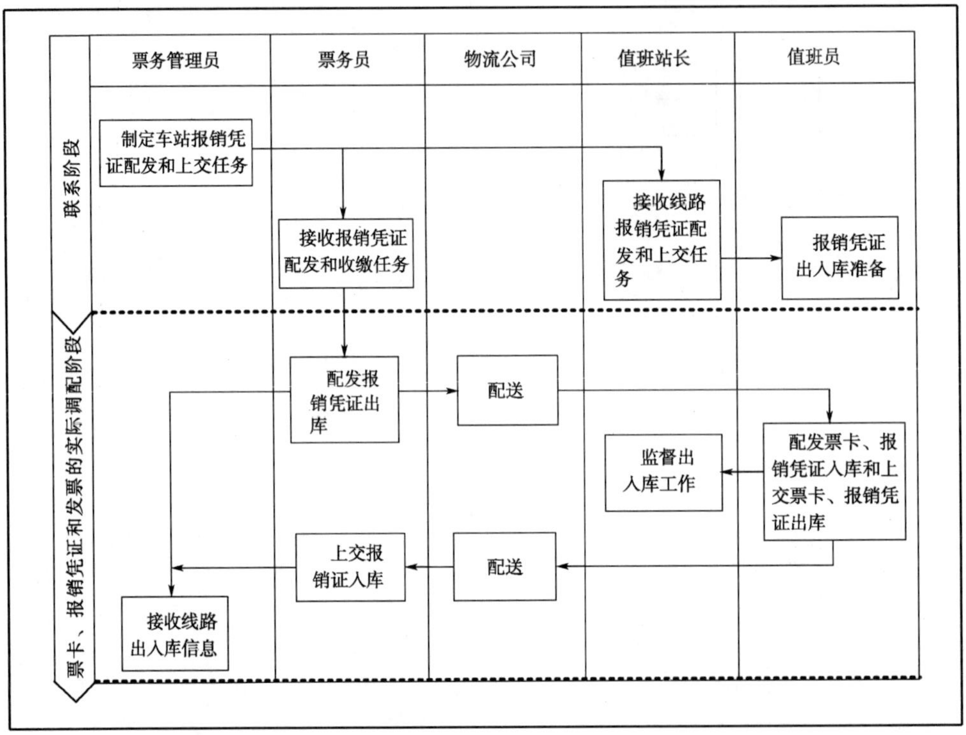

任务二 演练车站间报销凭证及发票调配管理流程

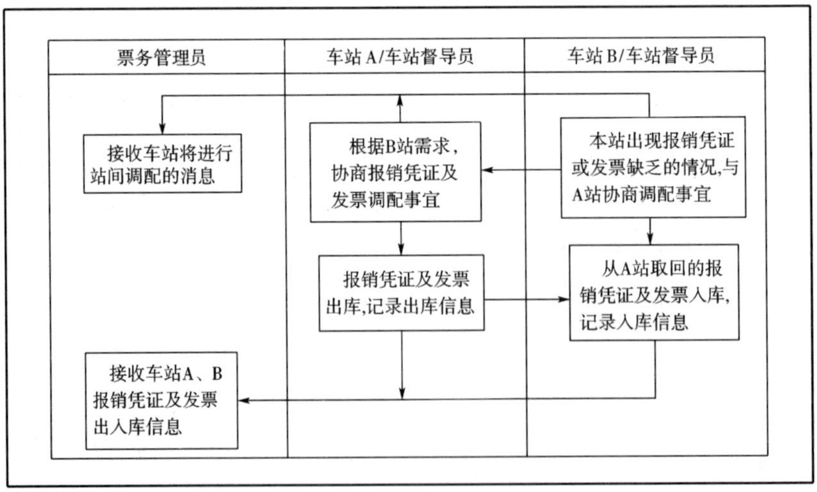

任务三　填写《票务员日营收结算单》

票 务 员 结 算 单

No:

A 站　　　　年　　月　　日

<table>
<tr><td colspan="2">时间</td><td colspan="3"></td><td colspan="2">配备备用金金额(元)</td><td></td><td colspan="2">中途可追加</td><td></td><td></td><td></td><td></td></tr>
<tr><td colspan="2">半自动售票机(BOM 机)编号</td><td colspan="3"></td><td colspan="2">值班员签名</td><td></td><td colspan="2"></td><td></td><td></td><td></td><td></td></tr>
<tr><td colspan="2" rowspan="2">项目
票种</td><td rowspan="2">配出张数</td><td rowspan="2">回收张数</td><td colspan="4">出售</td><td colspan="2" rowspan="2">项目
票种</td><td rowspan="2">配出张数</td><td rowspan="2">回收张数</td><td colspan="2">出售</td></tr>
<tr><td>张数</td><td>遗失</td><td>押金(元)</td><td>金额(元)</td><td>张数</td><td>金额(元)</td></tr>
<tr><td rowspan="6">IC 卡储值票</td><td>普通储值票</td><td></td><td></td><td></td><td></td><td></td><td></td><td rowspan="6">单程票</td><td>普通单程票</td><td></td><td></td><td></td><td></td></tr>
<tr><td>学生储值票</td><td></td><td></td><td></td><td></td><td></td><td></td><td>单程福利票</td><td></td><td></td><td></td><td></td></tr>
<tr><td>老年人储值票</td><td></td><td></td><td></td><td></td><td></td><td></td><td></td><td></td><td></td><td></td><td></td></tr>
<tr><td>储值福利票</td><td></td><td></td><td>配出与回收差</td><td></td><td></td><td></td><td></td><td></td><td></td><td></td><td></td></tr>
<tr><td></td><td></td><td></td><td></td><td></td><td></td><td></td><td></td><td></td><td></td><td></td><td></td></tr>
<tr><td colspan="5">小计金额(元)</td><td></td><td></td><td colspan="3">小计金额(元)</td><td></td><td></td></tr>
<tr><td>实收总金额</td><td colspan="13">[根据站务员回票务室(点钞室)后清点所有的现金所得金额减去所配备的备用金金额后填写]</td></tr>
<tr><td>备注</td><td colspan="13">(售票过程中出现的一些异常情况可在此备注说明)</td></tr>
<tr><td colspan="2">票务员</td><td colspan="4"></td><td colspan="4">值班员</td><td colspan="4"></td></tr>
<tr><td colspan="2">票务员员工号</td><td colspan="4"></td><td colspan="4">值班员员工号</td><td colspan="4"></td></tr>
</table>

(第一联——票务分部　第二联——车站)

任务四　填写《钱箱清点报告》即《TVM 日营收结算单》

钱 箱 清 点 报 告

No：

A 站　　单位:元　　年　月　日

清 点 硬 币					清 点 硬 币				
自动售票机（TVM 机）号码	钱箱号码	机器金额	实点金额	差额（+/-）	自动售票机（TVM 机）号码	钱箱号码	机器金额	实点金额	差额（+/-）
合计					合计				
钱箱总数			清点时间		钱箱总数				
清点人员	签章		员工号		备注：				
值班员									
清点人员									

（第一联——票务分部　第二联——车站）

任务五　熟悉票款收缴及核对管理流程

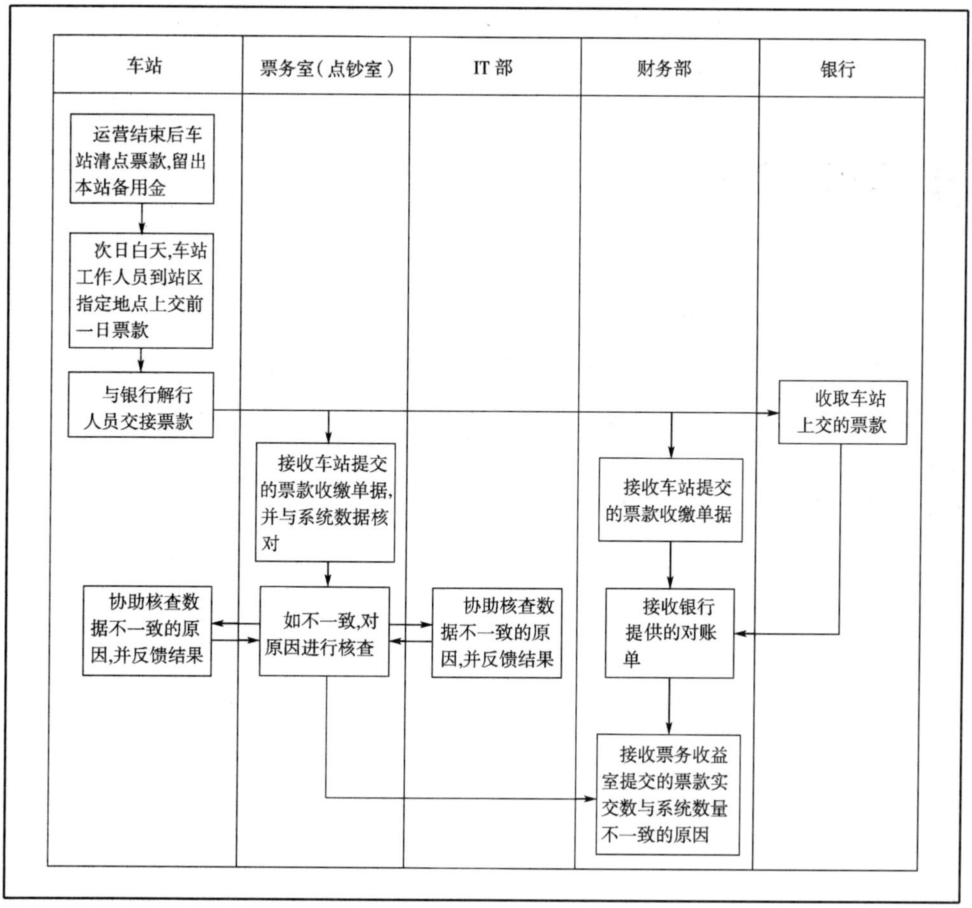

任务六　掌握人民币真假的鉴别方法

提示:人民币真假的鉴别方法传统四步骤:

“一看”:看钞票的水印是否清晰,有无层次感和立体效果,看安全线(假币常在纸张中夹人一条银白色塑料线,有时两头会露出来剪齐的断头)。

“二摸”:用手指反复触摸币面主要图景及“中国人民银行”字样,真币有凹凸感,假币则无。

“三听”:钞票纸张是特殊纸张,挺括耐折,用手抖动会发出清脆的声音。

“四测”:用紫光灯检测无色荧光图纹,用磁性仪检测磁性印记,用放大镜检测图案印刷的接线技术及底纹线条。

任务七　模拟收到假币的处理方法

(1)收到你认为可能是的假币,请乘客换一张。

(2)乘客执意不换的,将其币种、编号抄录下来,请乘客确认、签字,并留下身份证上的地址、号码以及联系电话。

(3)向乘客说明此币明日交银行鉴别;如是假币,你必须前来付票款;如不是,我们会上门道歉并找零。

复习思考题

1. 简述票据及台账的种类。
2. 简述票据及台账管理的基本内容及流程。
3. 简述自动售票机 AFC 系统现金日常管理及交接管理的各种方法、流程及注意事项。
4. 简述备用金管理的办法,如何正确处理票务工作过程中遇到的假钞?
5. 简述福利票有哪些类型?
6. 简述车站票务备品的种类及其简单的使用方法。

单元 7

票务作业

教学目标

1. 掌握售检票作业内容及作业程序；
2. 掌握退票规章及作业程序；
3. 掌握钱箱更换及钱箱内现金清点作业；
4. 掌握票款收缴作业；
5. 掌握自动售票机和半自动售票机的售票操作。

建议学时

8 学时

教学导入

票务作业作为车站日常工作的重要组成部分,是城市轨道交通运营企业向乘客提供售检票服务、完成收益结算及实现财务管理的重要环节,是企业管理工作的组成部分。票务作业包括:乘客买票、乘车;车站对票款的管理及车票发售、循环使用管理;车站 AFC 计算机系统对各自车站票款、客流数据汇总上传;其他部门对票务工作支持和监督管理。站务员要完成票务作业,就需要较好地掌握票务政策、售检票模式、车票和现金管理等票务基础知识,熟练运用售检票作业、报表填写和 AFC 系统设备操作等基本业务技能,本单元重点讲述售检票作业、退票的相关规定,钱箱更换及现金的收缴作业等知识。

7.1 售检票作业

城市轨道交通运营企业根据自身发展阶段及客流情况、设备采购等因素,采用不同的售检票模式,目前主要有人工售检票模式和自动售检票模式,不同的售检票模式下都会产生不同的售检票作业。

一 售检票作业内容

1 纸票发售及其检票

纸票一般情况是在人工售检票模式下发售。目前的城市轨道交通基本均采用自动售检票模式,但特殊情况下也会发售纸票。

在人工售检票模式下,由车站售票员在售票/问讯处如图 7-1 所示。向乘客出售纸票,并在进(出)站口设置检票点,持票乘客经工作人员检票后进、出车站。具体检票方式可分为进站检票、出站检票和进出站均需检票三种。

(1)进站检票是指车站只在进站口安排人员检票,出站时不再检票,乘客可以自由出站,适用于单一票价的轨道交通系统。

(2)出站检票是指乘客可自由进入付费区乘车,车站只在出站口安排检票人员,对出站乘客进行检票出站，适用于单一票价的轨道交通系统。

（3）进出站均需要检票则是指车站在进出站口都安排检票人员，对乘客进出付费区都实行检票作业，可适用于非单一票价的轨道交通系统。

图 7-1　售票/问讯处

2 特殊情况下纸票出售

城市轨道交通车站会在以下特殊情况时出售纸票：

（1）车站自动售票机 TVM、半自动售票机 BOM 全部故障或停电导致车站无法出售 IC 卡单程票，可由站长经行车调度员授权后决定售卖纸票。

（2）在对全线预制票进行合理调配后，且预制票将售完的情况下，乘客经车站员工引导后，自动售票机 TVM 能力仍不足时，可由站长经行车调度员授权后根据客流情况决定出售纸票。

（3）大客流情况下票务系统无法应付或其他特殊情况下，可由站长经行车调度员授权后决定出售纸票。

3 纸票检票操作程序

（1）正常情况下纸票检票操作程序。

①乘客进站时检票人员撕下乘客纸票的副券 I；

②乘客出站时检票人员核查乘客所持纸票上的站名、日期章以及纸票票价无误后，撕下乘客纸票的副券 II，对超程使用的 1 元纸票出站时，车站员工也需撕下相应的副券联；

③若乘客的车票超程时，需在售票/问讯处补足相应的车费（乘客携带的行李票超程时，乘客需补交行李相应的超程费用）。

（2）特殊情况下纸票操作程序。

①纸票售卖站值班站长应向控制中心行车调度员通报售卖纸票的信息；行车调度员应将售卖纸票的车站和时间通知其他车站。

②其他车站接到控制中心行车调度员的“××车站出售纸票”的通知后，应安排员工做好持纸票乘客的引导和检票的准备工作；持纸票乘客到达本站时，车站员工应打开边门，引导乘客到边门检票。

③车站停止售卖纸票后，应立即向控制中心行车调度员汇报停止售卖纸票时间；行车调度员应通知其他车站。

4 普通单程票发售

(1)自动售票机自助购买普通单程票

乘客使用自动售票机自助购买单程票的流程如下：

①在自动售票机主界面选择所要去往的线路及目的车站，并在左侧选择购票张数，如图7-2所示；

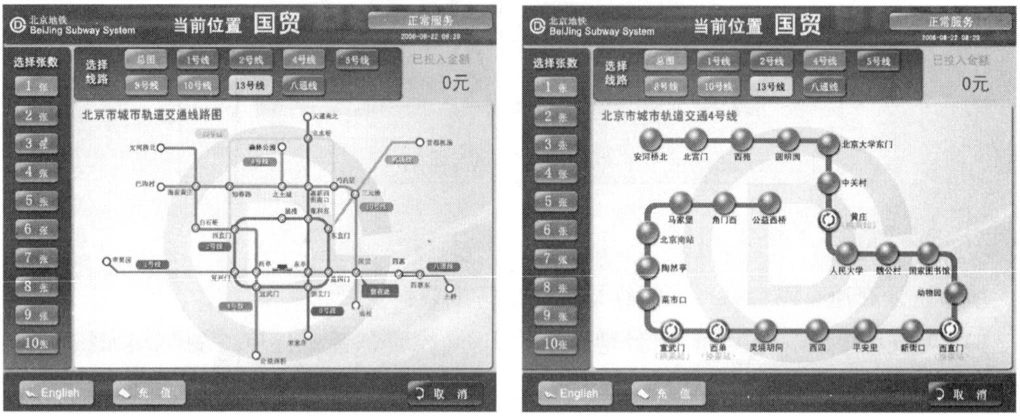

a)自动售票机主界面　　b)选择目的车站

图7-2　自动售票机选择车站及购票张数操作

②投入对应数量的1元硬币或5元、10元的纸币，如图7-3所示；

③乘客点击"确定"或"取消"，如图7-4所示；

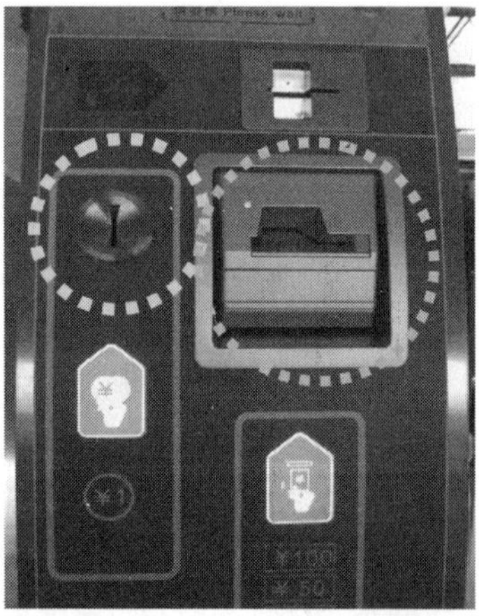

图7-3　自动售票机硬币和纸币投入口

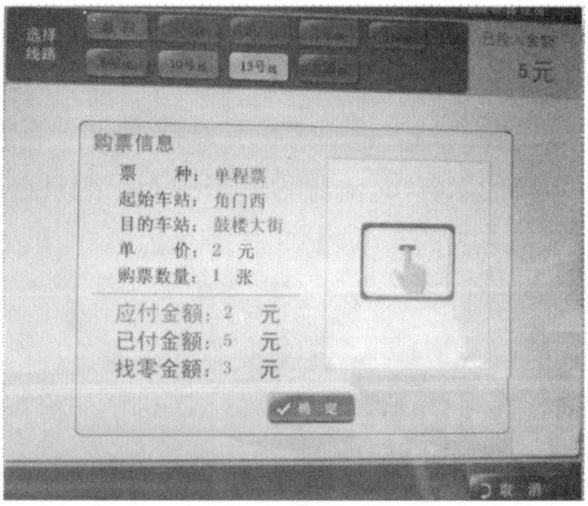

图7-4　自动售票机购买单程票确认操作

④若点击“确定”，在下方出票口处取出票卡及找零硬币，如图7-5所示；

⑤若点击“取消”，投入的钱币退回，返回主界面，如图7-6所示。

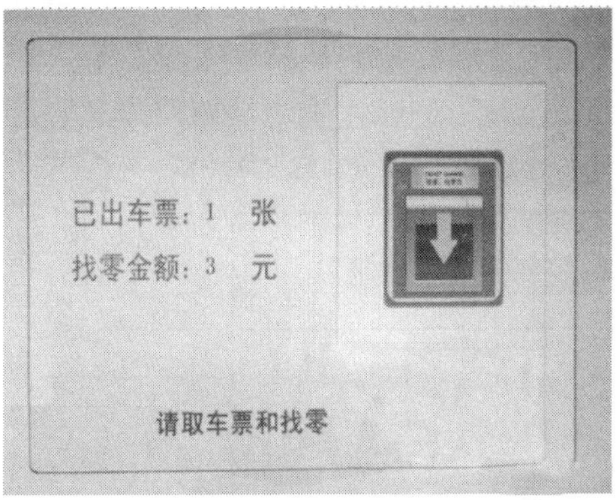

图7-5　自动售票机下方取出票卡找零硬币

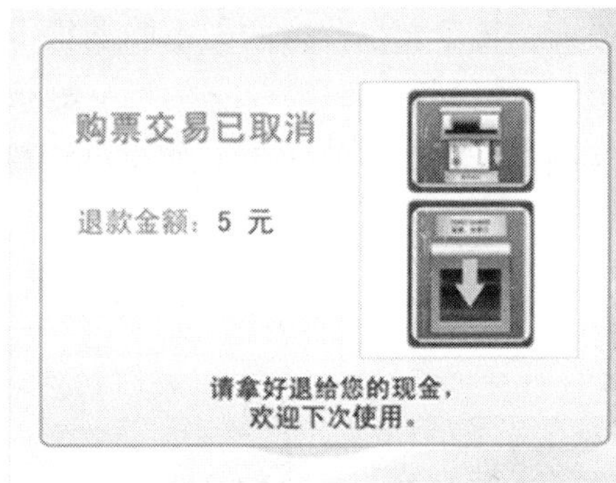

图7-6　自动售票机购买单程票取消操作

(2)半自动售票机发售普通单程票

半自动售票机发售普通单程票是指在自动售检票模式下，由车站在售票/问讯处半自动售票机上根据乘客的需要向乘客出售单程票。

在日常工作中，半自动售票机发售车票要求站务员熟练掌握对半自动售票机的操作，以便迅速、准确地为乘客提供车票发售、充值等服务。AFC系统为每个操作员都设定了唯一的操作员号(ID)和密码，任何人使用设备时，必须首先使用ID和密码登录设备，才能进入设备的操作界面进行操作。

①登录。

打开半自动售票机电源，系统启动后，半自动售票机主程序自动以全屏方式运行。此时，操作界面中各功能模块(如“分析车票”和“数据查询”等)的功能按钮均处于未激活状态，需要点击“班次登录”按钮，输入班次操作员号(ID)和密码进入程序主界面后(见图7-7)，这些按钮才会根据该操作员的权限相应的被激活，操作员可开始系统允许的功能操作。

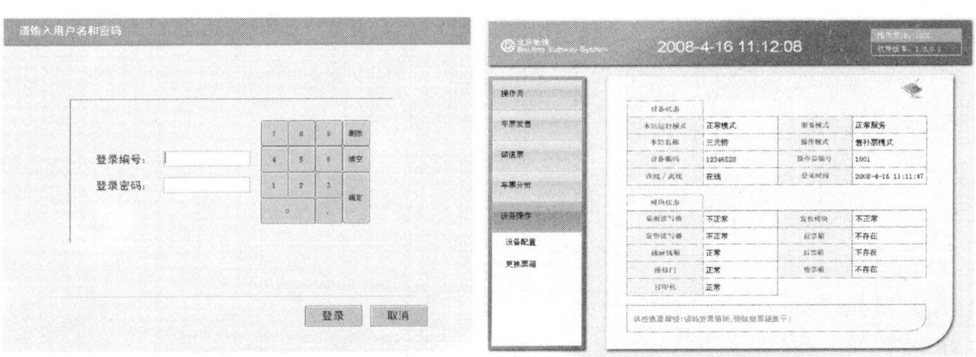

a)登录界面　　b)登录后主界面

图7-7　半自动售票机登录及主界面

②发售单程票。

站务员在确认设备正常后，按有关设备操作规定的票务管理规定办理车票发售业务。站务员发售单程票时，将待发售的单程票放在读卡区，点击“单程票发售”按钮，进入单程票发售界面。售单程票分为两种不同的售卡方式：按金额售单程票和按站点售单程票。按站点发售，选择目的站后，应收金额栏会显示出到该站的票价，然后在实收金额栏输入实际收到的金额，并点击“发售”按钮，半自动售票机开始发售单程票，如图 7-8 所示。

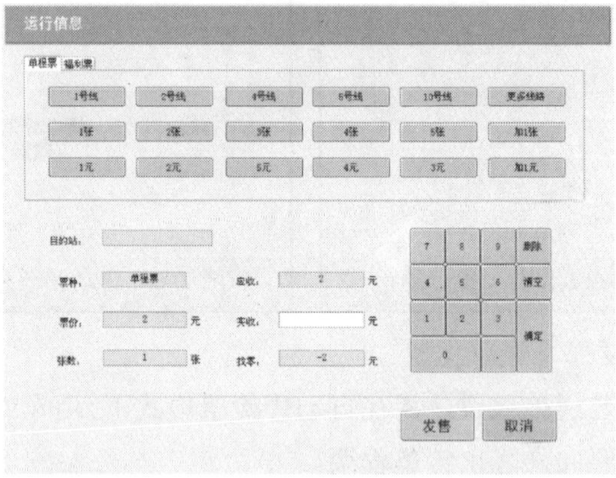

图 7-8　单程票发售界面

③补出站票操作。

售票员登录半自动售票机后，单击车票发售进入车票发售单元的界面，补出站单程车票流程如下：选择车站→输入补票金额→输入实收金额→单击发售按钮。如图 7-9 所示。

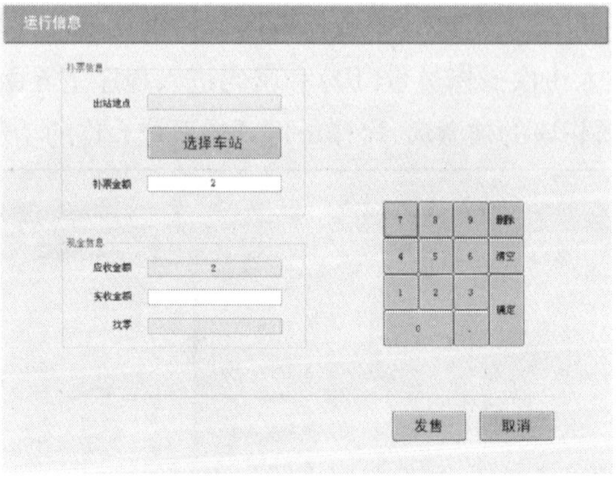

图 7-9　补出站票界面

④签退。如图 7-10 所示。

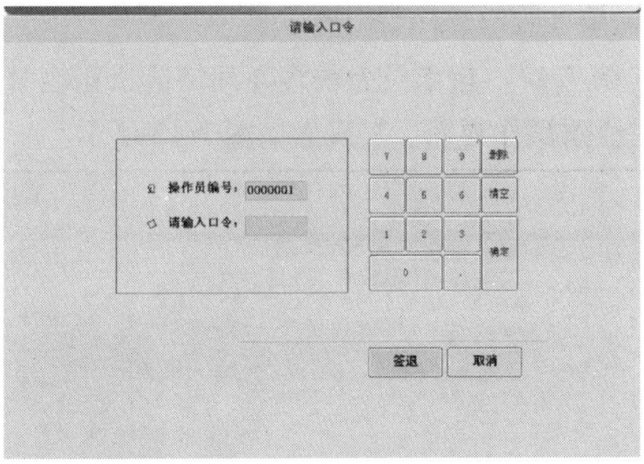

图7-10 半自动售票机签退操作

(3)预制单程票的发售

预制单程票是车票主管部门提前制作并配发到车站,以应对设备故障或大客流时乘客购票困难的问题,预制单程票是属于预赋值票,在车站售票/问询处或临时售票/问讯处通过人工进行售卖,它的特点是已赋值,具有较长使用期限,可以在沿线各车站进站乘车。

预制单程票的发售,应具备以下条件:客流较大时,车站站厅等待购票的乘客持续增多,在自动售票机发售和售票/问讯处半自动售票机无法缓解排队现象。

(4)地铁储值票的发售

车站正常运营时,储值票在车站售票/问讯处发售。有些城市轨道交通运营企业考虑到储值票成本问题,乘客购买储值票时需要交纳一定的押金。目前,许多城市轨道交通乘客使用的储值票均为各城市公共交通一卡通,城市轨道交通运营企业不再出售其专用储值票。

①储值票发售(图7-11)。储值票发售是指第一次发售充值,即储值票开卡。售票员将

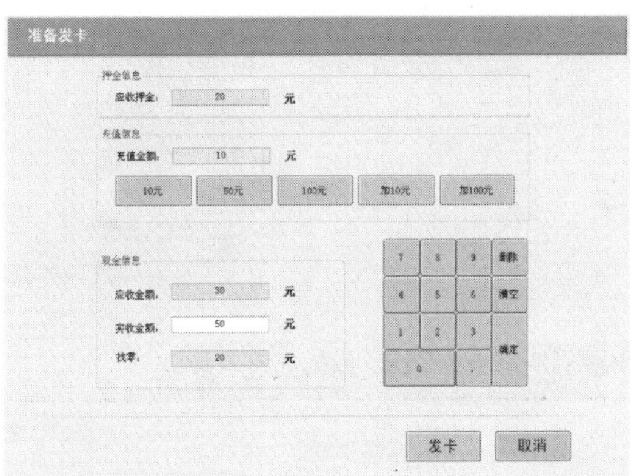

图7-11 储值票发卡操作界面

要发售的储值票放在储值票读卡区，单击主界面的储值票按钮，在储值票操作中单击储值票发卡，储值票发卡时，须向乘客收取20元押金。

②储值票充值操作（图7-12）：售票员为乘客办理储值票充值时，将储值票放在读卡区，单击储值票按钮，进入储值票操作界面。其界面如图7-12所示。

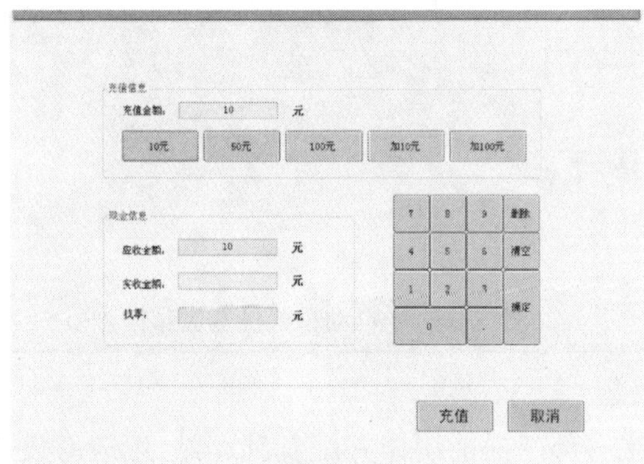

图7-12　储值票充值操作界面

③储值票退卡（图7-13）：乘客在将储值票退卡时，售票员将要退的储值票放在储值票读卡区，单击主界面的储值票按钮，在储值票操作中单击储值票退卡，储值票退卡时，在检查储值票完好后，须向乘客返还20元押金。

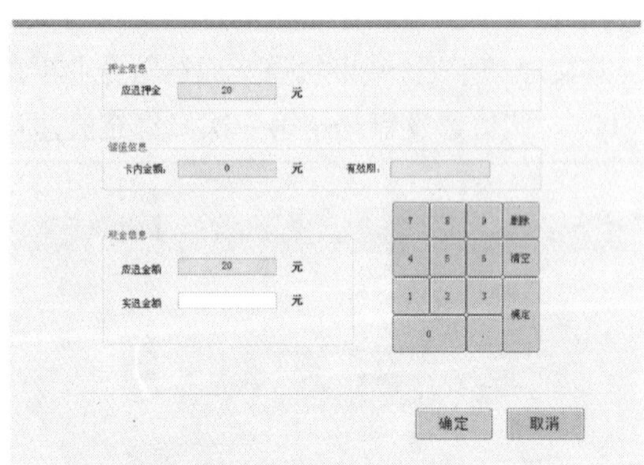

图7-13　储值票退卡界面

（5）车票分析

车票分析是指通过半自动售票机分析车票的信息。票务员在接到乘客提供的车票后，首先必须进行车票分析，并根据分析结果进行后续处理。首先选择是付费区操作还是非付费区操作，将要分析的车票放在读卡区，点击“分析车票”按钮，就能在车票状态栏看到票卡当前的状态，如车票票卡号、种类、最近一次进出站的车站、进出站时间、车票余额等信息，同时在分析结果栏显示出系统对票卡状态进行分析的结果。车票分析界面如图7-14 所示。

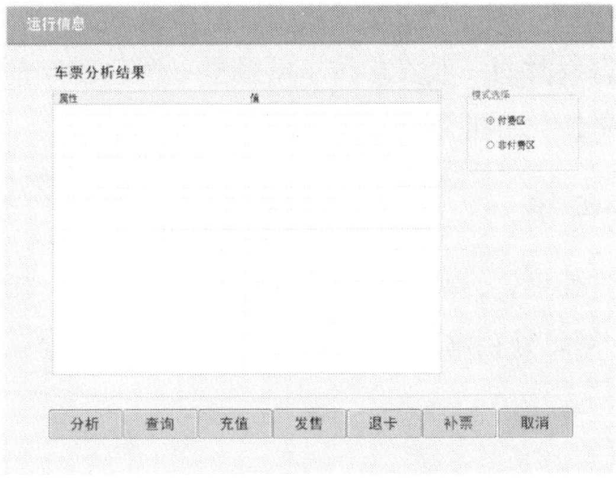

图 7-14 车票分析界面

(6)车票抵消

当一个班次内预制的单程票未售完时，应及时将这些已经赋值的单程票抵消(即变成为赋值的单程票)，如图 7-15 所示。车票抵消操作要求如下：

①此功能目前只对当天本台半自动售票机 BOM 发售的未进站的单程票有效；

②只能抵消当天本台半自动售票机 BOM 发售的未进站的单程票；

③可逐张把车票放置在桌面读写器上，当完成本车票抵消后可移走车票，放置下一张车票继续抵消。

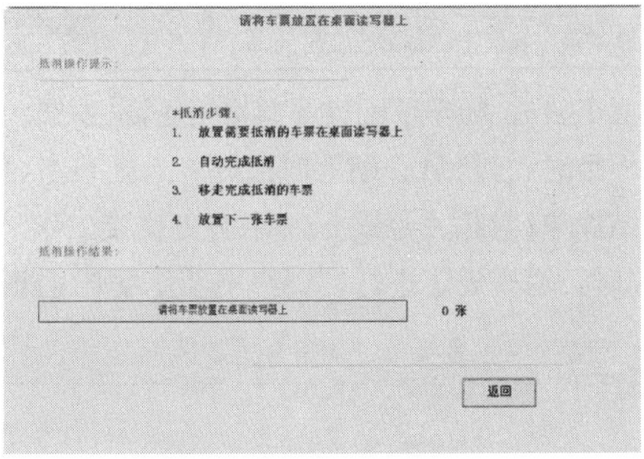

图 7-15 半自动售票机车票抵消操作

二 售检票作业标准及程序

通常情况下，售票工作在各车站的售票/问讯处进行。但当车站出现大客流或自动、半自动售票机故障，售票能力不足时，会安排人员在临时售票/问讯处人工出售单程票，以缓解售票能力不足的现象。售票时间一般安排在车站最早一列载客列车到达前至最后一列载客列车开出后。售票员售票作业标准及程序如下：

1 售票前的准备工作

售票员到客运值班员处报到，领取备用金、车票、票据等，按实际数量在《售票员结算单》上签收交接。领取售票/问讯处钥匙，同时做好相关登记 。

2 开窗售票

（1）售票作业前必须使用自己的员工号和密码登录。

（2）售票作业时必须遵守“一收、二唱、三操作、四找赎”（见表7-1）。

（3）车票在交给乘客之前，必须使用半自动售票机BOM进行分析，请乘客通过乘客显示屏或打印单据确认车票有效性。

售票作业程序表

表7-1

步骤	程序	内　容
1	收	收取乘客的票款
2	唱	讲出票款金额，重复乘客要求的购票张数和车票类型，如未听清乘客的要求，应主动礼貌的询问
3	操作	检验钞票真伪，如钞票为伪钞，则要求乘客另换钞票；在半自动售票机BOM上选择相应功能键，处理车票
4	找赎	清楚说出找赎金额和车票张数，将车票和找赎的零钱一起礼貌地交给乘客

（4）为乘客发售/充值车票后，随车票配发等额报销凭证、发票。

（5）若车票、备用金不足时，售票员必须及时通知客运值班员，要求补充，并在《值班员交接班记录》及《售票员结算单》等相关台账上注明，做好交接工作。

（6）售票员暂时离岗时必须按规定进行“暂停”作业，否则由此引发的一切不良后果均由离岗者本人自行承担。

3 售票结束

（1）售票员交班时（临时顶岗或他人顶班时也要进行此项操作）必须按规定签退，否则由此引发的一切不良后果均由离岗者本人自行承担。进行半自动售票机BOM签退前，交接双方须注意观察并记住设备提示的当前票卡数量，以便接班人员登录时准确输入车票数，防止人为造成车票库存差异。

(2)售票员清理现场,携带本人所有现金,以及在处理乘客事务处理中收取的车票、报表、单据和个人领用但未售完的车票,回票务管理室。

(3)售票员清点个人票款后,交予客运值班员,在纸质的《售票员结算单》上核对票款数目,签字确认。

7.2 退票作业

城市轨道交通供乘客使用的IC卡车票是有价证券,一经乘客购买,正常情况下是不允许退票的,但在特殊情况下,也可办理退票。不同的城市轨道交通运营企业能否进行退票及退票时的限制条件各不相同。根据退票的责任不同,可分为乘客责任退票及城市轨道交通运营企业责任退票。

一 乘客责任退票

乘客责任退票是指由于乘客自身原因造成购买单程票后不能及时乘坐或者储值票存有余额但不再继续使用时产生退票以及无效票产生退票的情形。

1 单程票退款

对于已售出单程票的退款,不同的城市轨道交通运营企业有不同的规定,有些城市轨道交通运营企业规定:单程票一经售出若不属城市轨道运营企业的责任一律不予退款(如成都地铁)。有些城市轨道交通运营企业又规定:单程票售出当天,卡内信息可以读取、未曾用于乘坐地铁,在规定的时限内(如广州地铁要求在购票后30分钟内),乘客要求退票时,由售票员采用半自动售票机BOM办理退款业务,并填写《退款票处理记录表》,将车票票价全部退还给旅客,经客运值班员审查确认,超过系统规定的时间,则不予退款。

2 储值票退款

储值票在使用过程中,如还存有余额,但乘客不再需要储值票,要求退款时按以下情况分别办理。

储值票未损坏,卡内信息能查询到余额,由售票员采用半自动售票机办理退款业务,并填写《退款票处理记录表》,将车票余额及押金退还给乘客,并由客运值班员审查确认;若储值票由于持卡人保管不善出现卡折叠、断裂、涂鸦、张贴异物、缺边、缺角、打孔或因人为原因造成票面图案脱色或漆的储值票,但卡内信息能查询到余额,即:不可循环使用的车票,押金不退,只退还余额。

若储值票卡不能更新处理或不能查询到余额时,按无效票办理退款业务。

为了保证储值票退款的安全、准确,中央计算机系统还可设置退款的条件、使用次数限制、余额限制等以确保退票处理有足够的安全性,防止欺骗行为的发生。

3 无效票退款

无效票是指经半自动售票机 BOM 检验无法更新且系统无法读取数据的车票。

(1)即时退款

若半自动售票机能查询到车票余值,按上述规定办理相应退款,并回收无效票。

(2)非即时退款

若半自动售票机不能查询到车票余值,回收无效票,填写《无效车票处理申请表》,请乘客在 10 个工作日内,凭车票处理申请表收据到其指定的车站办理退款。

二 城市轨道交通运营企业责任退票

当车站发生不可预料的事情,比如列车故障、行车安全事故等造成乘客不能按时乘车,乘客提出退票要求时,在任何车站,持单程票的乘客可在当日也可在规定的日期内(如成都地铁要求在 10 日内)办理单程票退票,填写《退款票处理记录表》,使用储值票的乘客可在下次进站时给予免费更新。

三 退票作业程序

当乘客要求退票时,站厅巡视岗站务员应引导乘客在售票/问讯处半自动售票机 BOM 办理。售票员应根据需要先分析车票状态,确认车票能否办理退款,并根据退票的相关规定为乘客办理退票业务。

知识拓展

储值票替换

某些城市的城市轨道交通运营企业规定:当乘客的车票由于自身原因造成车票不能使

用，售票员对车票进行分析后，对于符合系统设置参数的车票可允许替换。在进行替换处理时，在被替换的车票上写入有关替换信息，但车票的原有信息不能被修改或抹除，车票上的所有余值/乘车次数及优惠信息应完全转入新的车票上。

7.3 钱箱更换及钱箱内现金清点作业

售检票终端设备中涉及现金交易的自助设备主要有自动充值机和自动售票机。在车站的日常票务作业中或运营结束后需要回收设备内的钱箱，以便清点和票款解行。设备钱箱主要有自动充值机纸币钱箱、自动售票机纸币钱箱和硬币钱箱。

一 自动售票机（TVM/AVM）钱箱更换作业

钱箱更换作业一般是由客运值班员负责安排更换 TVM 钱箱。若在运营时间更换钱箱时，须设置“暂停服务”牌。更换完成后，须确认自动售票机已恢复正常服务状态后，再撤除“暂停服务”牌，并立即将钱箱送返票务室（点钞室）。

1 更换钱箱的时间

（1）车站计算机提示 TVM 钱箱将满时。

（2）TVM 显示屏出现“只收硬币”或“只收纸币”时。

（3）各站结合本站具体情况制定的更换钱箱的固定时间。

（4）本站最后一列载客列车开出后的规定时间内。

2 自动售票机（TVM/AVM）钱币钱箱更换操作（如图 7-16 ~ 图 7-18）

（1）打开维修门。

（2）在维护面板上登录。

（3）在维护面板上选择“补充硬币”。

（4）将待更换钱箱的前盖板手动推回箱体。

（5）用钥匙将取箱锁扳至开位。

(6)双手取下硬币钱箱,并取出钱箱内硬币装入指定容器中。

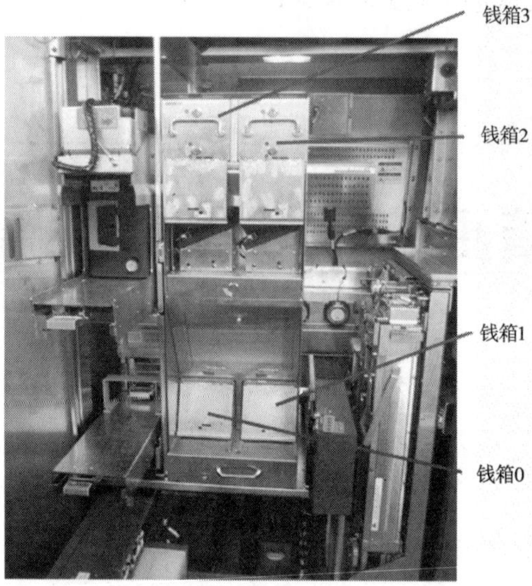

图 7-16　自动售票机硬币钱箱

图 7-17　自动售票机硬币钱箱推回盖板操作

3 自动售票机(TVM/AVM)纸币钱箱更换操作(如图 7-19、图 7-20)

(1)打开维修门。

(2)拉动纸币模块下端“拉出把手”。

(3)用钥匙将锁位扳至“开”状态。

(4)拉出纸币钱箱把手,双手将纸币箱取下。

(5)按照规定取出纸币钱箱内的纸币装入指定容器内,再装回自动售票机(或直接安装更新的纸币钱箱)。

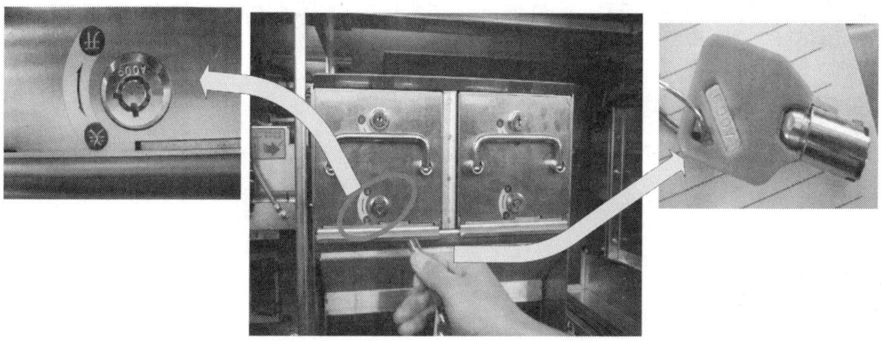

图7-18　自动售票机硬币钱箱锁闭

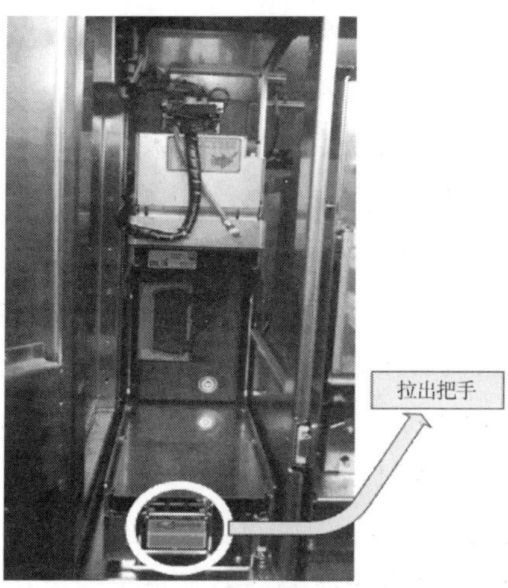

图7-19　自动售票机纸币模块示意图

图7-20　自动售票机纸币钱箱开锁操作

4 更换钱箱的注意事项

(1)更换钱箱的工作必须在车站计算机设置的系统运营结束时间之前全部完成。

(2)每日运营结束后,必须更换所有投入服务的自动售票机TVM的钱箱。

(3)每日实际运营结束后更换钱箱,须将找零器和副找零器内的所有硬币回收至硬币钱箱内。

(4)更换钱箱时需两人进行操作:一人负责具体操作,一人负责更换钱箱操作的监控和安全工作。

(5)打开自动售票机TVM维修门及取出钱箱时必须报车控室,在得到车控室在车站计算机上下达命令后,用员工号和个人密码登录。

(6)根据需要准备一定数量的空钱箱,以便更换时作替换用。

(7)从设备上取下钱箱后要立即放入运营小车中并上锁,并按操作规程要求装上空钱箱。

(8)钱箱更换完毕后,设备后门要及时上锁。

(9)须两人将运营小车推回票务室(点钞室),并选择安全的路线,且任何一人都不可擅自离开。

二 钱箱清点工作

钱箱清点是收益管理的重要环节,应严格把控。一般情况下,钱箱的清点工作需要由两人在车站票务室(点钞室)共同完成。

清点出的所有钱箱票款金额,并扣除值班员为自动售票机补充找零硬币的金额,就是当日自动售票机票款收益。为保证自动售票机票款收益统计的准确性,车站对于补入自动售票机的找零硬币的清点及钱箱票款的清点必须按规范要求进行,以确保准确无误。一般情况下,硬币的清点及钱箱的清点工作须由两人在票务室(点钞室)监视仪监视状态下共同完成。值班员在清点用于补币的硬币时,每台自动售票机的补币清点数量必须在票务室(点钞室)监视系统下进行读数并加封。用于补币的硬币清点完至补币前,须存放在票务室(点钞室)监视区域,进行补充硬币操作时必须两人负责(一人操作,一人监控),补充硬币后须做好相应台账记录。清点钱箱时,相应的钱箱、钱袋和点币机必须放在安全区域。整个清点过程中任何人不得遮挡监视仪,若监视系统发生故障而造成车站无法按程序清点钱箱时,须由一名车站值班站长或以上职务人员和车站值班员两人一起清点钱箱,必须逐一清点,每个硬币钱箱的清点数量必须在票务室(点钞室)监视系统下进行读数,并将实点数及时记入《钱箱清点报告》对应的实点金额栏,每清点完一个钱箱,须确保钱箱已倒空并无现金遗留在钱箱内。清点钱箱过程中,非紧急情况不得离开票务室(点钞室)。

钱箱清点工作的作业标准如下:

(1)钱箱清点要在车站票务室(点钞室)进行。

(2)清点钱箱时,相应的钱箱、钱袋和点币机必须放在安全区域。

(3)在有监控设备的条件下,所有清点工作都要在摄像头有效的范围内进行。

(4)钱箱清点工作至少确保两人在场,并互相监督(一人负责清点,一人负责监督)。

(5)纸币钱箱和硬币钱箱要分开并逐一清点。

(6)钱箱清点和数据录入、台账填写要规范,并按解行的要求进行封存。

在清点过程中，若发现假币、机币等异常情况，需要在“钱箱清点报告”备注栏注明，假币、机币用票务专用信封加封后随报表上交票务室（点钞室）。在整个清点过程中，任何人不得遮挡监视仪，若监视系统发生故障而造成车站无法按程序清点钱箱时，须由一名车站值班站长或以上职务人员和车站值班员两人一起清点钱箱，必须逐一清点。钱箱清点过程中，非紧急情况下不得离开票务室（点钞室）。

7.4 票款收缴作业

车站的票款是车站现金的重要组成部分，应严格执行财务管理规定，严禁坐支票款，票款和备用金要分区管理。

车站票款主要有自动售票机售票收入、自动充值机储值票充值收入、售票/问讯处半自动售票机售票和充值收入、临时售票/问讯处售票收入等。对于车站的票款收入，要求每日运营结束后进行清点、登记、系统录入、封装和解行。清点、登记和系统录入等相关规定详见单元6，下面主要讲述票款的封装和票款解行方法。

一 票款封装

车站当日要解行的票款由客运值班员一人在监视仪状态下清点，清点完毕由车站值班站长复核并确认金额后，由值班员填写现金交款单，注明交款金额、企业账户等信息，与票款一起装入尾箱，并由两人共同加封尾箱。

票款汇总后需进行整理和封扎。封包必须用统一的封包纸袋和布袋按规定封包。每一笔解款单对应一只封包布袋，布袋口必须用绳子双结扎紧，绳结处加贴封口条，封口条加盖两名经办人骑缝章。封口条必须填写日期、站名、金额，金额必须与计数单和解款单金额一致。车站要按规定执行预缴款及封包交接制度，进款要做到收缴正确，账款相符，交接清楚，手续完整。票款的解缴，由银行到各站收取，车站须指定专人做好与银行基础交接工作，确保现金安全。

二 票款解行

票款解行是指车站与银行之间的票款交接，即：车站将票款收益企业在银行的专用账户的过程。票款收入一般要求每日按时解行,不得在车站过夜保管,解行方式由各个城市轨道交通运营企业视情况而定。

1 解行方式

根据各个城市轨道交通运营企业的实际情况不同,所采用的票款解行方式也不尽相同,目前城市轨道交通运营企业的票款解行方式主要有直接解行和集中站收款两种。

(1)直接解行

直接解行是指由车站清点票款,并由车站人员送到银行,银行工作人员与交款人员当面清点票款并当即返还现金送款单的解款方式,这种方式适用于有驻站银行的车站。

(2)集中站收款

集中站收款是指由银行或者专门押运公司到车站收取票款,运送到银行,银行工作人员按规定清点票款后于次日返还现金送款单,最终确认送行金额的解款方式,这种方式适用于距离银行地理位置较远的城市轨道交通车站。此种方式为每日白天运营低峰时段,车站票款清点封包后,由车站交款员及安保人员送至站区交款点,将票款交予银行工作人员。银行须将解行人员资料在安保部备案,由安保部将资料发至各收款点所在车站,以便核对;如有解行人员变动,银行须提前三日将解行人员变动名单在安保部备案,由安保部通知收款点所在车站;银行解行人员抵达收款点后,须到车站综控室由值班站长核对解行人员身份,办理登记手续,领取收款房间钥匙。各车站应于每日8:00前将本日交款人员名单报交款点所在车站,由该站值班站长将名单交收款点保安人员;车站交款人员前往交款点时,须有保安陪同。交款员持证登乘列车驾驶室,在规定时间和地点完成交款;各站交款人员交款时,须与银行解行人员共同核对封包数量、编号以及加封状况,无误后与解行人员办理交接手续;银行解行人员离开时须到车站综控室办理注销手续并交还钥匙。

两种解行方式的优缺点见表7-2。

直接解行和集中站收款的区别 表7-2

解行方式	直接解行	集中站收款
优点	及时、准确地监控城市轨道交通车站收益票款环节,及时发现解行票款正确与否	具有专门配送机构,提高了运送途中的安全性,减少城市轨道交通车站解行时间
缺点	票款运送途中的安全性不高,解行时间可能会受其他银行客户影响	银行入账凭证会延迟返还,不能及时发现城市轨道交通车站解行票款的问题须与银行或专门配送公司签订相关协议,甚至需交付一定费用

2 解行时间

城市轨道交通运营企业应根据车站特点及银行服务时间确定解行时间,以保证车站能将票款尽可能多地存入银行,尽量减少存在车站过夜的票款,降低车站收益保管风险。

3 解行操作程序

车站当日需要解行的票款由值班员一人在监视仪监视状态下清点，清点完毕由车站值班站长复核并确认金额后，由值班员填写交款单，注明交款金额、企业交款账户等信息，与加封好的票款一起送交银行，银行在清点完收到的票款并确认无误后，存入指定账户。

当银行在清点车站解行的票款过程中，发现长款、短款或假钞（假钞不计入实际清点金额，发现假钞时按短款处理）时，按实际清点金额入账，并将差错情况反馈给相关车站，车站组织调查处理。车站票款解行的流程如图7-21所示。

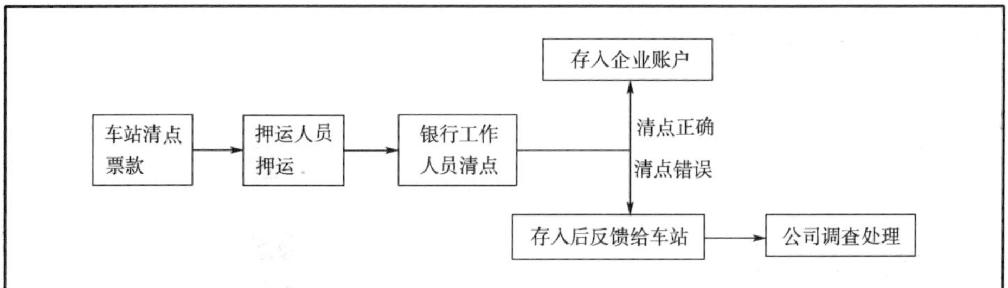

图7-21 车站票款解行流程图

7.5 乘客票务处理

乘客事务处理是指乘客在乘坐轨道交通工具的过程中，因自身原因或其他特殊原因造成无法正常进出车站时引起的事务处理。

在实行计程票价制的城市轨道交通运营企业，常见的乘客票务处理主要有车票超程、超时、无效、进出次序错误以及自动售票机卡币、卡票、找零不足和充值不成功等。本节根据不同的票务事务产生的原因来分别叙述处理的办法。

一 车票超程

1 车票超程的含义

车票超程是指按路程计价时，付费区乘客所持车票余额不够支付按标准计算所得的起点站至终点站之间的单程车费，车票不能正常通过出站闸机的情况。

2 车票超程的处理

(1)单程票超程

付费区乘客所持单程票超程时，站务员向乘客收取所欠车费后，在半自动售票机上操作更新车票，乘客持票出站。

(2)储值票超程

付费区乘客所持储值票超程时，站务员向乘客收取充值金额，在半自动售票机上对车票进行充值操作后，乘客持票刷卡出站。

二 车票超时

1 车票超时的含义

车票超时是指乘客验票进入付费区后，在付费区逗留时间过长，导致车票使用时间超过了系统规定的有效时间，车票不能正常通过出站闸机的情况。

2 车票超时的处理

(1)乘客所持单程票超时

付费区乘客所持单程票超时时，站务员向乘客收取超时补款(各城市轨道交通运营企业自行规定)后，在半自动售票机上操作更新车票，乘客持票出站。

(2)乘客所持储值票超时

付费区乘客所持储值票超时时，若车票进站日期显示是当天进站，则向乘客收取超时补款后在半自动售票机上操作更新车票，乘客持票刷卡出站；若车票进站日期显示不是当天进站，则扣除上次乘车费用(一般是最小车程费)，输入进站码更新车票，乘客持票刷卡出站。

三 车票无效

1 车票无效的含义

车票无效是指车票在使用过程中，因轨道交通设备原因或乘客自身人为原因造成车票异常，无法正常通过进、出站闸机，且无法通过半自动售票机进行更新处理的情况。

2 车票无效的处理

无效票的处理按付费区和非付费区分别处理。

(1)非付费区

当非付费区乘客持无效车票要求乘车时,站务员需判断造成车票无效的原因是轨道交通设备原因还是乘客自身人为原因,若属于乘客自身人为原因造成,则回收乘客手中的无效车票,并请乘客重新购票乘车;若为轨道交通设备原因造成,如自动售票机发售的无效车票,则回收无效车票,按规定办理乘客事务处理单,在半自动售票机上给乘客免费发售一张等值的普通单程票。

(2)付费区

当付费区乘客持无效车票不能出站时,站务员通过判断,如为乘客自己人为原因造成车票无效,则回收无效车票,并请乘客按规定补款后,在半自动售票机上发售有效车票供乘客出闸;若为轨道交通设备原因造成,则回收无效车票,并在半自动售票机上给乘客免费发售有效车票,以供乘客出闸。

四 车票进出次序错误

1 车票进出次序错误的含义

车票进出次序错误是指车票所处付费区或非付费区模式与乘客实际所在的区域不一致的情况。

2 车票进出次序错误的处理

车票进出次序错误按非付费区和付费区分别处理。

(1)非付费区

主要表现为两种形式:一种是乘客在非付费区,但乘客车票显示已在进站闸机验过票,显示为付费区模式,不能再次验票进站,这种情况一般是由于乘客持票在进站闸机验票后未及时进闸所致;另一种是乘客在付费区,但所持车票没有进闸记录,显示仍为非付费区模式,车票不能正常通过出站闸机,这种情况一般是因乘客进闸时没有成功验票,与其他乘客一起并闸进站或没有经进站闸机验票直接从其他地方进入付费区所致。

当乘客在非付费区时,站务员在半自动售票机非付费区模式下分析车票,若车票上次验票时与当前时间之差在系统允许的更新时间范围内,则半自动售票机显示该票可以更新,售票员按“更新”按钮更新车票信息,乘客可持车票正常进站;若车票上次验票时间与当前时间之差已超出系统允许的更新时间范围,需要根据各城市轨道交通运营企业的票务政策与规定进行相应处理。

(2)付费区

当乘客在付费区时,售票员在半自动售票机付费区模式下分析车票,根据半自动售票机分析显示单程票发售车站名,输入进站车站进行更新。

五 自动售票机卡币、卡票或找零不足

1 自动售票机卡币

(1)自动售票机卡币的含义

卡币主要指乘客在自动售票机上投币购票时,因自动售票机自身原因或乘客所投纸币(硬币)边缘变形、胶带物等原因,导致纸币(硬币)被卡在自动售票机的某个部位,且自动售票机不再接收纸币(硬币)的情况。

(2)自动售票机卡币的处理

当乘客反映自动售票机卡币时,值班员首先要检查自动售票机投币口是否有纸币(硬币)堵塞或显示屏是否显示卡币故障代码,确认是否发生卡币情况。如显示屏显示卡币故障代码,则应按车站规定办理乘客事务处理单,对卡币的乘客以多退少补的原则给乘客发售相应面值的车票,同时报专业维修人员进行处理;如检查投币口无纸币(硬币)堵塞,显示屏未显示卡币故障代码,则由值班员与另一车站员工共同打开自动售票机维修门,查看自动售票机的最近交易记录,并根据查询情况进行处理。若自动售票机显示正常且没有与乘客反映购票情况一致的交易记录,则表示没有卡币情况发生,由值班员负责向乘客做好解释工作。

2 自动售票机卡票

(1)自动售票机卡票的含义

卡票主要是指自动售票机在给乘客发售单程票的过程中,因自动售票机自身原因或单程票边缘变形、变厚等原因,导致单程票被卡在自动售票机的某个部位,且自动售票机自动进入“暂停服务”模式的情况。

(2)自动售票机卡票的处理

当乘客反映卡票时,值班员首先查看显示屏是否显示卡票故障代码,确认是否发生卡票情况。如显示屏显示卡票故障代码,则应按车站规定办理乘客事务处理单,并在半自动售票机处按乘客需求重新发售一张车票或者办理退票手续,同时报专业维修人员进行处理;如显示屏未显示卡票故障代码,则由值班员与另一车站员工共同打开自动售票机维修门,查看自动售票机的最近交易记录,并根据查询情况进行处理。若自动售票机显示正常且没有与乘客反映购票情况一致的交易记录,则表示没有卡票情况发生,由值班员负责向乘客做好解释工作。

3 自动售票机找零不足

(1)自动售票机找零不足的含义

自动售票机找零不足是指当乘客投入自动售票机的现金金额大于实际购票金额,因自动售票机自身原因或找零硬币边缘变形、粘有胶带物等原因,导致找零硬币被卡在自动售票机的某个部位,自动售票机停止找零,造成乘客找零金额不够的情况。

(2)自动售票机找零不足的处理

当乘客反映自动售票机找零不足时,值班员应首先检查自动售票机显示屏是否显示找零不足故障的代码,确认是否发生找零不足的情况。如自动售票机显示屏有显示找零不足故障代码时,则填写“乘客事务处理单”,注明找零不足处理情况,在半自动售票机上退还相应款额给乘客,同时专业报维修人员进行处理;如自动售票机显示屏没有显示找零不足故障代码时,则询问乘客购票情况,由值班员和另一名车站员工共同打开自动售票机维修门,查看自动售票机的最近交易记录,确认是否与乘客反映的购票情况一致,若情况一致,则填写“乘客事务处理单”,注明找零不足处理情况,在半自动售票机上退还相应款额给乘客,同时报专业维修人员进行处理;若自动售票机显示正常且没有与乘客反映购票情况一致的交易记录,则表示没有发生找零不足,由值班员负责向乘客做好解释工作。

六 自动售票机充值不成功

1 自动售票机充值不成功的含义

自动售票机充值不成功是指乘客在自动售票机上投币充值时,因自动售票机自身原因或其他原因,导致自动售票机收取乘客投入的充值金额后,并不能充进票卡余额(未将充值金额信息写入票卡)的情况。

2 自动售票机充值不成功的处理

当乘客反映自动售票机充值不成功,值班员与值班站长应共同打开自动售票机维修门,查看最近交易记录,确认是否有乘客反映一致的充值交易记录,若没有与乘客反映一致的充值交易记录,则应立即通知专业维修人员到现场处理,确认自动售票机是否发生已收款但充值不成功的情况,车站值班员根据维修人员判断结果进行乘客事务处理;若有与乘客反映相符的充值交易记录,在半自动售票机上分析车票,根据查询情况,核实是否确有发生自动售票机已收款但充值不成功的情况。

若半自动售票机分析车票显示已成功充值,则请乘客通过显示屏确认车票成功充值,则请乘客通过显示屏确认车票充值前后余额,做好解释工作后将票卡交还乘客。

若半自动售票机分析车票余额及历史交易记录均显示没有该次充值,则表示自动售票机确实发生已收款但充值不成功的情况,车站值班员按规定办理乘客事务处理单,在注明充值不成功处理情况,根据乘客需要在半自动售票机上给乘客办理等额充值或退还给乘客充值金额。

小贴士

注意，地铁车站按照车站规模和客流量，每天更新充值的配额，当天累计充值金额上限为该站的配额值。因此，为储值车票充值时，一般充值的最小金额为10元人民币，单次充值最高金额为500元人民币。

实训任务

任务一　售票员发售纸票

某年5月1日上午10时30分，某城市地铁站发生自动售检票AFC系统设备大面积故障，此时自动售票机TVM和半自动售票机BOM80%故障，该站应如何应对？

要求：(1)每一学员能叙述处理流程。

(2)在实训场地将学员分组分岗位按处理流程来模拟现实情景的处理。

任务二　售票员登录BOM发售单程票

某年10月2日下午5时45分，某城市地铁站迎来客流高峰，自动售票机TVM无法满足乘客的购票需求，值班站长通知你登录空闲的半自动售票机BOM进行售票作业。

要求：(1)每一学员描述登录半自动售票机BOM并发售单程车票的流程。

(2)在实训场地将学员分组分岗位按处理流程来模拟现实情景的处理。

任务三　单程票退款

某年5月8日上午10时30分，某城市地铁站一名乘客在自动售票机TVM上购买了一张单程票，当日上午10时45分，该乘客由于自身原因，找到该站一名站务人员要求退票，若你是该名站务员，你该如何应对？

要求：(1)每一学员能叙述单程票处理流程。

(2)在实训场地将学员分组分岗位按处理流程来模拟现实情景的处理。

任务四　分析车票

在储值票发售、充值和单程票无法进出站时，售票员都需要进行车票分析操作。售票员只需将待分析的车票放置在读卡器上，在半自动售票机BOM的操作界面上单击“车票分析”，可显示该车票的具体信息。信息内容包括：票卡种类，车票发行日期，车票编号，车票有效期，余额，上次交易时间，交易车站等。

车票分析操作界面如图7-22所示。

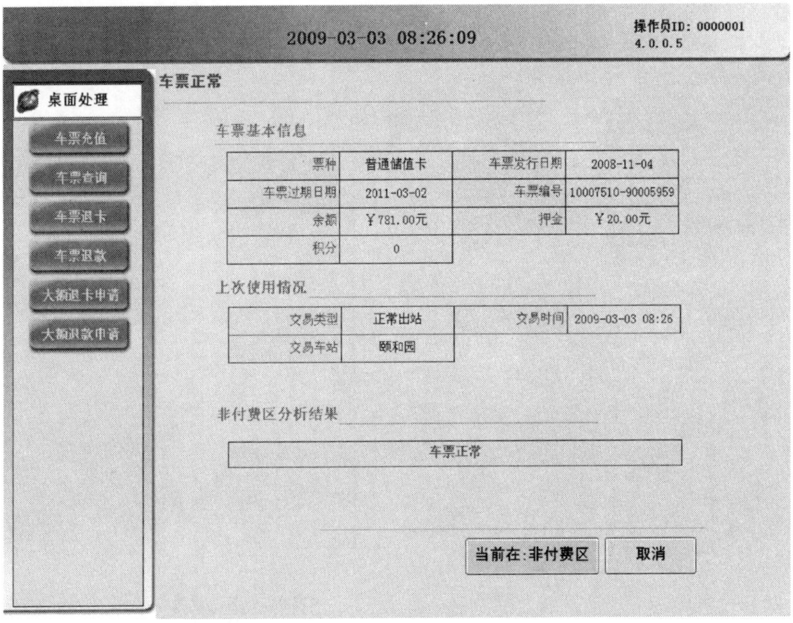

图7-22　车票分析操作界面

任务五　储值票发售与充值

目前,全国主要大、中城市都发行了各自的公交储值票(如北京的“市政交通一卡通”,广州的“羊城通”,香港的“八达通”等)。目前部分地铁车站的半自动售票机可联网对公交储值票发售和充值。其操作流程如下。

(1)储值票发售的操作

①首先对储值票进行车票分析。

②对可以发售的储值票(即白卡)进行发售。

③储值票发售需要选择或输入首次充值金额,完成后点击发售按钮。

④售票员收取车票押金(一般为20元人民币)和充值现金。

⑤储值票发售成功后,打印出发售单据,并重新分析车票,确认车票状态和余额。

储值票发售操作界面如图7-23所示。

(2)储值票充值操作

①首先对储值票进行车票分析。

②确认该储值票可以进行充值操作。

③储值票充值需要选择或输入充值金额,完成后点击充值按钮。

④售票员收取充值现金。

⑤储值票充值成功后,打印出充值单据,并重新分析车票,确认储值票充值后的余额。

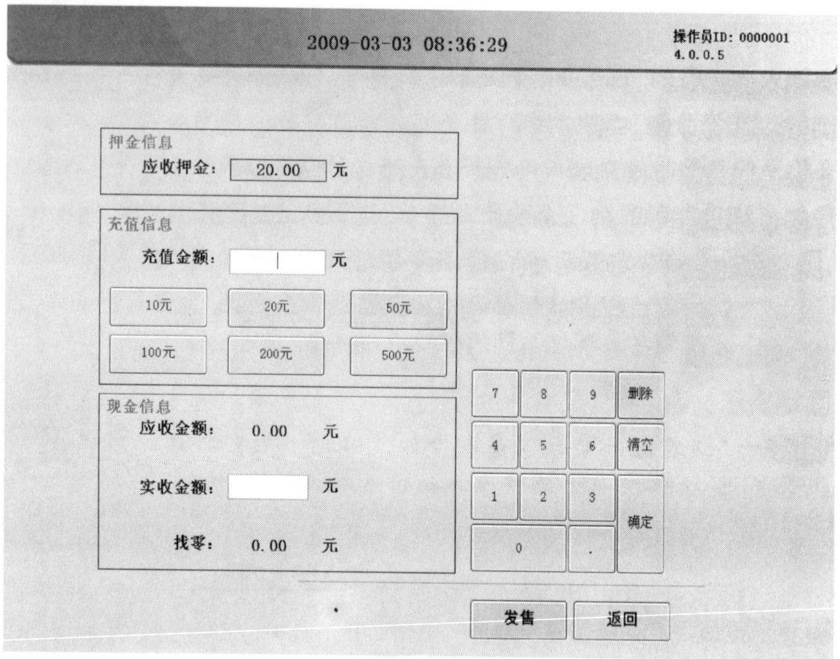

图 7-23　储值票发售操作界面

储值票充值操作界面如图 7-24 所示。

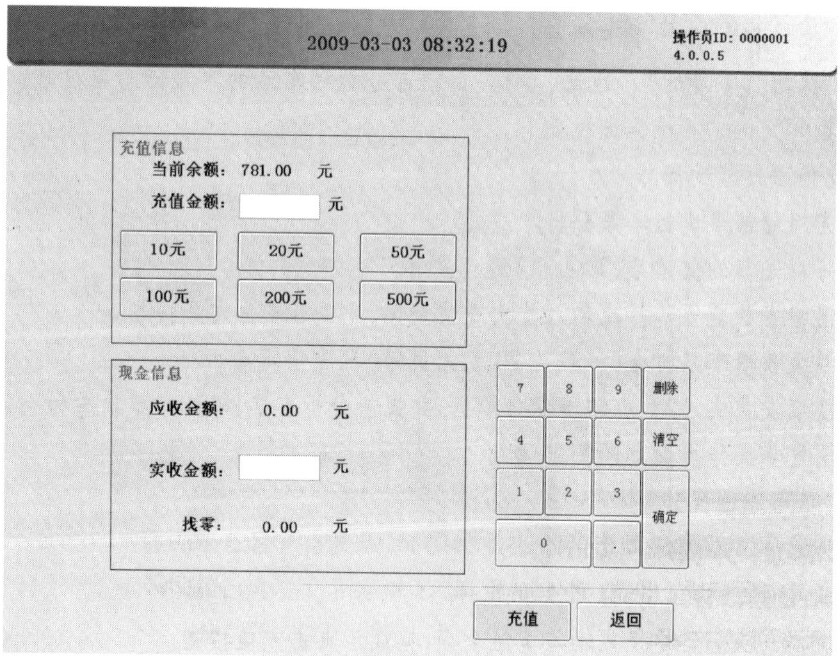

图 7-24　储值票充值操作界面

复习思考题

1. 简述售票员售票作业标准及程序。
2. 简述储值票退款时,哪些情况不予办理退款业务?
3. 简述票款解行操作程序。
4. 简述乘客车票进出次序错误时,应如何处理?
5. 简述自动售票机和半自动售票机的售票操作流程。

单元 8

特殊情况的票务处理

教学目标

1. 掌握售票类设备故障时的票务处理方法；
2. 掌握检票类设备故障时的票务处理方法；
3. 掌握降级运营模式下的票务应急处理方法。

建议学时

6 学时

教学导入

正常情况下,自动售检票设备都是在正常运营模式下运行。当城市轨道交通在运营过程中出现AFC系统终端设备发生故障或能力不足或出现其他系统设备故障、火灾等紧急情况,以及出现列车延误、清客、越站等特殊情况时,车站各岗位人员要在值班站长的全面指挥下,完成车站的票务运作。站务人员要完成特殊情况下的票务工作,必须掌握售票类设备故障、检票类设备故障以及降级运营模式下的票务应急处理办法。

8.1 售票设备故障时的票务处理

一 自动售票机TVM故障

1 部分自动售票机TVM故障或能力不足的处理

自动售票机能力不足是指当车站出现突发大客流等特殊情况时,由于现有的自动售票机数量有限,不能满足乘客购票需要,导致大量乘客在车站非付费区滞留并等候购票的情况。

当站内部分自动售票机TVM故障时,若为职责范围内的故障情况,客运值班员或客运综控员应进行简单故障处理,若非职责范围内或无法处理的设备故障,应及时向相关部门报修,并做好报修记录。站内站务人员对乘客做好引导宣传工作。若无法满足乘客需求,视客流情况,值班站长可下令适当加开半自动售票机BOM,安排售票员在半自动售票机上出售单程票,以加大售票能力。

部分自动售票设备TVM故障或能力不足的处理流程如图8-1所示。

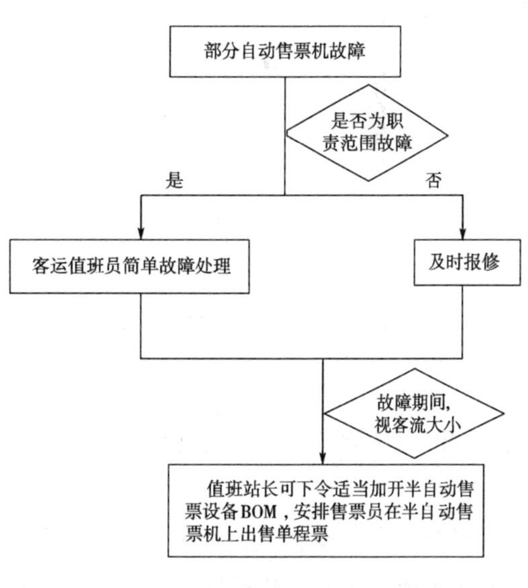

图8-1　部分自动售票机故障处理流程

2 全部自动售票机 TVM 故障

当车站全部自动售票机 TVM 故障时,客运值班员或客运综控员应立即通知值班站长,向相关维修部门报修,做好记录,并到站厅进行宣传疏导工作。

全部自动售票机故障时,值班站长安排售票员在半自动售票机上出售单程票;根据客流情况,当半自动售票机售票不能满足乘客购票需求时,值班站长需要报站长确定是否出售预制票或纸票,并报告控制中心 OCC 的行车调度员,由行车调度员通知其他车站做好给乘客检票的准备工作;同时安排人员引导持纸票的乘客从应急通道进站;车站在设备恢复正常或客流有效缓解后恢复正常运作,值班站长决定停止售卖纸票并上报控制中心 OCC 的行车调度员。全部自动售票机 TVM 故障处理流程如图 8-2 所示。

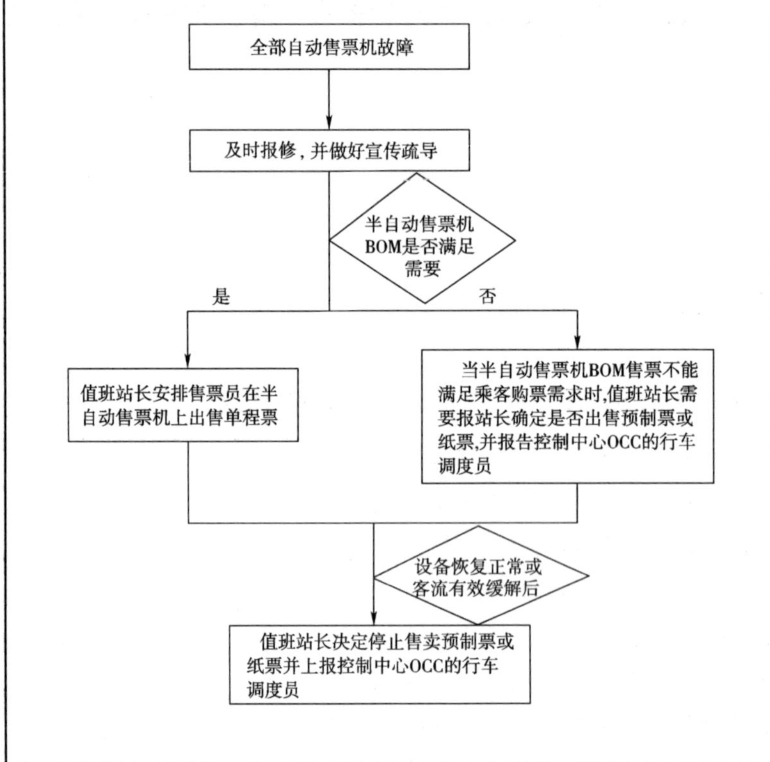

图 8-2 全部自动售票机故障处理流程

二 半自动售票机 BOM 故障

当车站半自动售票机故障时,乘客所持车票不能在半自动售票机上进行分析处理操作,当乘客不能正常进、出闸机时,车站应根据各自半自动售票机的功能不同而给予不同的处理。

1 部分半自动售票机 BOM 故障

若只有部分半自动售票机 BOM 发生故障，售票员应通知客运值班员进行故障处理，在售票窗口摆放“设备故障，暂停服务”提示牌，同时，客运值班员应安排人员引导乘客至自动售票机 TVM 购票充值及到其他售票/问讯处（即半自动售票机正常的售票/问讯处）办理相关票务业务。客运值班员无法处理的设备故障，通知相关维修部门，并做好报修记录。

若车站售票/问讯处内有其他空闲半自动售票机 BOM，售票员可在故障半自动售票机 BOM 上退出后，登录空闲半自动售票机 BOM，进行票务作业。部分半自动售票机故障的处理流程如图 8-3 所示。

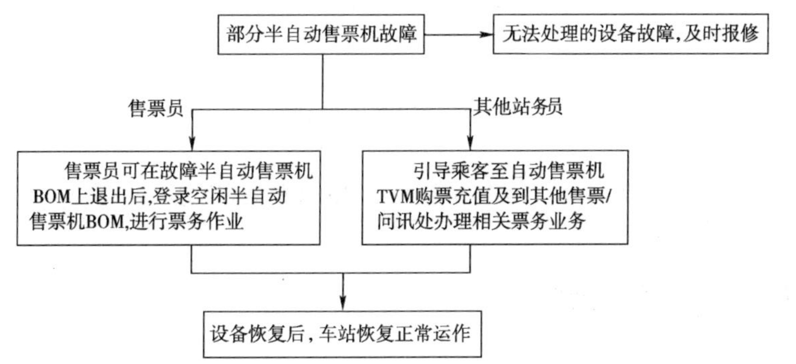

图 8-3 部分半自动售票设备故障处理流程

2 全部半自动售票机 BOM 故障

当全部半自动售票机发生故障时，会影响车站内售票充值的能力以及乘客票务处理的能力。此时，售票员应及时通知值班站长，值班站长应通知中心站站长现场情况，由中心站站长逐级向公司汇报，由中心站站长根据客流情况下令发售预制票来缓解车站的售票压力，售票员应按地铁票价表发售预制票；同时开启车站所有可用自动售票设备。

当全部半自动售票机故障时，对于乘客票务处理需视乘客是否在付费区进行处理。

(1)乘客在非付费区

当全部半自动售票机发生故障，乘客在非付费区时，引导其从边门进站，并告知将在出站时由出站的车站进行车票处理。

(2)乘客在付费区

当全部半自动售票机发生故障，乘客在付费区时，对持单程票的乘客，由站务员回收其单程票并引导其从边门出站；对持储值票的乘客，由站务员进行车票处理后刷卡出站。

全部半自动售票机故障的处理流程如图 8-4 所示。

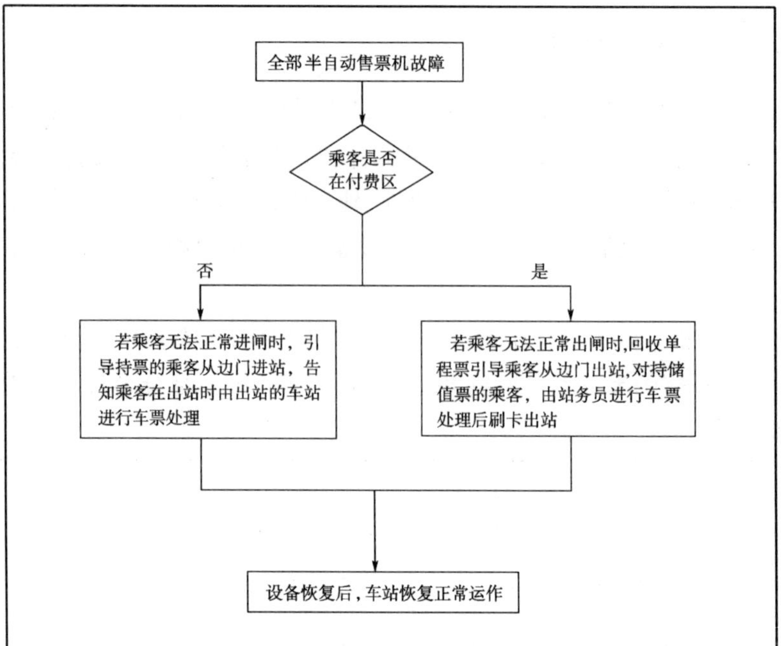

图 8-4　全部半自动售票机故障的处理流程

三　全部售票类设备故障

当车站发生自动售票机和半自动售票机全部故障时，将无法出售单程票，乘客所持车票也不能在半自动售票机上进行分析、处理操作。此时，客运值班员应立即向值班站长汇报车站设备情况，向公司相关维修部门报修，做好报修记录。值班站长应立即将车站现场运营处置情况上报中心站站长，并由中心站站长逐级上报公司，由中心站站长根据客流情况下令发售预制票。

1　预制票的发售

若车站客运组织安全有序且运力允许的条件下，车站站存预制票可以满足发售需求，经值班站长下令，车站发售预制票。

(1)故障发生站的售票/问讯处置

①车站通过调度电话通知控制中心行车调度员，由行车调度员告知线路内其他车站做好应对准备。

②客运值班员至票务管理室，将封存预制票配发给各售票员，做好相关台账报表记录。

③客运值班配发好预制票后，至站厅进行宣传疏导工作。

④售票员领取预制票，在车站售票/问讯处内依照票价表发售预制单程票。

⑤车站工作人员应做好宣传引导工作，组织乘客有序进出车站。

⑥车站通过广播、提示牌、人工宣传等方式提醒乘客暂停充值业务，引导乘客购买预制

单程票。

(2)故障发生影响站的票务处置

当其他车站被告之线路内某车站发售预制票时,值班站长应立即告之站内所有票务工作人员,如有无进站标记且无购售站信息的预制票,按发售预制票车站进行相应补票作业,非当日乘坐回收原票卡,按过期票进行相应补票作业。

当部分设备恢复正常后,值班站长应根据客流情况决定停止售卖预制票,并上报控制中心调度员。

2 车票的更新处理

当全部售票设备故障时,对于乘客票务事务处理需视乘客是否在付费区进行处理:

(1)非付费区乘客

对非付费区乘客,引导持储值票无法正常进入闸机的乘客及持预制票的乘客从应急通道进站,对持储值票不能正常进站的乘客,告知其在出站时由出站的车站进行车票处理。

(2)付费区乘客

若乘客在付费区而无法正常出闸时,引导乘客从应急通道出站。对持储值票的乘客,应告知其在下次乘车时到售票/问讯处处理车票;持单程票的乘客,应回收其单程票。

全部售票类设备故障的处理流程见图8-5。

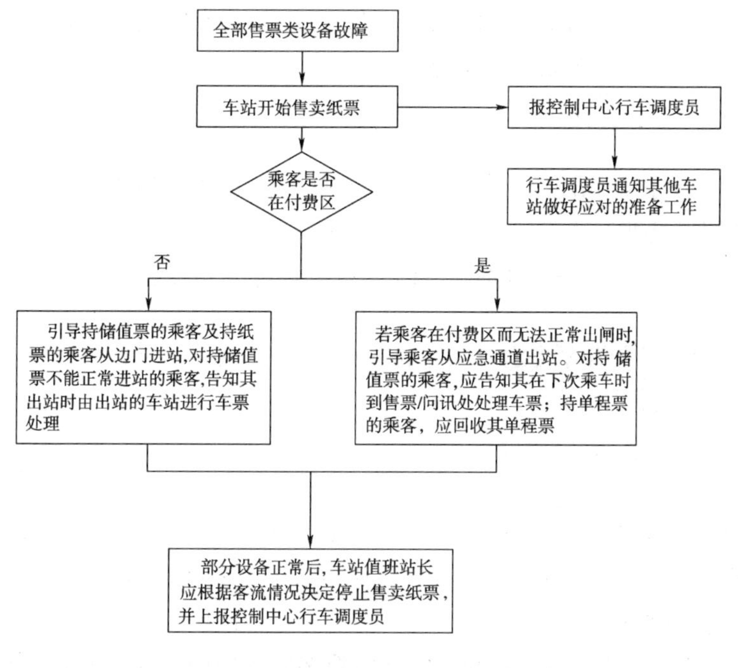

图8-5　全部售票类设备故障的处理流程

8.2 自动检票机故障时的票务处理

一 部分自动检票机故障

客运值班员对职责范围内的故障情况及时进行简单故障处理，若非职责范围内或无法处理的设备故障，应及时向相关部门报修，并做好报修记录。在故障自动检票机（即闸机）通道处摆放“设备故障，暂停使用”提示牌，引导乘客选用正常闸机进、出站。

若乘客进出速度缓慢，影响客流速度，可视情况，将双向站闸机人工设置为所需方向。

1 部分进站闸机故障

值班站长可视客流情况，下令减缓或减少售票窗口；如有需要，可适当关闭站内自动售票设备及售票窗口，以减小车站进站压力。

2 部分出站闸机故障

在车站条件可允许的情况下，可打开故障闸机通道，组织持回收类车票乘客出站，人工回收车票，宣传引导持非回收类票卡乘客刷卡出站。

若车站70%及以上进、出站闸机故障，且无法及时修复，可按突发性进、出站大客流来处理。

二 全部检票类设备故障

1 全部进站闸机故障

全部进站闸机故障是指全部进站闸机停止检票，乘客无法通过进站闸机正常进站。当发生全部进站闸机故障时，值班站长应指挥各岗位按以下程序处理：

（1）故障发生站票务处理

故障发生站必须及时安排人员引导持票的乘客通过边门进站，同时报控制中心行车调度员，由行车调度员通知其他车站做好给乘客更新车票的准备工作，车站在设备恢复正常或进站闸机客流有效缓解后恢复正常运作，并上报控制中心行车调度员。

(2)受影响车站票务处理

受影响车站在接到行车调度员通知后,安排售票员做好乘客车票更新工作,引导乘客更新车票后通过出站闸机正常出站。

进站闸机能力不足或全部进站闸机故障的处理流程如图8-6所示。

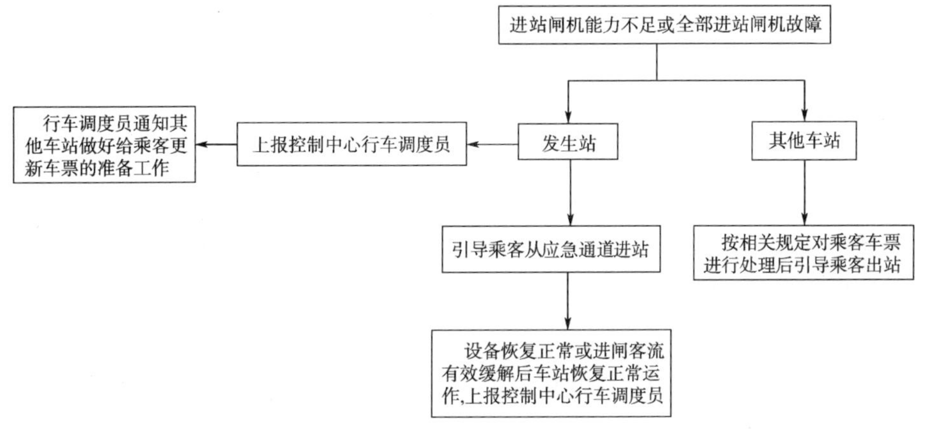

图8-6　进站闸机能力不足或全部进站闸机故障的处理流程

2 全部出站闸机故障

全部出闸机故障是指全部出站闸机停止检票,乘客无法通过出站闸机正常出站。当发生全部出站闸机故障时,值班站长应指挥各岗位按以下程序处理:

值班站长及时报控制中心行车调度员,通知售票员及厅巡岗引导乘客从边门出站,对持单程票的乘客,应回收其单程票并记入当天站存;对持储值票的乘客,应告知其本次车费在下次乘车时到售票/问讯处扣除。车站在设备恢复正常或出闸客流有效缓解后恢复正常运作,并上报控制中心行车调度员。

出站闸机能力不足及全部出站闸机故障的处理流程如图8-7所示。

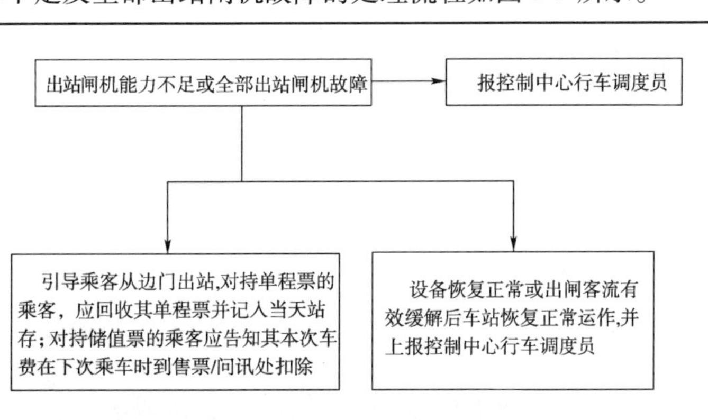

图8-7　出站闸机能力不足及全部出站闸机故障的处理流程

8.3 降级运营模式的票务应急处理

当地铁列车在运营过程中出现列车故障、火灾、电力供应中断等意外故障时，自动售检票系统的中央计算机或者车站计算机可以下达命令，将某车站或全部车站的终端设备设置到自动售检票系统降级运营模式，配合车站降级运营情况下的票务组织和客流组织，提高城市轨道交通降级运营时处理效率和管理水平。

一 降级运营模式时的设备表现

当自动售检票系统为降级运营模式时，其设备表现与正常运营模式时不同。设备主要表现如下：

(1)中央计算机系统工作站上要明显地显示该车站名称及模式，如字体或颜色闪烁等，以便进行监控。

(2)设置了该模式的车站计算机系统应在显著的位置用明显的文字或符号显示所设置的模式，并用明确的文字或符号显示车站内的哪些设备已进入该模式。

(3)在收到车站计算机系统下达的命令后，车站终端设备按模式要求进入相应的状态，按模式要求对车票进行处理。

二 降级运营模式时的车票处理

常见的自动售检票系统降级运营模式主要包括：列车故障模式，进、出站免检模式，时间免检模式，日期免检模式，车费免检模式，紧急模式。

知识链接

各种降级运营模式的设置原则

(1)列车故障模式的设置原则：地铁发生运营故障，需在某站进行清客时；列车晚点，要求退票的乘客超过10人时。

(2)进、出站免检模式设置原则:车站的进站闸机全部故障且无法立即修复或者由于车站出现大客流乘客拥挤,大量由本站进站的乘客未通过进站闸机。

(3)时间免检模式设置原则:由于列车延误或时钟错误等地铁原因导致乘客手中的车票超时。

(4)日期免检模式的设置原则:由于地铁原因导致乘客手中车票过期。

(5)车费免检模式的设置原则:在接到行调有关“列车越站”的通知时。

(6)紧急模式的设置原则:车站出现危及乘客生命安全、需要及时疏散乘客出站的紧急情况时。

1 列车故障模式

当出现列车故障而使部分车站暂时中止运营服务时,暂停服务的车站需根据相关规定设置运营故障模式。

在此模式下,对车票的处理如下:

(1)对本站进站的单程票及乘次票不扣除车费或乘次,单程票不回收,并写入此模式的标志信息。

(2)对本站进站的其他类型车票不扣除任何费用,并写入出站码和此模式的标志信息。

(3)对其他车站进站的单程票及乘次票不扣除车费或乘次,单程票不回收,并写入此模式的标志信息。

(4)对其他车站进站的其他类型车票不扣除任何费用,并写入出站码和此模式的标志信息。

模式结束后,所有车站的检票机对车票的处理如下:

(1)若单程票或计次票具有运营故障模式信息,并在规定时间段内(系统设置),则应允许在任何车站进站使用,出站时根据实际车费进行检查,车费不足应到售票/问讯处(客服中心)进行超程更新处理。

(2)储值票等其他车票正常使用和扣费。

列车晚点处理程序如图8-8所示。

2 进、出站免检模式

当车站的进站闸机全部故障无法立即修复或由于车站出现大客流冲击时,允许乘客不通过进站闸机进站。此模式下对车票的处理如下:

(1)在设置此模式的车站,所有进站闸机开放,不检验任何车票,乘客可以直接进站。

(2)无进站信息的车票在其他车站或本站出站时,由出站检票机根据清分系统、线路中央计算机下载的设置信息,其进站地点为此次进站车站,并按该免检模式进出扣费,对余额不足的车票要到售票/问讯处进行超程更新处理。

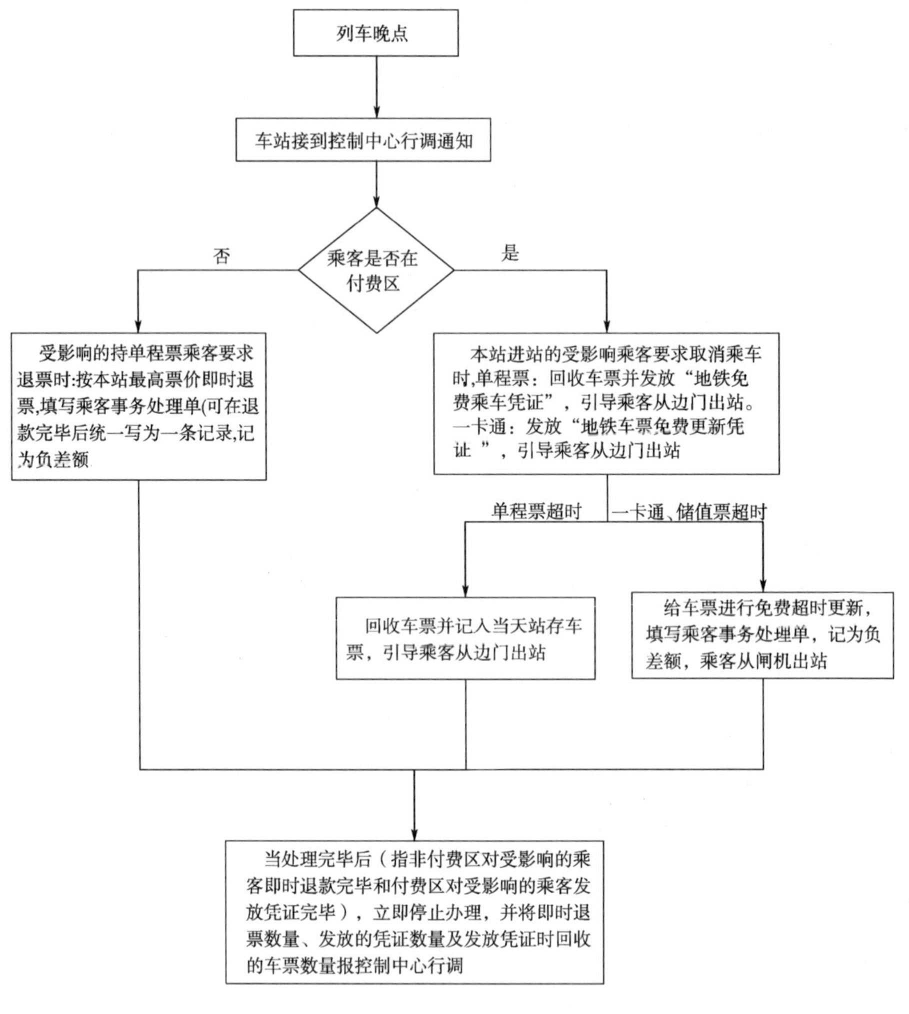

图 8-8　列车晚点处理程序

(3)若有大于两个车站设置该模式,出站检票机按扣费最低的车费进行扣费。

(4)如果所有车站都设置为该模式,则对所有车票都不检查进出站次序,储值票将扣除最短程车费,乘次票被扣除一个乘次,单程票不检查车票余值,只回收。

车站进出站免检模式的组织:车站值班站长安排车站员工打开边门,引导乘客凭票从边门进站,并上报控制中心行调,由行调通知其他车站,其他车站做好对乘客车票进行出站更新的准备工作。其他车站安排员工引导持单程票、储值票、一卡通的乘客到售票/问讯处更新车票(按相应情况扣费),若车票超程则按规定收取超程费用后更新车票,乘客从闸机出站,持老人免费卡乘客从边门出站。

3 紧急放行模式

当车站出现危及乘客生命安全、需及时疏散乘客出站的紧急情况时,车站值班员或值班站长须立即通过车站计算机或车站控制室内的紧急按钮设置“紧急放行模式”。在“紧急放行模式”下，车站内所有闸机将不对车票进行处理，同时闸机的扇门全部打开，方便乘客紧急疏散，乘客不需使用车票，可直接快速离开车站。

在系统设置为紧急放行模式时，车站内的进站闸机都将显示“禁止进入”标志，同时所有的自动售票机自动退出服务；车站计算机将车站设置为紧急放行模式的信息传送到中央计算机，中央计算机将向其他车站广播这一信息，并记录被设置为紧急放行模式的时间。由于在此情况下，乘客不需要通过检票就可以离开车站，系统将允许这些车票在一段时间内能正常使用。例如，在设置紧急模式期间，在该车站购买的单程票能在所有车站使用，以乘坐车票票值相符的车程；在该车站进站的所有车票，在下一次进站时进站闸机将自动更新车票的进、出站标记，并不收取任何费用；在当天设置紧急模式前，在其他车站进站而没有出站码的所有车票，在下一次进站时进站闸机将自动更新车票上进、出站标记，并不收取任何费用。系统允许受影响车票的正常时间将通过中央诸机设置，并下载到所有车站，超过系统规定的时间，这些车票只能通过半自动售票机更新。

当故障消除后，设备自动向上一级系统报告后进入正常运营模式或关闭模式。车站计算机系统保存相关的故障和修复信息，并形成相关的报表。

实训任务

任务一　半自动售票机故障的处理

1.2011 年 4 月 9 日(星期六)某市地铁 1 号线天府广场站票务服务中心(售票/问讯处)的所有半自动售票机 BOM 全部发生故障，该站应如何应对？注：天府广场是该市的购物中心。

2.2011 年 5 月 1 日，某市地铁 1 号线人民北路站 B 出口的半自动售票机 BOM 发生故障，此时 D 出口的两台半自动售票机处于正常状态，该站应如何应对？(注该站只有 B、D 两个出口)

要求：(1)每一学员能叙述处理流程；

(2)在实训场地将学员分组分岗位按处理流程来模拟现实情景的处理。

任务二　自动售票机故障的处理

2010 年 10 月 22 日某市地铁 1 号线世纪城站自动售票机 TVM 全部故障，该站应如何应对？注：2010 年 10 月 22 日至 2010 年 10 月 26 日在某市新会展中心(世纪城站)举行西博会。

要求：(1)每一同学能叙述处理流程；

(2)在实训场地将学生分组分岗位按处理流程来模拟现实情景的处理。

任务三　全部售票机故障的处理

2011 年 3 月 20 日某市地铁 1 号线锦江宾馆站全部售票类设备发生故障。该站应如何应对？注:2011 年 3 月 19 日 ~22 日在某市举行糖烟酒会。

要求:(1)每一同学能叙述处理流程;

(2)在实训场地将学生分组分岗位按处理流程来模拟现实情景的处理。

任务四　部分进、出站闸机故障的处理

2011 年 3 月 8 日某市地铁 1 号线天府广场站一出口处进、出站闸机发生故障,此时,该站应如何组织乘客？注:天府广场共有 4 个出口,其他 3 个出口进出站闸机处于正常状态。

要求:(1)每一学员能叙述处理流程;

(2)在实训场地将学员分组分岗位按处理流程来模拟现实情景的处理。

任务五　全部进站闸机故障的处理

2010 年 10 月 1 日某市地铁 1 号线世纪城站进站闸机全部故障,该站应如何应对？

要求:(1)每一学员能叙述处理流程;

(2)在实训场地将学员分组分岗位按处理流程来模拟现实情景的处理。

任务六　全部出站闸机故障的处理

2011 年 3 月 22 日某市地铁 1 号线火车北站站全部出站闸机发生故障。该站应如何应对？注:2011 年 3 月 19 日 ~22 日在该市举行全国糖烟酒展销会。

要求:(1)每一学员能叙述处理流程;

(2)在实训场地将学员分组分岗位按处理流程来模拟现实情景的处理。

复习思考题

1. 简述车站全部自动售票机 TVM 故障时的处理流程。
2. 简述车站部分半自动售票机 BOM 故障时的处理流程。
3. 简述车站全部出站闸机故障时的处理方法。
4. 简述在何种情况下需设置紧急放行模式,在紧急放行模式下,如何进行票务处理？

单元 9

票款清分结算管理

教学目标

1. 掌握票款清分结算的概念及其规则；
2. 明确票款清分对象与清分的收益方；
3. 掌握七种清分方案的清分方法；
4. 理解国内外主要城市轨道交通清分方案的具体清分方法。

建议学时

8 学时

教学导入

随着我国城市化建设步伐的加快,中心城市都在向周边辐射,城市轨道交通作为城市交通的重要交通工具在快速发展。随着城市轨道交通线路的增加,城市轨道交通网络化建设得到人们的重视。城市轨道交通网络就是指交通线路以交织成网的形式覆盖整个城市各个区域。用于最大限度地改善城市交通状况,方便人民群众。城市轨道交通自动售检票系统利用计算机管理购票、检票、计费、收费、统计的全部过程,能够减少票务管理人员,减少人为造成差错,加快售检票速度,提高城市轨道交通系统的运行效率和效益。

那么地铁工程建设系统规模的不断扩大,我国大多数城市轨道交通将逐步形成网状结构,出现多家运营企业同时运营的局面。从方便乘客、为乘客创造便捷的出行环境的角度出发,轨道交通内部将实现轨道交通专用票和城市公共交通"一卡通"的"一票换乘"。在"一票换乘"的前提下,各个运营企业之间票款如何清分、相应的轨道交通票款清分中心如何建立、单程票如何管理、下级 AFC 系统如何统一建设等一系列问题,都必须解决。

那么在城市轨道交通系统中解决"一票换乘"的票款清分的部门为城市轨道交通清算中心(AFC Clearing Center,简称 ACC)。清算中心作为 AFC 系统最上层的管理中心,在线网 AFC 系统中扮演着非常重要的角色,清算中心 ACC 是城市轨道交通线网 AFC 系统各线路各类数据汇总、处理的唯一中心,可完成 AFC 系统各种运营参数的统一协调管理,是 AFC 系统运行状态监控管理中心及系统各线路之间和对外统一的技术接口,具有 AFC 系统票务客服以及对外信息服务和管理等功能。

9.1 票款清分结算概述

随着城市轨道交通网络化运营的发展,对票务收益的清分日益成为运营主体的关注焦点。上海、广州、北京等城市已建立了清分中心,其他如南京、杭州、重庆等城市也正在建设中。清分中心的主要职责是依据城市轨道交通网络中各运营主体的运营贡献进行运营收益分配。

客流量是衡量运营贡献大小的主要依据。影响客流量的因素有很多,包括车站数量、线路里程、站间行车时间、服务质量、换乘站个数、票价政策、便捷程度等。按照不同的计算方式和原则，所得出的各运营主体的贡献大小也不尽相同。因此，城市轨道交通运营收益清分的关键在于制定相对合理的清分规则。

一 清分

清分也叫清算，指清算中心 ACC 按照一定的清分规则将合法交易数据对应的资金进行清分，并将清分的结果详细列示出来。

票务清分是指把服务接受者上缴的全部收益，按照各服务提供者的贡献进行有效的利益分配，实质上是依据一定原则计算并分配轨道线网中各运营实体的经济贡献，关键是制定相对合理的清分原则。

清分模型由清分主体、清分原则、清分比例三大要素组成。

(1)清分主体：为收益分配的主体。常见的清分主体有运营主体、线路主体、区域主体和发卡主体四类。目前国内的主流是按线路进行清分，然后按线路所属运营企业进行清算。

(2)清分原则：为路径选择原则。即如何确定乘客选择的乘车路径。常见的清分原则有路径最短原则、时间最少原则、换乘最少原则等。

(3)清分比例：为各清分主体的收益分配比例。当按清分原则确定乘车路径后，就需量化路径中各清分主体所提供的运营服务质量，然后根据“多劳多得”原则进行收益分配。

二 结算与清分规则

结算是指清算中心 ACC 按照清算结果将资金划拨给相应的收益方账户，完成资金的实际交收。

清分规则是指交易金额、费用如何在不同的利益主体之间进行分配的原则，是清算中心 ACC 进行交易清分的依据。

包括城市轨道交通系统与市政交通一卡通系统的清算对账和城市轨道交通各线路的清分对账。清算分账由城市轨道交通清算管理中心完成，其中与一卡通对账由清算管理中心和一卡通总中心完成，与各线路对账由清算管理中心和各线路中心或线路集中控制中心完成，并生成相应的对账报告。

三 影响清分因素和原则

1 影响清分的因素

影响城市轨道交通运费清分的因素，主要可以分为四类，即乘客本身的因素、乘客出行特征因素、城市轨道交通网络因素以及运营企业管理因素。

(1)乘客本身的因素

包括:年龄、职业、收入水平。

年龄:通常年龄较大的乘客由于身体原因,在路径的选择过程中,更希望选择乘次数少且乘坐方便舒适的路径。

职业:职业因素对乘客路径选择具有一定影响,一般情况下,离退休人员更希望选择换乘次数少,且方便舒适的出行路径,这与年龄因素的影响是一致的。另外,学生和工薪阶层更倾向于选择出行时间最少的路径。

收入水平:通常随着收入水平的提高,乘客对于方便、舒适和安全等方面的要求更高,因此,对于收入较高的乘客来说,在其路径选择中,更希望选择换乘次数少且方便舒适的路径。

(2)乘客出行特征因素

包括:出行距离、出行目的、出行时段。

出行距离:出行距离是指乘客一次城市轨道交通的出行距离。通常,不同的出行距离对乘客选择路径具有一定影响。例如对于长距离的出行,乘客一般希望能够通过换乘来节省总的出行时间;而对于短距离出行来说,乘客一般都不希望换乘。

出行目的:不同的出行目的,乘客对路径选择也是不同的,例如以探亲访友为目的的乘客一般不会太在意出行时间的长短,而更在意出行过程中的方便舒适等因素;而上班或公务的出行则对时间比较敏感,此类出行更希望能够通过换乘来节省总的出行时间。

出行时段:在城市轨道交通系统中,出行时间是影响乘客出行路径选择的最主要因素。出行时间是乘客从出发地至目的地所需的全部时间,包括区间运行时间、中间站停站时间、换乘步行时间、换乘候车时间等。当乘客从出发地至目的地有多条路线可供选择时,通常情况下,出行时间越短的路线被选择的概率越大。一般来说,出行时间与里程是正相关的。但在实际路网中,可能会存在这种情况:两条出行路径中,里程较短的路径旅行时间较长;里程较长的路径旅行时间较短。

(3)城市轨道交通网络因素

包括:路网结构、换乘方便性、运营模式、运营时间、出行时间。

路网结构:随着城市轨道交通网络化的形成,线路之间相互交叉衔接,使得路网的连通度大大提高,为乘客在两站之间出行提供了更多的路径选择。这就要求在确定清分规则的时候充分考虑乘客出行路径选择多样性的特点,采用切实有效、接近实际的清分方法,以确保运费在作出经济贡献的各运营主体之间进行合理分配。

换乘方便性:当乘客有多条路径可供选择且各条路径的旅行时间相差不大时,换乘方便性会对乘客的路径选择产生一定的影响,进而影响运费的清分。换乘方便性主要包括换乘次数和换乘时间两个方面。对于换乘次数来说,在各条路径的旅行时间相差不大的情况下,换乘次数越少的路径被选择的概率越大。乘客会在路径的旅行时间和换乘次数之间权衡考虑。换乘时间则包含换乘步行时间和换乘候车时间两部分。在旅行时间相近的多条路径中,乘客倾向于选择换乘时间较少的路径。

运营模式:指线路的共线运营的模式,如北京轨道交通 1 号线和八通线共线运营的四惠站到四惠东站,以及上海轨道交通 3 号线和 4 号线的宝山路站到虹桥路站。共线部分的车站都是换乘车站,这对于清分的影响是应该重点考虑的。

运营时间:运营时间作为清分影响因素主要是由于线路或换乘站提供的运营服务时间存在差异而引起的。当某 OD 对之间存在多条乘客的可选路径时,每条路径的运营时间可能不一致。因此,根据各条路径的运营时间,可以得到一天当中的不同时段由不同路径参与该 OD 的运费清分。

出行时间:出行时间是指乘客从轨道交通起始点至轨道交通出行终点所需的全部时间,包括乘车时间、换乘时间等。当乘客从出发地至目的地有多条路径可供选择时,一般来说,出行时间越短的路线被选择的几率越大。一般来说,出行时间与里程是正相关的。但在实际路网中,可能会存在这种情况:两条出行路径中,里程较短的路径出行时间较长;里程较长的路径出行时间较短。

(4)运营企业管理因素

包括:票价、安全性、方便舒适性、正点率。

票价:一般情况下,乘客会选择票价较低的路径。在本项目中,由于 OD 点之间的票价是确定性,所以票价的影响可以忽略。

安全性:安全性是指运营企业保证乘客使用其轨道交通线路的安全程度。

方便舒适性:方便性和舒适性参数是指乘客在使用轨道交通时能享受的一些舒适功能。基本内容包括:是否拥挤、环境是否适宜、是否有空调、车内座椅的舒适程度、站内设施的布局合理程度等。

正点率:正点率是指运营企业在运输组织时,提供给乘客出行的客运产品,即运行列车的准时程度。高的正点率会节省乘客的时间,满足乘客出行对于时间的需求。

2 影响清分的原则

结合城市轨道交通清分管理中心的基于一家运营企业的“统一收费、按比例分成”的思路,主要的清分原则为:

①与票价政策相关,满足票价政策调整要求。

②清分方法应以影响清分的路网结构因素为主,结合乘客社会经济因素、出行特征和运营企业管理因素。

③按照全路网中独立的经营核算实体清分,利益分配应与其经济贡献合理的匹配。

9.2 清分对象与清分受益方

一 清分的对象

票务清分系统模型构建中,最重要的是明确收益的清分对象,即为清分主体、运营主体、线路主体、区域主体、发卡主体五个主体。一般而言,清分主体即为城市轨道交通网的清算中心 ACC,运营主体为城市轨道交通运营企业,线路主体为线路的所有权拥有者,区域主体为线路组成的区域即为路网中某组成部分的所有权者,发卡主体即为发行储值票或轨道交通专用票卡的票卡发行商。

二 清分的受益方

城市轨道交通系统中参与清算的收益主体包括票卡发行商、售票代理商、运营企业、清算商。

票卡发行商承担城市轨道交通系统中使用的票卡的发行和管理,具有票卡所有权。票卡的销售和充值资金划入指定账户,由票卡发行商统一管理。

票卡发行商包括发行“公共交通一卡通”IC 卡的一卡通中心和发行城市轨道交通专用票卡的 ACC。

售票代理商是城市轨道交通网提供售票、售卡、充值和票卡处理服务的。对于城市轨道交通网内的售票代理商应该是属于运营企业的各售票点。

运营企业是城市轨道交通网内提供运营服务的,收取运费作为其提供服务的收益。如北京城市轨道交通网内运营企业包括北京地铁运营公司和北京京港地铁公司两家。

清算商是为城市轨道交通网内各收益方主体进行清分清算服务的,以收取清算费作为提供清算服务的收益。城市轨道交通网内的清算商是 ACC。对于整个城市市政交通系统还应包括一卡通中心。

一定时期内,城市轨道交通网内的全部收入是通过各种票卡的销售和充值来形成。收入的组成可用公式表示:

$$A = B + C + D + E$$

式中：A——城市轨道交通网内全部收入；

B——售票代理费；

C——清算费；

D——运营企业的运费；

E——票卡发行商的票卡收益。

运费是以全部收入减去售票代理费、清算费之后剩余部分为基数，以乘客实际的消费额按规则清分的。

票卡收益应是管理票卡销售、充值资金（包括票卡押金）所得收益的全部或一部分，可协议约定或政府指定。

9.3 清分方案

城市轨道交通运营收益，是根据清分规则来计算各个收益方的收入，根据收集的城市轨道交通自动售检票系统单程票和“一卡通”所产生的交易和审计数据进行数据清分、对账和结算，进行线路之间的票款清分和数据挖掘，辅助各个业务部门进行分析决策。城市轨道交通主要收益来源形式是单程票得收益和“一卡通”的收益，两者的处理办法如下：

（1）单程票运营收益

清分系统根据当日单程票所有出站扣款记录上的进出站信息，按城市轨道交通路网的统一清分标准计算各个收益方的运营收入。如果单程票信息收益不全而不能进行清分的可疑消费收益，直接进入待清分的账户。常遇到的信息收益不全的情况有单程票发售收入和出站扣款不一致，存在差异，或者单程票本身存在可疑的交易。全路网单程票收益计算如下：

$$\text{全路网单程票收益} = \text{单程票发售收入} + \text{单程票各类更新收入}$$

（2）“一卡通”运营收益

清分系统根据当日“一卡通”所有出站扣款记录上的进出站信息，按城市轨道交通路网的统一清分标准计算各个收益方的运营收入，并且如果有手续费同样要进行清分。如果“一卡通”信息收益不全而不能进行清分的可疑消费收益，直接进入待清分账户（注：

“一卡通”待清分账户中的收益没有扣手续费)。如果是不涉及换乘站点的同站进出的运营收益统一计入本站所属收益方,如果是换乘站则按比例将收益划分给该站的所属各收益方。

一 换乘的方式与票务清分

随着城市的发展,城市轨道交通的线路交错逐渐形成路网状,乘客在出行时乘坐地铁所选择的路径相对丰富一些。如果乘客由一车站换乘至另一车站所经过的路径是唯一确定的话,则每段运营线路的收益将是明确的。如果乘客根据自身需求,包括对时间、走行距离、车厢舒适度、是否拥堵等因素,会自主选择不同的路径换乘,综合起来乘客所选择的路径就不唯一。乘客进出站路线图如图 9-1 所示。

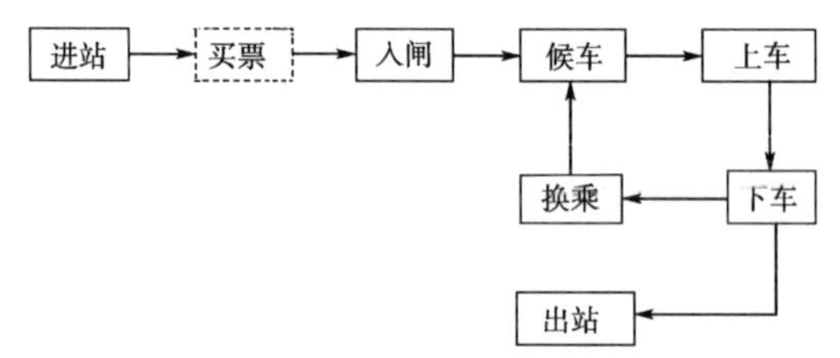

图 9-1　乘客进出站路线图

1 换乘的方式

在城市轨道交通线路之间发生换乘时,根据是否有进、出检票的过程,换乘方式有无标记换乘和有标记换乘两种形式。

(1)无标记换乘

无标记换乘模式也叫做无缝换乘模式、一票换乘或多线路联乘。乘客只需在起点站根据目的地购买一张车票后,凭允许进站的单程票或储值票进站,经由不同运营企业经营的线路时,在付费区换乘不再刷卡,便可以直接连续地在不同线路上乘车,此种换乘方式成为无标记换乘。如果乘客在换乘车站无需经历一次进出检票过程,在乘客出站时系统无从知晓乘客的乘车路径,乘客有多条路径可以选择。由于不同的线路可能分属于不同的运营主体,所以运费收入归属不同的路径就会涉及不同运营主体的利益。

无标记换乘的一个显著特点是乘车路径的多样化。目前,上海市采用的运费清分方法是基于乘客路径选择的最短路径清分方法。

(2)有标记换乘

采用出付费区换乘方法,乘客需要多次购票,即乘客在换乘车站(或通过换乘通道)需经历一次进出检票过程,增加了乘客的不便,降低了整个轨道交通系统的吸引力。这种有障碍换乘模式,可以通过辅助手段准确记录乘客的乘车路径,整个乘车路径中所涉及的换乘站点被准确记录下来,不同的运营线路之间独立收费,因此在这些城市的轨道交通中并不涉及清分问题。

如东京地铁的换乘模式就多种多样。东京的地铁由两家公司负责经营、维护和技术管理,分别为营团地铁和都营地铁,形成了帝都高速交通营团(TRTA)。

东京地铁的换乘模式分为以下三种:

①单程票直接到达目的地。乘客在进站时检票乘车,到达换乘站通过换乘通道至另外的线路乘车,到达目的地出站并有出站检票机回收车票。

②单程票只到换乘站。乘客在进站时检票乘车,到达换乘站要再次购买到达目的地车票,再次进站到达目的地出站并有出站检票机回收车票。

③单程票到达换乘站但须重新检票。乘客在进站时检票乘车,到达换乘站要通过专用闸机检票并取回单程票出站,并凭借此票换乘另一条线路进站检票乘车,到达目的地出站并有出站检票机回收车票。

2 换乘的票务清分

换乘票务清分的目的就是依据清分规则,对票务收入进行及时、公平的清分,使各运营公司能够及时将运营收入入账,同时可提高各收益主体的资金效益。通过清分,可以充分、客观地反映城市轨道交通路网的客流情况,特别是各线路、各车站、各断面和各方向路径的客流情况。

根据不同的换乘方式,清分算法也不同。

(1)无标记换乘的清分

在路网中,乘客从进站到达出站,经过的路径和运营线路有多种选择。由于路径的不确定性,清分时可以采用路径算法、数理统计算法或模糊算法,确定各运营线路的票款收益。

(2)有标记换乘的清分

乘客在换乘时记录了乘客的进站交易数据、出站交易数据、路径数据,在自动售检票系统中可以获得换乘交易的一条完整的路径数据,根据路径数据,清分系统能够精确地清分各运营线路的收益,但在换乘站必须在车票上留有换乘标志信息,并经车站计算机上传给有关系统集中处理。

由于网络化运营的条件下,线路的归属权可能不同,所以针对客流分配之后的运距分配也会有所不同。在进行换乘时根据车站 OD 路径上的运营模式,会遇到以下几种模式:

①单路径单运营主体:OD 之间只有一条合理的路径,并且该路径只涉及一个运营主体。

②单路径多运营主体:OD 之间只有一条合理的路径,并且该路径涉及多家运营主体。

③多路径单运营主体:OD 之间有多条合理的路径,并且各条路径只涉一个运营主体。

④多路径多运营主体:OD 之间有多条合理的路径,并且其中有的路径涉及多家运营主体。

二 路网模型描述

城市轨道交通各个车站可看作一个节点,在每条线路上的两个相邻车站之间由列车运行通道连接，这段车站间的通道称为路段，为路径组成的最小单位。若干车站和路段构成一条城市轨道交通线路。若干条城市轨道交通线路构成了整个城市轨道交通路网。

1 城市轨道交通路网的数学图形描述

(1)节点(node)：普通车站或换乘车站(两线换乘生成两个虚拟节点)。

(2)有向边(arc)：两个相邻车站即节点之间有方向的连接弧(即两个相邻车站之间分上下行的区段)。

(3)边权值：是路段某个或某些特征属性的量化表示。根据不同的最优目标，可以选择不同的路段属性，属性我们一般用“阻抗”来表示，如路段长度、路段费用、路段通过设计等作为该路段对应弧的权值或称为路段的权重。换乘站内部的边权值用它的节点阻抗来确定，而对于普通车站之间或者普通车站与换乘站之间的边权值用它们之间的路段阻抗加上第一个节点的节点阻抗来确定。

在规定了节点、有向边及边权值之后，便将整个城市轨道交通路网转化为一个带权值的有向图，从而把确定路网上的乘客出行路径选择转换为几何图论中的 K 条短路径搜索。但是路径搜索要注意一个问题：如果起始站是换乘车站，那么同一个换乘站对应的若干车站到任意车站的 K 条渐短路径的数目和其对应的阻抗应该完全相同。

根据不同的最优目标，可以定义相应的路段权重，反映到图上，就是各条有向边的权。权值是寻径的重要依据，一般有以下几种选取方法：

(1)将出行距离最短作为最优目标，选取路段长度作为路段权重。

(2)将出行时间最短作为最优目标，选取换乘次数或车辆班次的间隔时间作为路段权重。

(3)将出行费用最小作为最优目标，选取该路段上的乘车费用作为路段权重。

对乘客来说，一般关心的核心问题基本上为两站之间是否能够到达，如果到达哪条线路路程最快或者换乘次数最少，哪条线路的车体乘坐起来比较舒服而且车辆发车间隔较小，哪条线路的票价更便宜，有折扣优惠。

2 路网模型描述的名词和概念

为了便于解释路网换乘清分的解决方法，需要明确以下几个名词和概念：

(1)线路：道路客运线路是指城市轨道交通车辆的运行路线。它以唯一始发点、经过点、唯一终点为路线界限。

(2)路径：从站点 A 出发，到达站点 B 的路线，因为轨道交通的网状拓扑中，存在 A 站到 B 站的多条路径。

(3)路段：两个相邻车站之间由通道连接，这段通道称为路段，为路径组成的最小单位。对于跨越多条线路的换乘路径，是以实际换乘点为断点的线段组成，而每条线段属于且仅属于一条线路，此线段即为路段。

(4)换乘次数：遍历路网拓扑时经过换乘点且发生实际换乘的最大换乘次数。

(5)路网状况信息,包括:站与站之间的距离;换乘站的位置;车次间隔时间;换乘站的换乘步行时间;车站客流量。

(6)乘客对各因素考虑的权重,包括:乘车时间;换乘步行时间;车厢舒适度;由车次间隔时间引起的候车时间等。

三 人为比例分配方法

人为比例分配方法是一个整体行为,对于任意两个站点之间的某一笔换乘交易不单独考虑清分。即把整个城市轨道交通路网作为一个整体来考虑,通过对整个网络中每条线路的里程数、走向、客流量和服务质量等进行综合评估后,由人为规定每条线路在整个城市轨道交通路网中的关于所有跨线换乘票务收益的清分系数。当运营结束后,清分系统将对所有换乘总票款按各线路既定的清分系统数进行清分。

在实际应用比例分配算法进行清分时,票款总额可从不同覆盖范围来进行计算,分别为:

(1)路网:整个城市轨道交通网络。

(2)区域:某些关联度较高的几条城市轨道交通线路组成的区域。

(3)运营线路。

四 最短路径法

在假定OD(出发—到达)站之间的乘客全部选择最短路径的基础上,将运费收益分配给最短路径上作出贡献的运营主体(具体方法与以下多路径选择概率法所用运费分摊方法相同)。该方法比较简单,在路网规模不大、结构简单、清分精度要求不高的条件下,可以作为确定运费清分比例的可行方案;但是它的不足之处是根据时间要素进行路径选择分析,忽略了影响乘客出行路径选择的其他主、客观因素,而且某一OD对只选用唯一的路径进行清分计算,不能体现乘客选择的多样性特点,故难以真实地反映实际情况。

如果通过在路网中找出从A车站到B车站的一条确定的最短路径,然后按照各运营线路在此最短路径中所占的比例,对每笔换乘交易的票款收益进行清分,即称为最短路径方法。

通常采用经典的Dijkstra算法,按路网中车站间路径长度递增的次序产生出最短路径,把最短路径中相关线路段所占的比例作为清分规则,并对换乘交易进行清分。

常用的最短路径清分方法如下:

假设:从站A换乘至站点B的最短路径为Q,对应通路为$<q_1, q_2, \cdots, q_n>$,n为该笔换乘交易乘载的线路,q_1 =站点A,q_n =站点B,其他为换乘站。

令$L_{i,j}=\sum_{k=i}^{j-1}w(q_k, q_{k+1})$为站点$i$至站点$j$的里程数,$w(q_k, q_{k+1})$为站点$q_k$到站点$q_{k+1}$的实际里程数。

注:这里的里程数可将每次换乘步行时间以及平均等车时间按地铁平均旅行速度折算

成相应虚拟里程，因为需要步行的关系，增加一个随着运营状况变化而随时调整的系数。以折算后的虚拟里程对路径进行排序。

则各相关线路（段）对应从站点 A 换乘至站点 B 的票款 F，可以按下述计算公式分得票款 f_i：

$$f_i = F \times (L_{i,i+1}/L_{1,n}) \text{（其中 } i = 1,\cdots,n \text{）}$$

按最短路径确定的清分规则，只需将任意两个可换乘互达的站点，分别算出其最短路径的通路即可，因此，实施起来较为简单。

结合上述内容，最短路径法（考虑总的旅行时间最短），主要有以下几个特征：

（1）根据存储的路网基本信息数据，自动建立全路网的网络模型。

（2）根据路网模型按里程最短路径算法，计算出任意站点间的最短路径。

（3）根据最短路径计算出站点间的换乘信息。

（4）根据最短路径分析出站点间的换乘信息。

（5）根据最短路径计算各站点间的票价。

最短路径法的主要不足之处在于，如果城市轨道交通实行多线路的路网模式中，只考虑最短路径法进行计算、清分、结算时，有可能不能完全反应实际乘客乘坐的线路的情况。乘客在选择线路时需要考虑旅行时间、换乘距离、舒适度、旅途过程是否拥挤等诸多因素。而且它只提供了一种路径用于客流统计，对于复杂的路网情况不符合，甚至造成换乘收益清分不公的现象。

乘客在选择乘坐线路的时候会考虑的因素如图 9-2 所示。

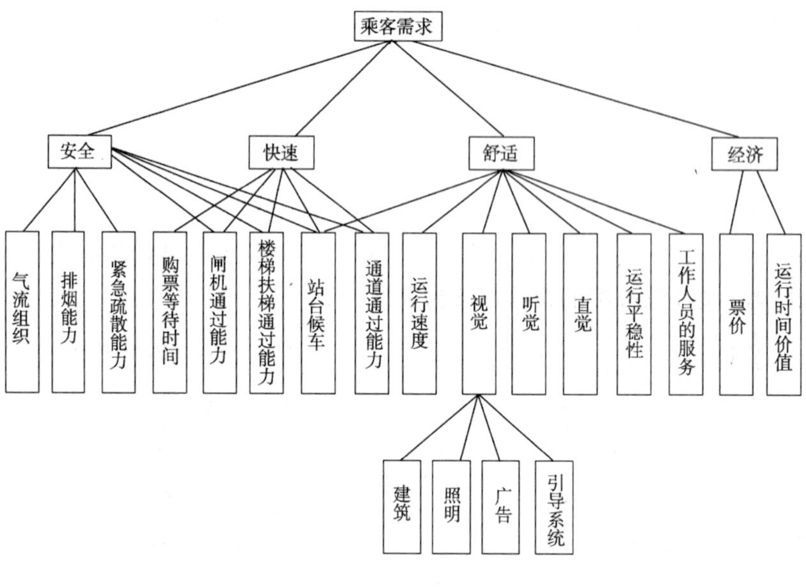

图 9-2　乘客需求因素图

五 多路径影响法

最短路径算法忽略实际运营中列车或车站拥挤程度、乘客的个人偏好对乘客选择换乘线路的影响,最短路径和一些不是最短的路径都可能被采用,只是它们被采用的概率不同,导致清分结算方式和真实的结果不符合。使用合理路径原则寻径将会得到多条两站点间路径,由于这些路径都可能被乘坐,所以与这些路径有关的路段都需要考虑按一定比例参与收益的分成。在其基础上城市轨道交通路网的寻径方案一般应将最短路径与合理路径结合起来考虑,其中,票价的费率制定采用最短路径进行寻径,而票款收益拆分则使用合理路径进行寻径。

多路径影响法方法考虑了乘客出行路径的多样性,确定 N 条乘客可能选择的理性路径,根据一定的方法确定每条路径的客流分配比例,进而结合各线路承担的运输里程计算出清分比例。进而结合各线路承担的运输里程计算出清分比例。该方法更切合实际地反映了乘客的出行情况,能充分兼顾路网运营中作出贡献的运营主体利益,体现了更加科学、准确、客观、公平地分配运费收益的原则。

多路径影响法是指对于从车站 A 到车站 B 的每条可能得路径都确定一个选乘概率,在确定参加选择路径的最多数量后,认定的选择路径是确定路径长短排序后参加分配的路径数量,结合选乘概率后确定的。这样,某路径上的收益方应得的某笔票款的清分收入份额,就应该是其在所有可能路径中的所有允许参加分配的路径与被选乘的概率乘积之和除票款得到。

多路径影响法简述如下:

假设:从站点 A 换乘至站点 B 的 M 条(选定的)换乘路径为 Q^{j} ,对应通路为 $< q_{j1}^{j},\cdots,q_{jn}^{j} >, j = 1,\cdots,N$ 。其中 N 为选定的路径数、j_n 为最大线路数且为每笔换乘交易对应换乘通路中被乘载的线路数,对未涉及被换乘的线路,在通路中的某个 $q_{j_i}^{j} = 0, q_{j_1}^{j} =$ 站点 A、$q_{j_n}^{j} =$ 站点 B、其他为换乘站。

设在多条最佳路径确定的清分规则中,从站点 A 换乘至站点 B 的票款 F 共有 j_n 条线路段可以分得,第 i 条线路分配的票款得益为 f_i 。

令 $L_{i,p} = \sum_{j=1}^{N}\sum_{k=i}^{p-1} w(q_{j_i}^{j}, q_{j_{k+1}}^{j})$ 为站点 i 至站点 p 的 N 条路径的里程数之和。

注:这里的里程数可将每次换乘步行时间以及平均等车时间按地铁平均旅行速度折算成相应虚拟里程,因为需要步行的关系,增加一个随着运营状况变化而随时调整的系数。以折算后的虚拟里程对路径进行排序。

则各相关线路(段)对应从站点 A 换乘至站点 B 的票款 F,可以按下述计算公式分得票款 f_i :

$$f_i = F \times (L_{i,i+1}/L_{j1,j_n}) \ (其中\ i = 1,\cdots,j_n)$$

因为对每对可换乘互达站点可以预先算得相关的所有 $L_{i,p}$,因此,多路径影响法可以清分换乘票款,但很难清分换乘交易,因此对统计线路的换乘运载量存有很大的困难。

结合上述内容,多路径算法路径的选择是一个决策过程,影响决策的因素主要有以下几个:

(1)旅行时间:路径平均旅行时间要考虑换乘与平均等车时间。

(2)步行时间:路径换乘步行总时间。

(3)起点站:换乘站点(进站)为起点站的乘坐时间总和。

(4)拥挤度:路径中拥挤段乘坐时间的加权总和。

多路径影响法从多条路径的角度出发,计算任意站点间运营里程最短的前面优化的几条路径(一般取前4~5条),通过对里程的修正对路径排序,选出前3条路径进行加权计算。在此每条线路的所使用的概率通过不断修正来调整,通过长期的数据分析、现场调查对加权因子验证和修正,逐步逼近实际的清分比例。

六 最短时间法

对于城市轨道交通来说,由于车站之间的里程是确定的,因此一般的概念总是用最短里程来搜索路径。但是对于大部分乘客来说,乘客出行对于距离的概念是比较模糊的,而旅程花费的时间却是每个乘客非常关注的,因而不能够将运送距离作为主体考虑的因素,我们还要引入“时距”的概念。而且乘客选用轨道交通和选择乘坐路径的出发点多数是为了节省时间,因此可以“最短时间”来确定路径。我们采用旅程时间作为边和路径的权值,用“最短时间法”来确定大部分乘客愿意选择的路径。

简化和忽略一些固定的时间,考虑一些主要因素,得到一对车站之间可能的路径所花费的平均时间。那么路段阻抗设为 $A_{i,j}$,等于列车在该区间的 T_{min} 运行时间 $t_{i,j}$。节点阻抗可分为以下两种情况:

第一种,乘客在车站不下车,此时节点阻抗值 B_k 等于列车停站时间即站台等待时间 T_3 可表示为:

$$B_k = T_3$$

第二种,乘客在换乘站换乘,此时节点阻抗值 $B_{k换乘}$ 等于该站的换乘时间 T_2 乘以换乘放大系数 α 可表示为:

$$B_{k换乘} = T_2 \cdot \alpha$$

换乘总时间 T 可表示为:

$$总时间(T) = 乘坐列车时间(T_1) + 换乘时间(T_2) + 站台等待时间(T_3)$$

换乘走行时间通过实测直接获取,候车时间一般取换乘列车发车间隔时间的1/2。其中,T_1 和里程、列车平均速度直接有关,T_2 则和换乘次数、换乘步行时间和换乘列车等待时间有关,T_3 和起点站列车间隔时间有关。

根据乘客选择线路时关心的问题,我们进行有效路径集合的筛选要考虑以下两点:

(1)运营时间主要是通过综合考虑乘客起始站和换乘站的首末班车时间来确定的。在某一个时间段内,如果 K 条可选渐短路径集合中的某条路径在运营时间之外,则该路径不作为有效路径参与客流的分配。路径的运营时间以通过该路径起点站的有效运营时间表示。起点站的有效运营时间为起点车站的首末班时间和该路径中各首末班时间反推起点时间的交集。

(2)综合出行阻抗函数值的容许区域判断。由于一对 OD 车站的可行路径较多,在搜索出的两站之间的 K 条可选的渐短路径集合中,如果次短路径或者次次短路径的综合阻抗值较最短路径的综合阻抗值超过某一个阈值(设该值为 T_{max})时,则认为该次短路径是不合理路径。该阈值可以采用相对值和绝对值综合确定,表示为:

$$T_{max} = \min\{T_{min}(1+m), T_{min}+U\}$$

式中:T_{max}——有效路径的综合出行阻抗值的上界;

T_{min}——有效路径的综合出行阻抗值的下界;

m——比例系数;

U——常量。

为了使权值的确定更加客观、合理,并且在计算方面又比较简单,对上述参数加以简化。假定 T_1 和里程成正比,即不考虑列车的启动和制动时间,以及站间距离对列车速度的影响。若不考虑换乘通道长度的影响,T_2 则和换乘次数成正比。T_3 一般可以选作列车间隔时间的1/2,数值较小,对总时间的影响不大,而且由于列车间隔时间由运行方控制,可能根据客流的变化而不断变化,因此舍去 T_3。到任一条路径 L_j 的权值为:

$$T_j = aM_{j+}bC_j$$

式中:T_j——路径 L_j 的权值;

M_j——边 L_j 得里程(km);

C_j——L_j 的换乘次数;

a、b——参量,a 可以取列车的平均速度的倒数,例如 $40km \cdot h^{-1}$,换算成 $1.5min \cdot km^{-1}$;b 为每次换乘所花的平均时间,例如 8min。

该权值公式同样可用于计算相邻车站构成路径图形边得权值。对于 2 个临街车站之间的边,C_j 等于0,M_j 等于车站间的里程;对于一次换乘,则 M_j 等于0,C_j 等于1。该权值的可操作性是明显的,每一条边和每一条路径的权值计算都是确定的、非常简单的。

具体清分的基本理念归结与根据乘客选择路径的概率计算路径分配比例。

假定乘客在 LABe 中选择路径 L_i 的概率为 $p_i(i=1,\cdots,k)$,则用 p_i 作为路径 L_i 的分配比例是最合理的。显然 p_i 是路径权值 T_i 的函数。不失一般性,设 $0 < T_1 \leqslant T_2 \leqslant \cdots \leqslant T_k \leqslant DABcut$,即路径按权值递增排序。

知识链接

考察分配概率比例 p_i,它有如下特性:

(1) $\sum_{j=1}^{k} p_i = 1$,即一对车站之间全部有效路径的比例之和等于1。

(2)若 $T_i = T_j$,则 $p_i = p_j$,即权值相等的路径被选择的概率也相等。

(3) $1 \geqslant p_1 \geqslant p_2 \geqslant \cdots \geqslant p_k \geqslant 0$,即权值越大的路径被选择的概率越小,其中最小权值路径的被选择概率最大。

(4)若 T_j 非常接近 T_1,则 p_j 应该很接近 p_1,即当权值在 T_1 附近时,p_j 的下降速率很小。实际上,乘客对乘坐时间在 T_1 附近变化不太敏感。

(5)随着权值的增加,p_j 的递减速率将迅速增加,即路径被选择的概率将迅速减少。实际上,乘客对乘坐时间较大的延长会比较敏感。

概率计算中常用到的正态分布函数能够很好地满足上述要求。其函数公式如下:

$$p(x) = \frac{1}{\sigma\sqrt{2\pi}} e^{-\frac{(x-a)^2}{2\sigma^2}}$$

其中,自变量 x(随即变量)取为 T_j/T_1;a 为得到概率最大期望值的 x 值,这里是1;e是自然对数的底,约等于2.718;σ 是一个常量,它的值将决定正态曲线的陡峭程度。由于不可能由权值 T_j 小于最小值 T_1 的路径,因此只需要取正态分布曲线 $x \geqslant a$ 的正半部分。

使用此方法计算实际收益比例,确定各有效路径承担某一OD客流的比例后,根据各运营主体承担每条路径的运输里程以及客流在各路径中的分配比例,计算出相关运营收益方的清分比例。

单路径单运营主体:OD间的收益所得全部分配给该运营主体。

单路径多运营主体:OD运费所得应根据各运营主体的运距比例分配。

多路径单运营主体:OD的运费只要根据客流在各路径的分配比例分摊给各条路径运营主体。

多路径多运营主体:该OD的运费。首先,在多条可选路径之间分配;然后根据每条路径所涉及的各运营主体的运距比例,分配该路径的运费。

该模式的优点是:将乘客在换乘站的换乘时间合理地折算为列车区间运行时分;乘客出行路径阻抗是考察渐短路径偏离最短路径的程度,不是简单的相差比较。

该模式的缺点是:清分模型参数标定的不确定性,需要对实际OD旅行时间进行统计分析来标定相关的参数。

七 多因素修订综合优选多路径法

乘客在出行时根据自身需求,综合线路的运营里程、发车间隔、舒适性、拥挤度、换乘走行距离、换乘花费时间等因素综合,考虑选择路网中哪条路径为出行最后路径。通过长期的统计、调查和分析,能够得出乘客选乘路径的概率结构,长期的数据能显示出每条路径的乘坐情况。那么多因素修订综合优选多路径法就是在多路径算法基础上的,以乘客出行选择因素作为修订依据,根据线路被选乘的概率进行清分结算的。由于乘客是否选择某条换乘路径在现实中具有统计意义，因此，这一概率能够通过人为修正权重来不断满足实际的运营情况。

在操作过程中，首先列举出各种影响乘客选择路径的因素，通过不断地统计、模拟抽样调查、分析及修正各线路的权重因子，并把所有可供乘客选择的路径都考虑在内，由各受益方共同决策计算出每条可供选择路径的被选择概率值，根据路径及比率计算出各相关路段客流和票款的清分比例。

小贴士

多因素修订综合优选多路径法的计算方法

首先考虑路网中任意链路上权重的确定：

路网G中任意一条运营线路的发车密度为$p_i(i \in [1,m])$（单位：min/班），m为路网中不同运营线路的个数。那么可知，在某条运营线路i上的任意两个站点乘车时，乘车的时间最长为$2 \times p_i$。

如果线路i上节点A与节点B之间有n个站点，那么由发车密度的定义可知在站点A、B之间乘车最长的时间将为$(n+1) \times p_i + p_i$，以此作为A、B之间的时间权重，确定整个路网链路权重。

由此，通过类似上述寻路方式确定任意两个异线站点之间，换乘时间最少的K条换乘路径。

如果假设乘客在任意换乘站点之间的换乘时间平均为T，那么对于有C个换乘站点的换乘路径来说，其整个换乘时间还需加上$C \times T$。由于乘客在乘车过程中，为了换乘次数少而选择的线路。因此，在K条最佳换乘路径中通过$C \times T$时间的修正我们可以得出时间要求最短的换乘路径。

综上可知，在相同运营里程情况下，发车密度越小贡献率越大，而在发车密度相同的情况下，里程越长贡献率越大，因此，以$w_i = l_i \times 1/p_i$为权重去衡量各个不同运营线路在某一条换乘线路中的贡献率，并按照$\frac{w_i}{\sum w_i}$计算相应的清分比例。

此种方法考虑了各种影响乘客换乘选择的因素，对实际运营过程中的换乘情况作出了较为贴近的拟合。其中最核心的工作即为确定线路的选乘概率因子，那么在目前城市轨道交通系统接收大量乘客的状况下，如果做到非常精确地计算概率因子是不可能的，我们只能尽量扩大样本的范围和数量，使得清分误差能控制在很小的范围内，而并非对每个乘客的每一次乘坐都能够进行精确清分。

那么对于城市轨道交通路网发生变化，如新增线路、车站功能变化（从非换乘站变为换乘站）时，均表示路网拓扑结构的改变。可以重新调用清分模型计算模块，重新生成新拓扑结构下的清分规则表。

9.4 国内外主要城市轨道交通清分结算方案举例与分析

一 上海

目前,上海市采用的运费清分方法是多路径影响法。基于乘客路径选择的最短路清分方法即在 OD 之间寻找乘客出行的最小费用路径,将全部流量分配给该路径,再根据不同运营企业在该路径上所承担的路程比例来计算相应的清分比例。

上海地铁 1 号线是属于申通地铁上市公司的资产,轨道交通线路的票务收入与线路上的总客流量紧密地联系在一起,因此,会计事务所需要对上海地铁 1 号线的客流量、换乘客流量、1 号线的票务收入进行详细的审计,审计的结果也需要向社会和股东公布。

图 9-3 中,以人民广场—大木桥路的乘车交易为例,存在两条有效路径:最短路径 P_1(人

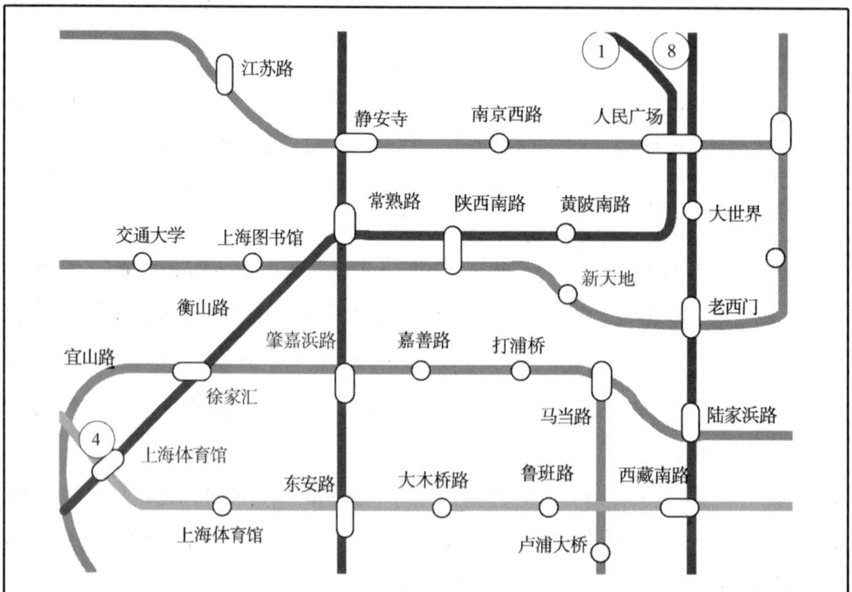

图 9-3 上海地铁线路局部图

民广场、大世界、老西门、陆家浜路、西藏南路、鲁班路、大木桥路)，其路径代价为48；次短路径 P_2(人民广场、黄陂南路、陕西南路、常熟路、衡山路、徐家汇、体育馆、体育场、东安路、大木桥路)，其路径代价为66。按传统清分算法即最短路径计算，8号线取得66%的收益，4号线取得34%的收益，1号线无任何收益。实际情形是并非所有乘客都选择路径 P_1，而是约有24%的乘客会选择次短路径 P_2，因此1号线也应取得收益。按改进后的清分算法计算，1号线取得16%的收益，8号线取得49%的收益，4号线取得35%的收益。

二 首尔

韩国智能卡公司(Korea Smart Card Co. Ltd. KSCC)负责韩国首尔地区包括首尔行政区内的仁川和崔奇的城市一卡通(T-Money卡)的票款清分和卡发行业务，该公司就是首尔公共交通票款清分中心。它于2003年由政府牵头，系统承包商、信用卡公司、终端服务提供商(地铁、公交等)、设备供应商等单位共同组成，通过为各相关单位提供T-Money卡消费的清分服务，收取一定的服务费作为营业收入，维持正常运作。该公司发行的T-Money卡可以应用于首尔地区所有的公共交通工具，是世界上运营比较好的卡。清分中心为素有应用T-Money卡的各交通运营企业、银行、电信公司等单位提供票款清分服务，清分的范围较大。首尔轨道交通系统网络图如图9-4所示。

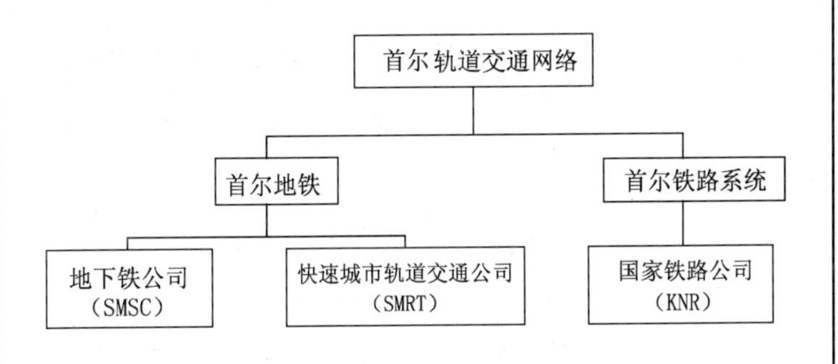

图9-4　首尔轨道交通系统网络图

由于整个T-Money清分系统应用范围较广，首尔轨道交通内部换乘关系复杂，单程票使用比例较少(低于10%)，T-Money清分系统对首尔市票款收入的清算采用的清分规则如下：

(1)票价按照里程计费，如存在多个路径，则按照最短路径计算。

(2)T-Money卡在地铁之间换乘，入站时扣除最低消费金额归属入站车站运营企业，出站时扣除超额票款归出站车站运营企业。

(3)首尔轨道交通内部单程票款不做清分，发售单程票的收入全部归属发售车站所属的运营公司。

三 东京

由于东京都市圈的轨道交通系统建设比较早，建设和运营的线路多且复杂，如图9-5所示，运营的公司多（加上私铁、多达27家）。从2001年起，JR铁路发行的IC卡（俗称“西瓜卡”）可在东京公共交通工具上使用。但地铁公司发行的一些多次票、预付费票不能在JR铁路使用，东京在市内轨道交通的换乘大部分是出站换乘，不存在清分的问题。

对于部分地铁或JR铁路与一些私铁之间实现不下车换乘（私铁相当于地铁或JR铁路的延长线），则按照乘车线路上的各运营企业各自的票价计算规则计算各自票价，乘客付出的总票价为每条线路票价之和，清分中心按照各条线路上的票价分配总票价。假设乘客从A站到B站，需经过甲、乙两个运营公司的线路，按照各自的计费规则，乘坐甲公司的线路需10元，B公司需5元，那么乘客需付15元，根据清分规则，甲公司得10元，乙公司得5元。

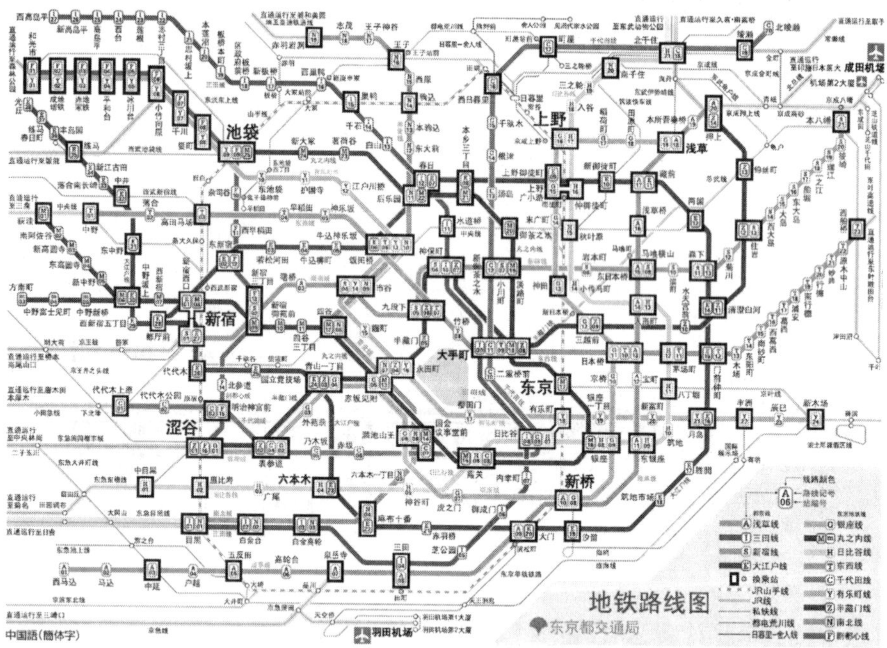

图9-5　东京地铁线路图

四 大阪

日本大阪地铁线路图如图 9-6 所示。自 1996 年 3 月 20 日起开始使用 Surutto KANSAI 新车票体系(一种预售的、可以多次使用的磁卡车票系统),即事先购买预售的“彩虹卡”,就可以乘坐地铁、新电车、公共汽车和 4 条私营铁路。1997 年后,南海电铁、近铁、神户交通局、京都市交通局等一起参与了 Surutto KANSAI 的网络。截至 2004 年 11 月,Surutto KANSAI 形成了 43 家公司、局可以通用的交通卡网络。

为进一步提高方便性,Surutto KANSAI 联合 JR 西日本铁路公司于 2006 年 2 月开展可以共用的 PiTaPa 的 IC 卡结算服务。PiTaPa 卡应用范围包括原有 Surutto KANSAI 的网络以及 JR 西日本铁路,是日本应用最广泛的交通卡网络。

由于运营线路和运用公司众多,在 PiTaPa 卡消费清算上也采用了类似东京的简单清算方式,即按照乘车线路(按照最短路径计算)上的各运营企业各自的票价体系计算各自票价,乘客付出的总票价为每条线路票价之和,清分中心则按照各条线路上的票价分配总票价。

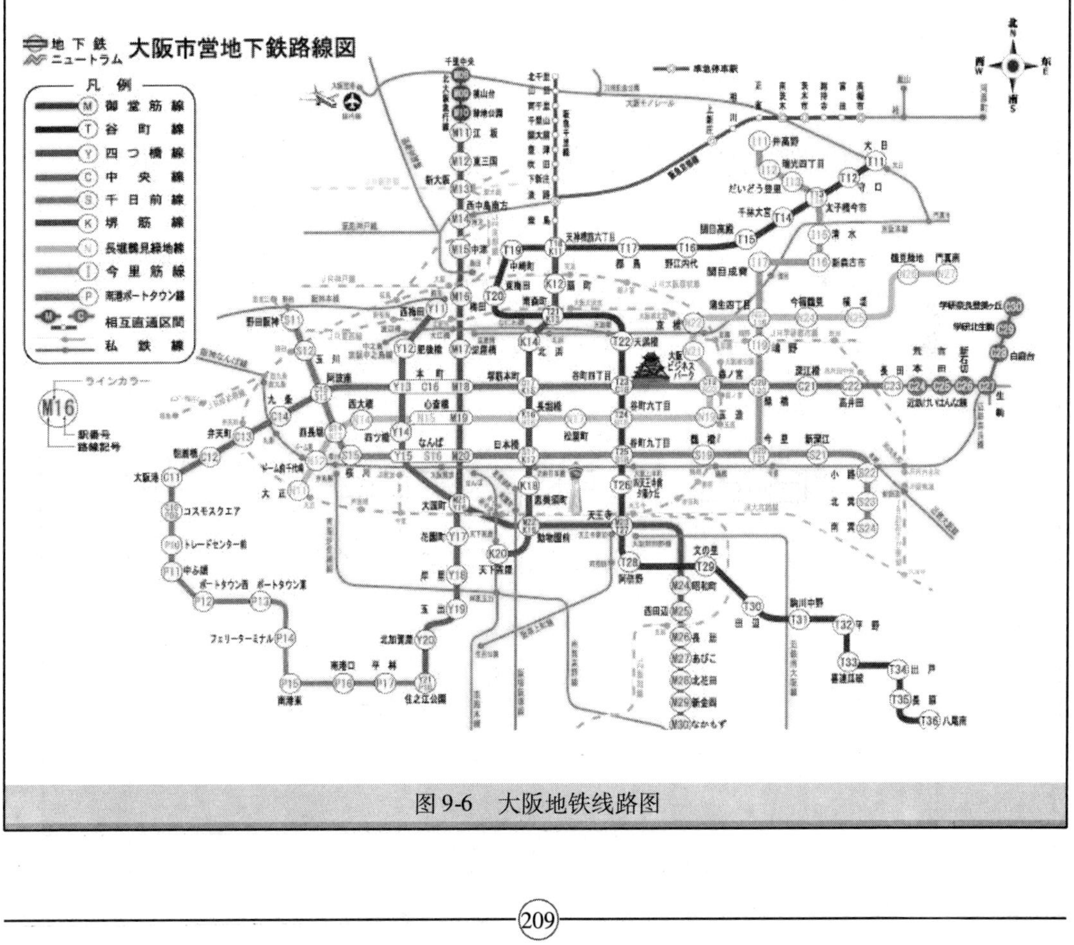

图 9-6　大阪地铁线路图

知识拓展

运营收入的影响因素分析

根据协议,运营公司的运营收入应该由两部分组成,即实际票务收入和政府补贴。

(1)实际票务收入

实际票务收入=实际票价 × 实际客流量

(2)政府补贴

若各运营年度按实际运营票价实现的平均人次票价收入水平低于调整后的测算平均人次票价收入水平,其差额部分由政府给予补偿:

票价差额补偿=(调整后的测算平均人次票价收入水平-实际运营票价实现的实际平均人次票价收入水平)× 实际客流

其中:实际平均人次票价收入=该年实际票款收入/该年实际客流量

注:测算平均人次票价收入,逐年计算,并且每三年调整一次。

实训任务

任务一 最短路径法计算清分和结算

在实际情况中,应用最短路径法计算清分和结算。如图9-7所示:

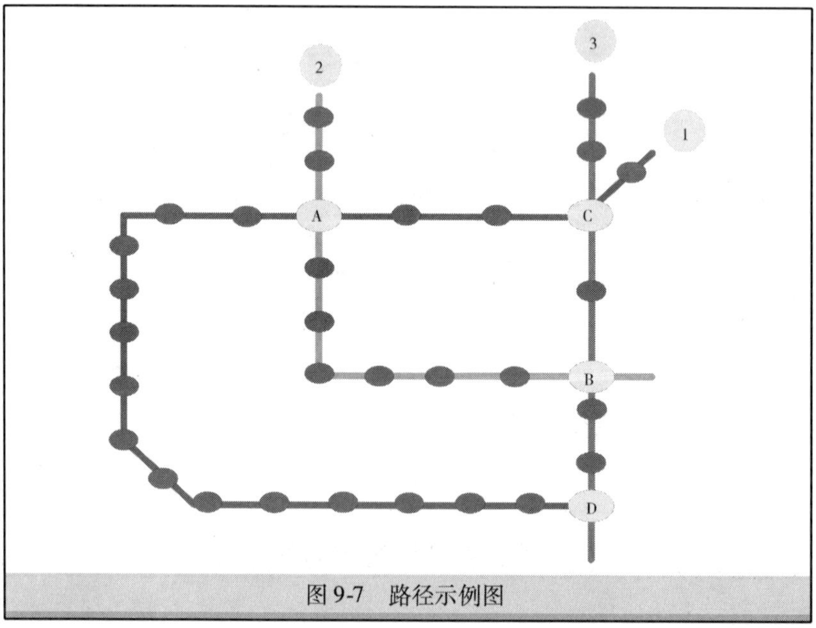

图9-7 路径示例图

1. 红色线路为1号线、绿色线路为2号线、蓝色线路为3号线。

2. 从A站到B站有三条路径可以选择,ACB=6元;AB=5元;ADB=4元。

3. AC=10min;CB=5min;AB=15min;AD=30min;DB=5min;换乘需要5min。

若采用路径最短原则,应选择哪条路径?在时间最短原则,换乘次数最少原则,所用车费最少原则,又分别应选择那条路径?

任务二　路径比选分析

根据图9-8地铁1号线、2号线和5号线的部分线路图,如果乘客出行的起讫点为2号线的"长椿街"和五号线的"和平里北街",那么乘客根据自身需求和地铁线路的实际情况大致会选择以下三条路径:

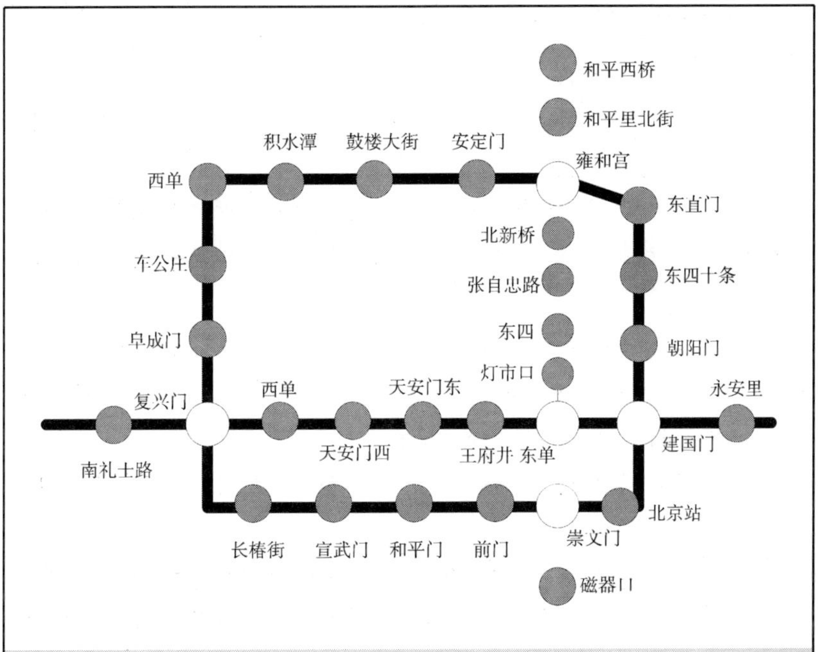

图9-8　北京地铁线路局部图

路径1:长椿街—崇文门—建国门—雍和宫—和平里北街

路径2:长椿街—复兴门—西直门—雍和宫—和平里北街

路径3:长椿街—崇文门—东单—雍和宫—和平里北街

请思考以下问题:

①选择哪条路径的乘客较多?

②哪条路径的票务清分最多?

③哪条路径的票务清分最少?

根据长期的数据分析、现场调查,对每条路径的加权因子及每条路径被乘客选用的概率进行验证与修正,逐步逼近,由此计算出比较符合实际的清分比例。表9-1已根据加权因子给出三条路径中路径1和路径2的配流比例,以及在三种路径中,每条线路所占的运营历程的比例。

各线路配流表 表 9-1

路径	换乘次数	出行站数	配流比例(%)	运营企业承担的运距比例(%)		
				1 号线	2 号线	5 号线
1			9.68			9
2			80.64		89	
3					36	

根据表 9-1 所示线路图，能够清楚地计算出每条路径所经过的出行车站数量，根据表 9-2 已给出的数据能够计算出表格中其他空缺位置的数值。

各线路结果配流表 表 9-2

路径	换乘次数	出行站数	配流比例(%)	运营企业承担的运距比例(%)		
				1 号线	2 号线	5 号线
1	1	13	9.68	0	91	9
2	1	11	80.64	0	89	11
3	1	13	9.68	0	36	64

分别计算路径所占的配流比例与路径中每条线路所占运距比例的乘积得出每条路径中每条线路所占的权重，然后把三条路径中的每条线路的权重加总及得出三条线路在三种路径中的清分比例。

路径一：2 号线权重为 $9.68\% \times 91\% = 8.8088\%$，5 号线权重为 $9.68\% \times 9\% = 0.8712\%$

路径二：2 号线权重为 $80.64\% \times 89\% = 71.7696\%$，5 号线权重为 $80.64\% \times 11\% = 8.8704\%$

路径三：2 号线权重为 $9.68\% \times 36\% = 3.4848\%$，5 号线权重为 $9.68\% \times 64\% = 6.1952\%$

综上所述得出：2 号线权重值为 $8.8088\% + 71.7696\% + 3.4848\% = 84.0632\%$

5 号线权重值为 $0.8712\% + 8.8704\% + 6.1952\% = 15.9368\%$

各线路的清分比例见表 9-3。

各线路清分比例 表 9-3

运营企业	清分比例(%)	运营企业	清分比例(%)
1 号线	0	5 号线	15.94
2 号线	84.06		

复习思考题

1. 简述影响城市轨道交通运费清分的因素。
2. 简述票款清分对象与清分的收益方。
3. 简述七种清分方案的清分方法。

附录　AFC 常用缩略语英汉对照表

缩写	英文解释	中文解释
ACC	AFC Clearing Center	城市轨道交通 AFC 清算管理中心
AE	Assistant Equipment	辅助设备
AFC	Automatic Fare Collection	自动售检票系统
AG	Automatic Gate	自动检票机(闸机)
BOM	Booking Office Machine	半自动售票机
CAD	Card Acceptance Device	卡读写设备
DCU	Door Control Unit	闸门控制单元
ECU	Equipment Control Unit	主控制单元
E/S	Encoder / Sorter	编码分拣机
GUI	Graphical User Interface	图形用户界面
ID	IDentification	身份
ISAM	Issuing SAM	发行 SAM 卡
LC	Line Center	线路中央计算机系统
MTP	Maintenance Panel	维修面板
OCT	One Card Through	一卡通
PIS	Passenger Information System	乘客信息系统
PTCM	Portable Ticket Check Machine	便携式检票机
SAM	Security Access Module	安全存取模块
SC	Station Computer	车站计算机系统
SVT	Stored Value Ticket	储值票
TC	Training Center	培训中心计算机系统
TCM	Ticket Check Machine	自动查询机
TCU	Ticket Capture Unit	车票回收模块
TIU	Ticket Issue Unit	车票发售模块
TMS	Ticket Management System	票务管理系统
TVM	Ticket Vending Machine	自动售票机
UPS	Uninterrupted Power Source	不间断电源

参考文献

[1] 中国土木工程学会标准. 城市轨道交通运营管理指南(CCES 01 - 2010)[S]. 北京:中国建筑工业出版社,2010.

[2] 中国城市轨道交通年度报告课题组. 中国城市轨道交通年度报告[M]. 北京:中国铁道出版社,2010.

[3] 魏晓东. 城市轨道交通自动化系统与技术(第2版). [M]. 北京:电子工业出版社,2011.

[4] 上海申通地铁集团有限公司轨道交通培训中心. 城市轨道交通概论[M]. 北京:中国铁道出版社,2009.

[5] 毛保华,四兵锋,刘智丽. 城市轨道交通网络管理及收入分配理论与方[M]. 北京:科学出版社,2007.

[6] 人力资源和社会保障部教材办公室,广州市地下铁道总公司组织. 城市轨道交通岗位技能培训教材站务人员[M]. 北京:中国劳动和社会保障出版社,2009.

[7] 周顺华. 城市轨道交通设备系统[M]. 北京:人民交通出版社,2009.

[8] 刘莉娜,于涛,高蓉. 城市轨道交通客运组织[M]. 北京:人民交通出版社,2010.

[9] 赵时旻. 轨道交通自动售检票系统[M]. 上海:同济大学出版社,2007.

[10] 杨甲,罗钦,徐瑞华. 城市轨道交通网络清分方法研究[J]. 城市轨道交通研究. 2009.12(5).

[11] 金懋. 基于规制理论的城市轨道交通票款清分研究[J]. 铁道运输与经济. 2009.5.

[12] 赵峰,张星臣,刘智丽. 城市轨道交通系统运费清分方法研究[J]. 交通运输系统工程与信息, 200.7(6): 85-90 .

[13] 张彦,史天运,李仕达,李超. AFC 技术及铁路自动售检票系统研究[J]. 中国铁路. 2009.3.

[14] 陆春江. 城市轨道交通网络“一票通”换乘的票款分配比例模型[J]. 现代城市轨道交通. 2004.5.

[15] 高朝辉,张宁,夏德传,郭靓. 轨道交通清结算系统的分析与设计[J]. 交通运输工程与信息学报. 2008.6.

[16] 陈鹏辉. 城市轨道交通自动售检票系统的现状与发展趋势[J]. 城市轨道交通研究. 2009.5.

[17] 邓先平,陈凤敏. 我国城市轨道交通 AFC 系统的现状及发展[J]. 都市快轨交通,2005,6(3):18.

[18] 裴瑞江. 城市轨道交通客运组织. 北京:机械工业出版社,2009.